JN084471

意匠法講義

Lecture on Design Law

杉光　一成

発明推進協会

はじめに

本書は、令和元年の大改正を前提とした意匠法の解説書である。本書の特徴は大きく分けて２つある。

１つ目の特徴は、特許庁の公権的解釈といえる審査基準と主要な裁判例を特に重視している点である。その理由は、意匠法の属する産業財産権法は行政法の一種でもあり、そもそも最前線で法を運用する特許庁がどのように法律を解釈し、運用しているかを知ることは他の法律と比較して極めて重要であると考えたためである。裁判例の重要性は説明する必要がなかろう。

２つ目の特徴は、そのような公権的解釈と裁判例を基礎としつつ、その紹介にとどまることはなく、意匠法の目的論においては近年の通説といっても過言ではない「需要説」（物品等の需要増大価値に意匠の本質があるとする説）に依拠し、それらについて解説あるいは批判を行おうとする点にある。

本書が需要説を全面的に採用する理由は、著者自身、需要説が最も論理的かつ正当であると以前から確信してきただけでなく、著者が知的財産法の研究と並行して関連する社会科学としての経営学分野（特にマーケティング論）の研究をしており、デザインに関するこれらの知見が需要説に明確な論拠を与えることも判明してきたからである。

元々、需要説は著者の所属する金沢工業大学（2022年にいわゆる知財功労賞〔経済産業大臣表彰〕を受賞）で、かつて客員教授として意匠法を講義してくださっていた故・加藤恒久先生が自著の『意匠法要説』（1981年 ぎょうせい）において主張されていたものである。加藤恒久先生は、著者が若気の至りで2000年にパテント誌に書いた「意匠法の目的」の起草経緯に関する論文〈「現行法（昭和34年法）の起草経緯からみた意匠法（１）意匠法第１条（目的）」（「パテント」2000年 53巻 ６号）〉を高く評価してくださり、先生が当時著された『部分意匠論』（2002年 尚学社）に引用するだけでなく、著者にわざわざお電話をくださった。

著者は著名な意匠法の研究者である加藤先生からご連絡いただいたことに歓喜し、それがきっかけで加藤先生に本学の客員教授にご就任いただくこととなった経緯がある。

そのため遅ればせながらではあるが、本書は加藤恒久先生に捧げたいと考えている。

なお、本書では、意匠法上の多くの論点について、本文と区別して分かりやすくする工夫を施した。具体的には〔論点〕と記載した箇所である。そのうち、重要度がやや低いと思われる論点はあえて〔小論点〕と表記し、逆に応用度が高いものは〔応用研究〕というタイトルを付した。初読の場合には、〔小論点〕や〔応用研究〕は読み飛ばし、本文と〔論点〕のみを読んでいただくことを推奨したい。

本書の執筆に当たっては、東京大学政策（現在は「未来」）ビジョン研究センターの「デザイン法研究会」で一緒に研究を行っていたメンバーである本学客員教授の青木博通先生と卓越した意匠法研究者である大阪大学准教授の青木大也先生には全般にわたって貴重なご指摘、コメントを多々頂いた。また、元・特許庁意匠課長の山田繁和先生からも行政庁の観点から数多くの重要なご指摘を頂いた。いずれの諸先生方にも感謝の言葉しか思い浮かばない。さらに、著者が関係する知的財産研究教育財団・弁理士・尾田高美氏と司書の石本愛美氏には資料収集の場面において全面的にお世話になった。最後に、本書の企画についてご賛同いただいた発明推進協会の小山和美氏、そして短い期間で全般についてお世話になった原澤幸伸氏に感謝の意を表したい。

令和５年３月

杉光 一成

凡　例

1．審査基準や審査便覧に基づく説明においては、原文どおりに引用することを基本としているが、説明の便宜上・簡素化などの目的として、あるいは読者の読みやすさなどを勘案し、一部その内容に変更を加えたり、一部省略したりした箇所もあることをあらかじめご了承いただきたい。

2．裁判例、その他文献等の引用において誤記がある場合、原文のまま表記している。

3．脚注や図表の番号は、各章ごとに1からスタートし、各章内で完結させている。

4．本書において使用している主な省略記載等

- 準特○条…特許法○条の準用
- 審査基準…意匠審査基準
- 審判便覧…意匠審判便覧
- 施行規則…意匠法施行規則
- 施規○条…意匠法施行規則○条
- 民…民法
- 意匠法の条文には原則として「意匠法」は付さず、条文番号のみを記載している。
- 特許法や実用新案法などの条文を示すときは、それぞれ特○条、実○条と略記することがある。

主要参考文献

著者『書籍名等』(発行年 出版社)	本文中略記
牛木理一『意匠法の研究 第４版』(1994年 発明協会)	牛木
加藤恒久『意匠法要説』(1981年 ぎょうせい)	加藤
加藤恒久『改正意匠法のすべて』(1999年 有斐閣)	加藤改正
加藤恒久『部分意匠論』(2002年 尚学社)	加藤部分意匠論
寒河江孝允＝峯唯夫＝金井重彦『意匠法コンメンタール〔第２版〕』(2012年 勁草書房)	コンメ第2版
寒河江孝允＝峯唯夫＝金井重彦『意匠法コンメンタール〔新版〕』(2022年 勁草書房)	コンメ新版
斎藤暸二『意匠法概説』(1991年 有斐閣)	斎藤
三枝英二先生＝小谷悦司先生還暦記念『判例意匠法』(1999年 発明協会)	判例意匠法
渋谷達紀『知的財産法講義Ⅱ〔第２版〕』(2007年 有斐閣)	渋谷
高田忠『意匠』(1969年 有斐閣)	高田
竹田稔『知的財産権侵害要論〔特許・意匠・商標編〕第４版』(2003年 発明協会)	竹田
田村善之『知的財産法 第５版』(2010年 有斐閣)	田村
茶園成樹『意匠法 第２版』(2020年 有斐閣)	茶園
茶園成樹＝上野達弘編著『デザイン保護法』(2022年 勁草書房)	茶園デザイン
特許庁編『工業所有権法（産業財産権法）逐条解説〔第22版〕』(2022年 発明推進協会)	逐条解説
特許庁総務部総務課工業所有権制度改正審議室編『平成6年改正工業所有権法の解説』(1993年 有斐閣)	特許庁平成6年改正
特許庁総務部総務課工業所有権制度改正審議室編『平成8年改正工業所有権法の解説』(1997年 発明協会)	特許庁平成8年改正
特許庁総務部総務課工業所有権制度改正審議室編『平成10年改正工業所有権法の解説』(2000年 発明協会)	特許庁平成10年改正

著者『書籍名等』（発行年 出版社）	本文中略記
特許庁総務部総務課制度改正審議室編 『平成14年改正産業財産権法の解説』（2002年 発明協会）	特許庁平成14年改正
特許庁総務部総務課制度改正審議室編 『平成16年改正産業財産権法の解説』（2004年 発明協会）	特許庁平成16年改正
特許庁総務部総務課制度改正審議室編 『平成18年意匠法等の一部改正産業財産権法の解説』 （2006年 発明協会）	特許庁平成18年改正
特許庁総務部総務課制度改正審議室編 『平成20年改正産業財産権法の解説』（2008年 発明協会）	特許庁平成20年改正
特許庁総務部総務課制度審議室編 『平成30年特許法等の一部改正産業財産権法の解説』 （2019年 発明推進協会）	特許庁平成30年改正
特許庁総務部総務課制度審議室編 『令和元年特許法等の一部改正産業財産権法の解説』 （2020年 発明推進協会）	特許庁令和元年改正
特許庁総務部総務課制度審議室編 『令和3年特許法等の一部改正産業財産権法の解説』 （2022年 発明推進協会）	特許庁令和3年改正
中山信弘＝小泉直樹『新・注解特許法（上・中・下）』 （2017年 青林書院）	新・注解特許
中山信弘『特許法 第４版』（2019年 弘文堂）	中山
別冊ジュリスト『商標・意匠・不正競争判例百選』 （2007年 有斐閣）	百選
別冊ジュリスト『商標・意匠・不正競争判例百選〔第２版〕』 （2020年 有斐閣）	百選第2版
松尾和子＝満田重昭編著『注解 意匠法』（2010年 青林書院）	注解
光石士郎『意匠法詳説』（1969年 帝国地方行政学会）	光石
吉藤幸朔（熊谷健一補訂）『特許法概説 第13版』 （1998年 有斐閣）	吉藤

目　次

第1章
序論

1．意匠法の目的

（1）総説

意匠法の１条には「この法律は、意匠の保護及び利用を図ることにより、意匠の創作を奨励し、もつて産業の発達に寄与することを目的とする」と規定されている。この目的規定をどのように理解するかは、本法の各規定を解釈する上で重要な指導原理となるため極めて重要である[1]。

（2）学説

意匠法の目的については学説上[2]の争いがあるが、一般的な学説の分類としては、① 創作説、② 競業説、③ 需要説の３つに大別されることが多かった[3]。以下、この分類に従って各説を概観する。

まず、① 創作説は意匠が創作である点を重視し、創作の保護・奨励によって産業の発達が図られるとする説を指す。この説によれば「意匠の類似」の範囲は、当該意匠と「創作的同一性の範囲」という解釈に結び付くとされてきた。

---

1 特に意匠法の目的論は意匠の「類似」の解釈という意匠法において最大の難関ともいえる問題に直結すると考える見解が現在の学説上では多数であり、例えば加藤121頁では「意匠の類否論は意匠の本質論の論理的帰結である」としている。もっとも、「類似」概念は1888年の意匠条例の制定当時には存在しておらず、明治25年意匠条例施行細則改正において初めて導入された沿革がある。

2 現在の各学説の名称やその整理は昭和34年の現行法以降に出てきたものであり、特許庁及び裁判所が審判あるいは裁判の中で意匠法の目的について正面から論じたことは今までのところない。

3 意匠法の目的論については、昭和34年の起草経緯を検討し、旧法時代からの議論も含めて整理した文献として杉光一成「現行法(昭和34年法)の起草経緯から見た意匠法(その1) – 意匠法第1条(目的)」(「パテント」2000年 53巻 6号)17-27頁を参照されたい。

本説の主な論拠としては、商標法のようないわゆる「標識法」と異なり、意匠法が登録要件として新規性（３条１項各号）及び創作非容易性（３条２項）を要求する「創作法」に位置付けられるという点にある。また、意匠法の目的（１条）に意匠の「創作を奨励」という文言が存在する点も挙げられよう。

他方、本説に対する最も大きな批判は、創作（の奨励）が「文化の発展[4]」ではなく、どのように「産業の発達」と結び付くのか、その因果関係が不明確である[5]という点にある。その他の批判としては１条が「意匠の創作の保護」でなく「意匠の保護」と規定しており、意匠の定義規定にも「創作」の文言がないため、法が「創作」の側面を重視していないという点が挙げられている[6]。

次に、② 競業説は意匠を用いた不正競業の防止を重視し、それによって競争秩序の維持（産業の発達[7]）が図られるとする説を指す。この説からは意匠の「類似」の範囲は当該意匠と需要者が混同[8]を生ずる範囲という解釈に結び付くといわれてきた。

本説の論拠としては、意匠が物品等の外観（２条１項）で模倣が容易であるため「不正競争」の対象とされやすいという実態が挙げられてきた[9]。主な批判としては「創作法」[10]たる意匠法に対して、標識法とされる商標法や不正競争防止法のような考え方を持ち込む点において妥当でない[11]というものである。

最後に、③ 需要説は意匠に需要増大機能がある点[12]を重視し、それによって産業の発達が図られるとする説を指す。

---

[4] 著作権法1条の法目的には「文化の発展」の文言がある。

[5] 加藤27頁

[6] 加藤22頁を参照されたい。しかし、沿革的にも解釈論としてもこの批判は必ずしも当たらないと考えられる点について杉光・前掲注3の4頁を参照されたい。

[7] 創作説との対比において産業の発達との因果関係については、「競争秩序の維持」をその中核とする（健全な）産業の発達という理解となろう。

[8] 類似論では「混同説」と呼ばれる。

[9] 高田3頁

[10] 競業説が「出所の混同を防止」することを目的とするならば、出願人を示すものとして公知である場合はむしろ登録を認めるべきこととなるはずであり、新規性や創作非容易性を要求すべきないという趣旨の批判もある（田村360頁）。

[11] 例えば「意匠法は意匠を使用する者の業務上の信用の維持（商標法第1条参照）をその目的としていない」という批判がある〈帽子事件：東京高判昭和48年5月31日 昭45（行ケ）1〉。

この説からは意匠の「類似」の範囲は、論理的には当該意匠によって「新たに需要を創出した美感と同等と需要者に認識される範囲」[13]という解釈に結び付くこととなろう。

本説の実質的な論拠としては、新規な意匠の創作によって物品等の購買意欲あるいは利用[14]意欲を刺激する結果、単に競争秩序が維持されるといった消極的な意味での産業の発達ではなく、物品等の製造、販売あるいは利用が拡大するというように、積極的な意味で意匠関連産業の発達に貢献する[15]ため、「意匠」と「産業の発達」を結び付ける因果関係が明確である[16]という点が挙げられている。近年は本説を支持する見解が多数となってきており、学説上、通説的な地位を占めつつある[17]といえる。本書は明確にこの見解に立つ。

なお、本説に対する大きな批判[18]は見られないが、少なくとも起草経緯からはこの説への積極的根拠を見いだせない点が弱みだった[19]といえよう。

---

12 この点について田村善之「商品形態のデッド・コピー規制の動向：制度趣旨からみた法改正と裁判例の評価」(「知的財産法政策学研究」2009年 25号)37頁では、「なぜ意匠あるいはデザインというものの創作を奨励しなければならないのかというもう一段階、メタのレベルまで遡ります。そのうえで、それは、新しい需要を喚起するからだというように説明をする」としている。

13 加藤124頁によれば、「感覚的刺激の共通性又はその刺激によって生ずる産業的価値の共通性に等しい」と述べているが、同旨であろう(詳細は「意匠の類似」で後述)。

14 近年は「所有から利用へ」という「需要者」の行動変容が起こっていると指摘されている[例えば久我尚子「モノの所有から利用へと変わる消費」(「国民生活ウェブ版」2019年 4月 No.81)等]。例えば音楽や車などでも「購入」という所有権の取得より「利用」(毎月定額を支払うサブスクリプション等)する権利(利用権)を取得するタイプの取引が増加しているが、こうした商取引でも産業の発展に貢献することは言うまでもない。よって、「需要」という観点でも「購買」意欲以外に「利用」意欲という考え方も重要になっており、特に対象が「物品」ではなく「画像」又は店舗等の「建築物」等の場合、より「利用」という「需要」が重要となろう。

15 逐条解説1245頁(意匠法1条の趣旨)参照

16 杉光・前掲注3の21頁参照

17 例えば田村360頁、加藤37頁、横山久芳「意匠権侵害訴訟における意匠の類否判断に関する考察」(「学習院大学法学会雑誌」2019年 55巻 1号)235頁、光石4頁、注解104頁(松尾和子執筆)、渋谷542頁、茶園4頁等。需要説が現在の通説であるとして紹介する文献として吉田悦子「意匠法の美感概念の解釈再考」(『知的財産法の挑戦Ⅱ』2020年 弘文堂)160頁を参照されたい。

18 需要説に対して「独自の類否判断に発展される必然性を有しないように思われる」(斎藤40頁)という批判があるが、これに対する反論については第5章の「意匠の同一又は類似」で論ずる。

19 杉光・前掲注3の21頁参照

	① 創作説	② 競業説（混同説）	③ 需要説
意匠の本質	創作	不正競争の対象	需要増大機能
類似の判断主体	創作者	需要者	需要者
類似範囲	創作的同一性の範囲	混同を生ずる範囲	美感が共通する範囲
産業の発達との因果関係	不明確	競争秩序の維持	需要増大

（３）意匠の「保護」

意匠の保護を図る具体的な規定としては、実体的な権利による保護として、意匠の創作をした者に対して意匠登録を受ける権利（３条１項柱書）を付与するとともに、登録要件を満たす場合には意匠の類似範囲にまで効力が及ぶ意匠権（23条）を付与し、様々な救済手段（差止請求権及び損害賠償請求の特則、信用回復の措置等）を規定している。

また、手続的な保護として新規性喪失の例外（４条）を認めているほか、拒絶理由は限定的に列挙（17条１項柱書）されており、拒絶理由通知に対して意見書の提出という弁明の機会（準特50条１項本文）が付与されているほか、手続の補正（60条の24）、出願の分割（10条の２）、出願の変更（13条）など[20]が認められている。意匠法に特有の手続的な保護の制度として、補正却下後の新出願（17条の３）が、さらに拒絶査定不服審判（46条）のほか、意匠法に特有の制度として補正却下決定不服審判（47条１項）が認められている。これらの審決に審決取消訴訟（59条）等が認められている点は特許法と同様である。

他法にはない意匠法に特有の制度による保護としては、部分意匠制度（２条１項括弧書）、動的意匠（変化する意匠）[21]の制度（６条４項）、組物の意匠制度（８条）、内装の意匠制度（８条の２）、関連意匠制度（10条等）、秘密意匠制度（14条等）、特徴記載制度（施行規則６条３項）が挙げられる。

---

[20] 意匠法が規定する13条の出願の変更は、特許出願と実用登録出願から意匠登録出願への変更であり、特許法46条2項と実用新案法10条2項に規定されている。

[21] 昭和34年当時の審査基準では「動的意匠」となっていたが、現在は「変化する意匠」という表現が用いられている。

(4) 意匠の「利用」

「利用」という語自体、特許法においては大別して「公開」による第三者の利用と「実施」による権利者及び第三者の利用があると考えられている[22]が、特許法のような技術（発明）の積み重ね、あるいは累積による進歩が考えにくい意匠の場合には「公開」による第三者の利用（特に文献的利用）の意義というのはほとんど考えられない[23]。その点の法上の現れとして、主に重複研究や重複投資を防止するために特許法で採用されている出願公開制度が旧法を含めて意匠法では一度も採用されていない点が挙げられる。したがって、法目的（1条）における「利用」は主として「実施」による利用を意味し、意匠権者による実施[24]（実際の製造販売等）、第三者による実施を認める専用実施権及び通常実施権の設定、各種法定通常実施権（15条、29条、29条の2、31条、32条、33条、56条）、そして裁定通常実施権の制度（33条）を指すと考えられる。

もっとも、第三者の「利用」を図るために権利者が不実施の場合の裁定通常実施権の制度は特許法には存在している（特83条）が、意匠法には存在しない。公開による積み重ねがほとんどないと考えられる意匠の場合、単に権利として成立しているのみで権利者自らが実施をせず、かつ、第三者の実施までも排除するだけでは物品等の需要増大による関連産業の発達には全く貢献し得ないためにこの点は不自然とも思える。

---

22 吉藤5-7頁参照

23 加藤41頁。裁判例においても、傍論ではあるが、「特許制度においては、明細書において開示された発明についても、公開の代償として一定の保護を与えることが制度の趣旨に則ったものである〈最一小判昭和55年12月18日 昭53(行ツ)101[民集34巻7号917頁]〉のに対し、意匠制度においては、そのようなところまで要請されているわけではない」と述べたものがある〈ピアノ補助ペダル事件：知財高判平成18年8月24日 平18(行ケ)10136[判時2002号137頁]〉。

24 特許法1条では発明の「保護」と「利用」のバランスが求められていると考えられており、そのためここでの「利用」は権利者による実施は含まれず、第三者の実施のみを意味すると捉える見解もある〈新・注解特許[上]6頁(平嶋竜太執筆)〉。しかし、特許法と異なり、意匠法の場合、文献的利用には価値がないことから、仮に「排他権」としての機能のみを用いる場合、つまり権利者が自己の権利を活用して第三者を排除するのみで自らは「不実施」のままでは産業の発達には全く寄与しないこととなる。したがって、意匠権者には新たに需要を喚起した意匠の現実の活用が期待されているといえ、その意味で意匠の「利用」には権利者自らの実施を含むものと解すべきである。

しかし、意匠は物品等の美的外観であるため、発明のように積み重ねて進歩することが想定されておらず、第三者がある特定の意匠を実施する強い必要性、あるいは実施せざるを得ない場面というのは想定し難い[25]。

すなわち第三者による実施を確保する制度の必要性が認められなかったものと考えられる。その意味においても特許法とは異なり、意匠の「利用」の意義は小さい[26]。

（5）意匠の「創作の奨励」

登録要件として新規性（３条１項各号）、創作非容易性（３条２項）が要求されていることと合わせ、法目的にこの文言があることは意匠法が「創作法」として分類される根拠の一つともなっているといえよう。

（6）「産業の発達」

意匠と「産業の発達」の関係をどのように理解するかが意匠法の目的論において見解が分かれていることは前述したとおりである。

なお、意匠法が「産業の発達」を図るための産業政策立法である点は、意匠権の効力をいわゆる「事業者」にのみ及ぼす[27]形で具体化されている。すなわち意匠法は、事業行為規範としての性格（事業行為規範性[28]）を有する。

〔応用研究〕マーケティング論における「意匠」（製品デザイン）

「意匠」（以降、単に「デザイン」と記す場合がある。）に関する研究としては法律学以外にマーケティング論における研究がある。

---

25 ある機能を実施するためにどうしてもある特定の意匠を実施しなければならない場面があるとしても、そのような意匠は元々登録されない想定となっている（5条3号）。

26 その意味でバランスの悪い目的規定である点については杉光・前掲注3の23頁を参照されたい。

27 意匠権の効力は「業として」の実施にのみ及ぶ形で限定されている（23条）。詳細は「意匠権の効力」で後述する。

28 杉光一成「規制立法としての知的財産法：デザイン保護における意匠法の役割に関する試論」（「NBL」2014年 1020号）37-44頁参照

特に「意匠」と「産業の発達」の関係性において議論の参考となり得るのが、製品デザインに関するマーケティング分野の過去の研究成果であり、欧州では、マーケティング論の研究の知見を踏まえて法体系が構築されているとされる[29]。

「デザイン（への投資）が製品の売上げに正の相関がある」ことを示す研究は少なからず存在し、この点については既に定説といってよい状態であろう。特に製品デザインに関するマーケティング研究史の中でTalkeの研究[30]は高く評価されており、「製品デザインの『新奇性』（ママ）が売上げと正の相関がある」ことを示したと評されている[31]。この研究では正に「新規な製品デザイン（意匠）」が売上げの増加、すなわち「需要増大」をもたらす効果を生み出すことを示しており、需要説が経験則上の「仮説」として想定していた「意匠」と「産業の発達」との「因果関係」が立法事実として存在していることを示していると評価することが可能であろう[32]。

新規な「意匠」には売上増、すなわち需要増大をもたらし、売上げを増加させるという意味において産業を発達させる効果があることが既に隣接科学で実証されていることから考えれば、それが保護を受ける意匠の本質的な価値であり、製品についての機能的な価値とは区別される「付加価値」[33]であるとみることには合理的な根拠がある。

---

29 欧州共同体意匠では、意匠をマーケティングのツール（marketing tool）として位置付けて制度設計をしている点について青木博通「欧州共同体意匠規則－市場指向型デザイン保護システムの概要とその後の進展」（「知的財産法政策学研究」2006年 10号）190頁を参照されたい。また、吉岡（小林）徹ほか「意匠法改正についての経営学と法学の架橋：特に経営学からみた評価」（「IPジャーナル」2020年 13号）20頁でもデザインのマーケティング上の価値について着目したアプローチをとるのが欧州の法体系である旨を述べている。

30 Talke, K., Salomo, S., Wieringa, J. E., & Lutz, A. (2009). What about design newness? Investigating the relevance of a neglected dimension of product innovativeness. Journal of Product Innovation Management, 26, 601–615.

31 秋池篤「デザインの新奇性は製品の売り上げに貢献するのか？－経営学輪講 Talke, Salomo, Wieringa, and Lutz (2009)」（「赤門マネジメント・レビュー」2012年 11巻 3号）207-222頁

32 もっとも、新規性があり過ぎると、かえって購買意欲を高めない場合があるとする研究もある。この点については吉岡・前掲注29の22頁を参照されたい。

33 2002年に制定された知的財産基本法1条には、意匠を含む「知的財産の創造」を「付加価値の創造」の一種として規定していることから、意匠の「付加価値」が何かを検討することは法解釈の一種でもあることとなろう。

新たな意匠を創作することで新たな需要を喚起した者に対し、その社会に提供した「付加価値」に報いるためにその範囲で排他権を与えるのが意匠法の役割と考えるべきであろう。

逆に言えば、他人が投資して創出した付加価値を無断で利用する行為（似たデザインを施して本来は新たな需要を喚起した者に帰属すべきであった潜在的な売上げを横取りする。）を防止するのが排他権としての意匠権の役割と考えることができる。法は形式的には物品の形状等の「意匠」（２条１項）を保護対象としているが、実質的にはこの付加価値（新たに創出した購買意欲の範囲）こそ、意匠権が保護すべき対象であると理解すべきである。このことは後述する「意匠の類似」という意匠権の「保護範囲」を決する上で重要な視点となる。

２．意匠の特質

ここでは意匠の特徴的な性質（特質）について検討する。特徴的か否かというのは言うまでもなく他との比較で相対的に決定付けられるものである。意匠の場合、前述したとおり、「創作法」として設計されているものであるため、ここでは以下、主に特許法との比較においてその特徴を明らかにする。

（１）美的外観性

特許法の保護対象の「発明」は「技術的思想の創作」（特２条１項）であるのに対し、意匠法の「意匠」は「物品の形状、模様若しくは色彩若しくはこれらの結合、建築物の形状等又は画像」（２条１項）すなわち、物品等の美感を起こさせる形状等であるため、その内容を容易かつ具体的に把握できるという性質がある。本書ではこれを「美的外観性」と呼ぶ。これは意匠の「本質」といってよいほどの性質であり、以下で述べる他の特徴の根源ともなっている。

内容を容易かつ具体的に把握できるというこの性質は、あくまで出願された発明と「同一」の範囲までしか権利を与えないという構成をとる特許法と異なり、意匠権の効力の範囲を「同一」の範囲ではなく「類似」の範囲にまで及ぼすという「類似」概念の導入に現れているといえよう。

そして、この美的外観性という性質は、意匠の新規性（3条1項）の要件において、特許法と異なり、「公然と実施」（いわゆる公用）された場合についての規定が設けられていないことにも現れている。意匠が物品等の美的外観であって、その内容は容易に把握できるために公然に用いられるとすぐに公知になる結果、あえて規定する必要がないと考えられてきた[34]ことによる。

さらに、外観自体は容易に把握できることから審査も比較的容易であると想定[35]されている。そのため出願内容の高度化による審査遅延を防止すること等を目的として特許法に導入されている出願審査請求制度は採用されておらず、出願された意匠は原則[36]として全件が審査される[37]。

また、意匠は特許法上の「発明」とは異なり、美的外観であるがために「商品の出所を想像する手掛かり[38]」になる場合がある。その場合に、他人の業務に係る商品として誤認混同されることを防止する必要[39]があることから、そのような意匠の登録を認めない旨の規定がある（5条2号）。

なお、パリ条約において意匠の優先期間が特許と比較して半分の6か月とされている〈4条C(1)〉ことも、意匠が文章ではなく、専ら図面等により把握されるという性質（第一国出願との同一性も容易に判断できる[40]。）に起因すると考えられるほか、特許法が採用している審査前置制度（特162条）がないこと[41]も審査が容易であるという想定をしたものといえよう。

---

34 高田132頁

35 このような立法者の想定と異なり、意匠の実務を行っている審査官及び弁理士等からは、意匠の認定は発明の認定よりも難しいという声が多い。「文章」によって特徴を特定できる「発明」に対し、「意匠」は外観として把握はしやすいものの、その特徴の認定は極めて困難である。

36 出願の取下げ等により特許庁に係属しなくなった出願について審査がされないのは当然である。

37 なお、特許法では審査遅延による重複研究・重複投資が懸念された結果、この出願審査請求制度と同時に1970（昭和45）年に導入された出願公開制度も意匠法では採用されていない（後述）。

38 高田252頁

39 なお、これに類する規定は他国にはほとんど見られないようである。他の登録要件（例えば創作非容易性の要件）などで拒絶されている可能性がある。

40 ボーデンハウゼン『注解パリ条約』（1968年 AIPPI日本部会）39頁

また、特許法では平成５年改正で廃止された補正却下決定不服審判（旧特122条）が意匠法では存置（47条）されたのも美的外観性が理由とされている。元々、美的外観性ゆえに広範な補正が認められず、願書及び添付図面等がそのまま意匠の内容となることから、解釈が入り込む余地が少なく、客観的な判断が可能であり、審理にさほどの時間を要しないと考えられたことが背景となっているからである。

また、特許法にある訂正審判制度（特126条）が意匠法にないのも、「意匠は物品の外観であって一見して全てが分かるもの」であって「書類には贅肉は少しもついておらず」「添付図面には減縮補正という観念は存在せず、減縮だか拡張だか分らないもの[42]」であるからと説明されてきた。

なお、その他の特許法にはあるが意匠法にない制度[43]の一つに、査証制度（特105条の２から105条の２の10まで）がある。査証制度は「高度に専門的な製造等工程やソフトウエアの作動状況を実見し、その詳細を理解した上で初めて侵害を立証できる特許に係る侵害訴訟において必要となる制度[44]」であるとして意匠法には導入されなかった。これも美的外観性に由来するものといえよう。

（２）模倣容易性

意匠は模倣が容易という性質がある[45]といえる。これは（１）で述べた美的外観性から直接的に派生する。すなわち、発明を模倣するためには通常は当該技術分野の専門知識が必要であるのに対し、意匠は外観であるため、模倣をする場合にそのような知識を必ずしも要しないからである。

---

41 審査前置制度は、審判官は審査を担当していないため、本来は「出願内容の理解から取り組まなければならら」ないはずであるが［審査前置制度の立法趣旨は逐条解説550頁参照］、拒絶査定不服審判の請求時に補正がなされた場合には元の審査官の出願に対する知識を十分に活用すれば、事件を容易かつ迅速に処理できると考えられて導入された制度である。意匠法に審査前置制度がないのは、初見の審判官でも意匠の出願内容であれば容易に把握できると考えられたためであろう。

42 高田437-438頁

43 なお、意匠は美的外観であって当然に「方法」については保護されないため、特許法104条（生産方法の推定）の規定も準用されていない。

44 特許庁令和元年改正67頁

45 田村385頁は「意匠は製品の外観であって模倣が容易である場合が多い」旨を述べている。

例えば「ルービック・キューブ」や「たまごっち」の模倣品など、過去に需要が急激に高まった製品デザインについて、模倣する製品が登場することは常であった。

出願公開制度が導入されていないのは美的外観性から審査遅延が問題となりにくかったこともあるが、模倣容易性を考慮したことも大きい。すなわち出願公開によってもたらされる第三者の利益が非常に小さい半面、第三者に模倣の機会を与えるという意味で意匠登録出願人の不利益が非常に大きい[46]といえるからである。

さらに、独創的な特徴部分のみを取り入れ、全体として非類似となるような「巧妙な模倣を防止」するために導入された部分意匠制度も、意匠の模倣容易性を考慮した制度とみることができよう。

また、出願した意匠の類似の範囲においては重畳的に権利を認める関連意匠制度（10条等）の存在も意匠の模倣容易性、言い換えれば侵害回避の容易性を考慮し、保護を強化できるようにしたものとみることが可能であろう。

（3）流行性

意匠は、（1）の美的外観性の派生的な性質として、「短期間にその存在価値を失ってしまう、いわゆるワンシーズン物[47]」と呼ばれるような季節性あるいは一時的に広まる性質、すなわち流行性[48]を持つものが多い。このような性質を考慮し、意匠の存在価値を維持するためのものとして、特許法にはない秘密意匠制度（14条）がある。

---

46 田村385頁も、「自己の発売前に意匠が公開されてしまうとただちに模倣を誘発し、市場への導入という大切な時期に早くも侵害品とかかずりあわなければならなくなる」としている。

47 高田386頁

48 逐条解説1306頁では意匠法で出願公告制度（審査官の審査の後に内容を一般に公開して公衆審査に付すること）を採用していない理由を「意匠は物品の外観について成立するもので流行に左右される等の関係から迅速に権利を設定することが実情に即する」とし、高田411頁も、「意匠は物品の美的外観であって流行性に富む」という理由で同旨を述べている。高田360頁ではかつて存在した類似意匠制度の説明の文脈としてではあるが、「一旦侵害が起こるとその解決に時間を要する。流行に左右される意匠としては、そういう事態が起こったのではその登録の存在理由を失うことになる」としている。

また、登録料も、特許法では設定登録時に３年分の納付を要する（特108条１項）一方、意匠法は１年分のみの納付でよい（43条１項）とされていることにもその性質が現れているといえよう。

（４）私益性

これも（１）の美的外観性から導かれる派生的な性質であり、特許法と異なり公益的[49]な見地からの制約が少ないことを意味する。例えば公衆審査という性質を持つ付与後異議申立制度[50]が採用されていない。

また、意匠は美的外観であるがゆえに、権利の付与によって人体への安全性が懸念されることは考えにくいため、特許法32条のように「公衆の衛生を害するおそれ」がある場合に権利を付与しない旨の規定はない。同様に医薬品等のような安全性の確保等のための法規制の影響を受けることが考えにくいことから存続期間延長制度がない。

さらに、「それほどまでにして権利を設定する公益性に乏しい[51]」という理由から特許法にある減免や猶予に相当する制度（特109条、109条の２）もない。

くわえて、裁定制度に関しても、「不実施は特許発明に比べ社会に与える影響」が強くないと考えられることから不実施の裁定実施権制度[52]がなく、「行政権が介入するほど公共性が強くないため 」に公益の裁定実施権の制度もない。

---

49 意匠の場合には重複研究・重複投資を懸念する必要性が少ないという意味においてはこの私益性が出願公開制度の不採用を許容する理由となっているともいえよう。

50 特許法に出願公告制度[審査官が権利化を認めた出願について、公告公報によって公衆に知らせ、特許異議申立ての機会を与える制度で1996(平成8)年に廃止]が存在していたときにはそれと同時に(権利付与前の)異議申立制度が存在していたが、このときでも意匠法には出願公告制度も付与前の異議申立制度のいずれも採用されていなかった。

51 高田480頁

52 パリ条約5条Bでは「意匠の保護は、当該意匠の実施をしないことにより又は保護される意匠に係る物品を輸入することによっては、失われない」と規定している。本条の背景について後藤晴男『パリ条約講話(第13版)』(2007年 発明協会)292頁では「寿命は短くてしかも流行品であり、そのような短期間の需要に応ずる流行品のために、その外国に工場を設けることに適さないというような配慮に基づくもの」と説明している。

第2章 意匠の定義

1. 総説

意匠法は2条1項に意匠の定義規定を置いている。これは法律上の「意匠」の成立要件を示しているといえる。学説においてはこの成立要件を4つに分けることが一般的であり、審査基準でも以下のように4つに分説する形で解釈を示している。

① 物品、建築物又は画像（以下、「物品等」という。）と認められるものであること。

② 物品等自体の形状等であること[1]。

③ 視覚に訴えるものであること。

④ 視覚を通じて美感を起こさせるものであること。

令和元年改正により、従来の「物品」に加えて「建築物」と「画像」が保護対象として追加されるまでは意匠の成立要件の①は「物品性」、②は「形態性」、③は「視覚性」、④は「美感性」とそれぞれ説明されることが多かった。改正後、①は厳密には「物品性」ではなくなった。審査基準では「物品」「建築物」又は「画像」をまとめて「物品等」としているため、本書ではこれらのいずれかであることを「物品等性」と呼ぶことにする。

---

[1]「画像」には法文上、「形状」等の文言による修飾がない。しかし、後述するように、それは「画像」という文言自体に「形状」等が既に内包されていると考えたためであろう。その意味において、厳密には「画像」については(2)の「形態性」は独立した要件しては不要となり、重複した形とはなるが、画像にも「形態性」が必要であるという意味を強調するために分けておくこととした。

ここで、この意匠の定義規定から明らかなことは、意匠の中核は「形状等」（形態性）という言葉で示された無体物、すなわちアイデア[2]であって、言わばデザイン・コンセプト[3]である点である。このように解すべき法的根拠としては、法文上で用いられている「意匠に係る物品」という文言が挙げられる（実施：２条、間接侵害：38条、意匠登録表示：64条等）。

すなわち、「有体物」としての「物品」について表現する場合にはこのように表現しており、これは意匠そのものがデザイン・コンセプトという無体物であって、その具現化を意味する言葉として「意匠に係る」という表現を用いていると解されるからである。「物品」という言葉はいかなる有体物[4]にコンセプトを結合するものなのか、その結合させる対象物を示す語句であり、同時に「視覚を通じて美感を起こさせるもの」の「もの」という文言は形状等を指しているため、視覚性と美感性という要件も形状等という無体物の修飾語句であることを示しているからである。

２．物品等性

先に述べたとおり、法が保護対象として定める「物品」「建築物」「画像」のいずれかであることを物品等性という。これらは、意匠の成立要件の根幹であるといえよう。

本書では、従来の保護対象たる「物品」の意匠を重視しつつも、令和元年改正で保護対象に加わった建築物及び画像の意匠については、物品との相違点を中心として解説する。これらを区別するときには「物品」の意匠を「物品意匠」、「建築物」の意匠を「建築物意匠」、「画像」の意匠を「画像意匠」と省略して表記する場合がある。

---

2 逐条解説1245頁でも、「美感の面からアイデアを把握」したものとしている。

3 コンメ新版116頁（五味飛鳥執筆）の2条2項の説明中において「『意匠に係る物品』とは、意匠という情報を具体化した物品である」と述べていることも同旨である。

4「建築物」については「物品」と全く同様である。一方、「画像」も有体物と完全に切り離されたものではなく（詳細は後述）、「意匠に係る画像」という文言も「有体物」としての「機器」の操作・表示画像として実際に有体物たる機器に具現化されたものであることを意味するものと解される。

〔論点〕物品と形態の関係（可分説・不可分説）

「物品[5]」と「形状等」(「形態」若しくは「デザイン」。以下、本論点においてはこれを「形態」と表記する。) は可分か不可分かということについてはかねてから学説上の争いがある。審査基準では、物品と形態は「一体不可分」であると記載[6]していることから、いわゆる不可分説を前提としているようである。

まず、可分説は物品と形態は可分であり、現実に存在している物品と切り離される形態（抽象的なモチーフ）が客観的に存在し、それこそが保護対象としての「意匠」と考える立場である[7]。その根拠としては、同様の考え方を採用する英国法（1883年）を継受した沿革[8]が挙げられよう。可分説は創作説と親和性があり、形態（デザイン）こそが創作の中心であり、物品は単にその形態を応用した媒体[9]（画用紙やキャンバス）にすぎないと考えるのが論理的となる。

この説からは、有体物から離れた「意匠」の存在を認めることに加え、仮に創作説に依拠しつつ、可分説の立場を徹底すれば、「形態」が同一である限り、いかなる物品[10]（例えば乗用自動車とそれと同じ形態の自動車玩具）であっても創作的に同一の範囲（つまり、同じデザインであればどのような物品であっても意匠権の効力が及ぶ。）と考えることとなる。これは「創作説的可分説」と呼ばれる[11]。

5「物品」以外に「建築物」と「画像」も保護対象であるが、以下では特に断りがない限り、従来、主に議論されてきた「物品」を前提として議論する。

6 審査基準では「物品又は建築物と形状等とは一体不可分であることから、物品又は建築物を離れた形状等のみの創作、例えば、模様又は色彩のみの創作は、物品又は建築物の意匠とは認められない」旨を述べている。

7 英国では古くから支持されていた点等については加藤59頁を参照されたい。

8 英国では伝統的にデザインを応用した物品ではなく、物品に応用された「デザイン」を意匠の本質としており、我が国も英国法を参考にした経緯がある点等は加藤59頁を参照されたい。

9 加藤62頁

10 ただし、6条1項3号により「意匠に係る物品」の記載が必須事項として求められていることから、いかなる物品にも及ぶのだから物品の記載自体が不要であるという解釈を導くことはできないはずである。

11 加藤66頁。実際に牧野利秋「意匠法の諸問題」(「ジュリスト」2007年 1326号)92-93頁にはそのような考えが示されている。ただし、創作説の論者であっても物品の類否を問題にする説もある(牛木124頁)ため、創作説であれば必ず創作説的可分説になるというわけではない。

この説からは権利範囲を考える際に「意匠の類似」については形態の同一・類似のみを考え、物品の同一・類似は考えないことになる。

この創作説的可分説に対する主な批判として、① 旧法（大正10年法）では確かに「物品に応用すべき形状…」となっていたが、現行法（昭和34年法）では「物品の形状…」に改正したという沿革[12]、② あらゆる物品に権利が及ぶことになることで必要以上に権利が強くなり過ぎる[13]、③ 審査に当たって全物品をクロス・サーチしなければならなくなるため短期間での審査が困難になること等が挙げられている[14]。

これに対し、不可分説は物品と形状等（形態）は不可分一体であると考える立場で従来の通説であり、また、多くの裁判例も同様[15]といえる。その根拠としては、２条１項の「物品の形状…」（傍点は著者）という文理が挙げられている。不可分説の解釈論の論理的帰結としては、物品等と離れた意匠の存在を否定し、さらに、物品と形態は一体不可分であるため、物品が異なれば意匠は異なると考えることになるとされている[16]。

例えば乗用自動車と形態が全く同じ自動車玩具は物品が異なるために別の意匠と考える。権利の及ぶ範囲として、「意匠の類似」においては形態の同一・類似以外に物品の同一・類似も問題とすることになる。

競業説は「物品」の誤認混同を起こさせて需要者に誤って「物品」を購入させることを不正競業と考えることから「競業」している範囲で保護すれば足りるため、無関係の異業種の物品まで権利を認める必要性がないことで不可分説と結び付きやすいと考えられてきた[17]。

---

12 物品と形態の結び付きが強くなったと考えるわけである（高田32頁参照）。

13 高田34頁が同旨である。

14 高田33頁にその旨の記載があるが、これに対しては「行政上の都合によって意匠の本質を決めようとする見解」で問題であるという批判もある（加藤67頁）。

15 可撓性伸縮ホース事件〈最三小判昭和49年3月19日 昭45（行ツ）45［民集28巻2号308頁］〉でも「意匠は物品と一体をなすものであるから、（中略）まずその意匠にかかる物品が同一又は類似であることを必要」と判示している。

16 高田34頁

17 加藤68頁

ここまでの議論を端的に整理すれば、可分説は「形態」を重視する説[18]をいい、不可分説は「物品」を重視する見解といえよう。他方、これらの折衷的な見解として需要説の立場を前提とする「結合説」[19]という考え方がある。物品と形態は分離可能である[20]としつつも、物品と形態を「結合」したことに本質的価値があるとして物品の同一又は類似も考慮[21]する見解である。

物品から離れた「画像」が「意匠」の一種として導入されたことからすれば、「意匠」概念を統一的[22]に理解するには、意匠は物品と一体不可分という通説（不可分説）を維持するのは困難であろう。他方、この改正には、物品や建築物について、形態の同一・類似さえあればあらゆる物品・建築物に権利を及ぼそうとする創作説的可分説を導入するまでの意図はなかったと思われる。

思うに、「画像」といえども純粋な絵画のようなものは保護の対象とはならず、あくまで有体物たる「機器」の存在を前提として、その操作又は表示の画像に限られている（２条１項括弧書）のであって、「機器」の存在自体は当然の前提として記載の省略を認めていると解されることから、完全な意味で「物品から離れた意匠[23]」というわけではない。その意味において緩やかではあるが、画像は物品（機器）と紐付けられる形で「結合」しているといえよう。

---

18 なお、不可分説からは「意匠」の構成要素を考えるに当たって「現実」の物品を考慮する（現実の物品には必ず色彩があるため、色彩は「意匠」の必須の構成要素と考える等。）傾向があるようである。しかし、「現実」の物品のことをどこまで考慮するかは本来、別の議論であり、可分説からはもちろんのこと、不可分説に立ったからといって現実の物品を前提としなければならない論理的必然性はなかろう。なお、米国の審査基準MPEP（1502）には、意匠は応用される物品と「不可分」（inseparable）である、という記述があるものの、その意味するところはあくまで物品を前提としない「表面装飾」（surface ornamentation）のみでは権利を得ることはできないという意味で用いられている。

19 加藤66頁

20 その意味では、結合説は可分説の一種である。提唱者も「結合説は、可分説と等しい面をもつ」としてそれを認めている（加藤66頁）。

21「物品を異にすれば少なくとも需要増大価値の本質に影響を及ぼさずにはおかず、少なくとも物品と異にする意匠が同一という評価を受けることはありえない」とする（加藤69頁）。

22「画像」は「意匠」の一種ではあるが、他の「意匠」とは異質であって、言わば例外であると位置付けるという考え方もあり得なくはない。特許庁は、審査基準で不可分説を採りつつ、画像意匠は「物品から離れた画像自体」であると説明していることから、この考え方の可能性もある。

23「物品から離れた画像自体」は審査基準にも用いられている表現であるが、当該画像が物品等に記録されている必要はなく、物品等に表示する必要がないという限りの意味と理解すべきである。

したがって、物品と形態は分離可能ではあるが、両者が「結合」している点に本質的価値があるとする結合説が妥当である。くわえて、需要説では「物品」等の購入あるいは利用といった需要増大機能を本質的な価値と考えるため、出願人が需要を増大させようと意図する当該「物品」（例：自動車）と全く別の物品（例：自動車玩具）までも保護する必要はないと考えられるため、権利の及ぶ範囲については「物品」等の同一又は類似も考慮[24]すべきである。

〔応用研究〕結合説と「意匠登録を受ける権利」の帰属の関係

創作説的可分説のように、ある物品の一つの形態を創作したことで異なる物品にまで当然に権利が及ぶと解する必要性はあるであろうか[25]。

この点、需要説の立場からは、意匠の創作により新たな需要を増大させた範囲を保護範囲とすべきであると考えられるところ、例えば新たな乗用自動車の形態を創作した場合には、全く同じ形態（デザイン）の玩具たるミニカーの需要も同時に増大させているとも考えられる。この場合、権利を請求する範囲の基礎となる「意匠に係る物品」は出願人自身が出願時に特定（６条１項３号）することとなっており、出願人がこの２つの異なる物品について権利が必要と考えるのであれば、１つの形態を基礎として２つの意匠登録出願をすることが可能[26]である（あえて乗用自動車のみを出願したのであれば、玩具の自動車については権利を請求する意思がなかったと考えればよい。）。

24「物品」等の類似についての詳細は「意匠の同一又は類似」において後述する。

25 欧州や米国では、少なくとも「物品」の記載によって権利範囲が定まるとする規定はない。欧州では「物品」の記載はサーチの便宜のためのものである旨が判示されており、「そのデザインの使用されたあらゆる製品に及ぶ」という規定［規則36(6)］すらある〈青木大也「意匠の類似と物品の類似：知的財産権の範囲と物品等の意義」(「日本工業所有権法学会年報」2017年 40号)26-27頁参照〉。一方、米国のCAFCの判決Curver Luxembourg, SARL v. Home Expressions Inc., 938 F.3d 1334, 1336(Fed. Cir.2019)では、クレームに記載された“a pattern for a chair”の文言を根拠に同じデザインの「かご」には及ばないとされた(ただし、chairの文言は補正で追加された点に注意が必要である。)。

26 自動車のデザインを行った場合に、自動車のみならず自動車玩具の意匠登録を受ける権利についても同時に発生していると考えている点で形態を重視し、物品はそれを応用する媒体であると捉えているようにもみえるが、不可分説でもこの点の結論は変わらないはずである(自動車のデザインを行った場合、自動車玩具の意匠登録を受ける権利は発生しないという議論は聞いたことがない。)。

したがって、１つの形態を創作したことで異なる物品にまで当然に権利が及ぶとまでは解さないが、必要に応じて異なる物品についても権利を取得することは可能である。いずれにしても、異なる物品に当然に権利が及ぶと解する必要性は乏しいと考える。

（1）物品

意匠法には「物品」の定義規定は存在せず､解釈に委ねられている。この点、審査基準では､「物品」とは「有体物のうち、市場で流通する動産をいう」としている。これにより「物品」はあくまで「有体物[27]」に限定されるという考えに立っていることが分かる。これは旧法の時代からの伝統的通説[28]でもある[29]。

審査基準が物品について「市場で流通」することを定義に入れているのは需要説と整合的である。需要説は市場における需要を喚起させることで産業の発達が図られると考えるものであるため、需要の対象として典型となる「物品」は「市場で流通」するものであることが本来的に求められるからである。

それでは､「市場で流通」しないものにはどのようなものがあるか。それは、後述する「靴下のかかと」のような「物品の部分」が挙げられる。

また､「動産」に限定される[30]としてきた旧法以来の伝統的通説は､「物品」という「語の響きが動産[31]」を想定していることが主な根拠[32]とされている。

---

27 文字、数字、記号等のデザイン文字書体(タイプフェイス)は「無体物」であるため、保護されない。少なくとも現行法上では「無体物」で保護されるのは「画像」に限定されている。

28「有体物のドグマ」ともいえるものである〈杉光一成「3Dデジタルデザインの法的保護」(「NBL」2011年 965号)76頁参照〉。

29 したがって、例えば仮想空間上に再現された三次元オブジェクトとしての車や家具等は現実の取引対象となったとしても「物品」ではないことになる。

30 実用新案法の「物品」には不動産も含まれると解されてきた(吉藤677頁)こともあり、不動産も含まれるという見解も有力に主張されていた(田村363頁、加藤77頁)が、令和元年改正で「建築物」が意匠の定義に導入されたことにより、実質的にこの議論の意義はなくなったといえよう。

31 高田35頁

32 その他の理由として､「工業上利用」(3条1項柱書)が登録要件として要求されていることから、量産されることがほとんどない不動産を物品に含める価値が余りないことが考慮されたようである(高田35頁)が、それは正に「工業上利用」という登録要件の問題であろう。保護対象としての成立要件の解釈に、成立要件を具備することを前提とする登録要件を持ち出すのは論理的におかしい。

〔応用研究〕「物品」概念の再検討

「物品」という語の「品」という語は、「品物」に由来し、語義としてはおおむね「目的を持って何かに使う物」を指す。従来、「物品」の語義自体の解釈論は余り議論されてこなかったようであるが、使用目的（用途）や機能が不明なものが出願された場合、特許庁はそのままでは登録を認めていない。審査基準においても「意匠登録を受けようとする意匠は、意匠に係る物品等の用途及び機能が明確なものでなければならない」と記載しており、例えば「意匠に係る物品」に単に「物品」とのみ書いたような場合には、この要件を満たさないとしている。

後述する一意匠一出願（７条）の要件の判断の際にも、複数の物品が出願された場合にはそれぞれの「用途」を見て一意匠か否かを判断し、意匠の類似においても、物品の「用途」の共通性を見ている。

需要説の立場からも、新たに喚起した需要の範囲、すなわち保護すべき範囲を確定するためには、当該「需要者層」を特定する必要があり、そのためには出願された対象物がいかなる範囲の需要者又は取引者の需要を喚起したのか、すなわち使用目的（用途[33]）を特定することが求められる。

「用途」という概念が需要者側の使用目的（「ペン」なら「文字を書く」）という主観的なものであるのに対し、「機能」は物品の提供者側が設計した当該使用目的を達成するための客観的な技術的作用[34]・効果（先端部からインクが出る）を意味する。

このように用途と機能は「表裏一体[35]」として物品の本質的な属性[36]となっているといえる。また、願書の記載事項を規定する６条１項３号について、従来は「意匠に係る物品」とされていたが、令和元年改正により「意匠に係る物品又は意匠に係る建築物若しくは画像の用途」（傍点は著者）とされたのも、物品についても建築物や画像と同様に「用途」があることが前提であると解し得る。

---

33 詳細は「物品の類似」の解釈において詳述する。

34「機能」の文言の意義については5条3号の新設に関する特許庁平成10年改正49頁の解説を参照されたい。

したがって、本来、意匠法上の「物品」とは「有体物のうち、市場で流通し、特定の用途[37]及び機能[38]を有する動産をいう」ものと解すべきである。

なお、需要説からは、この「用途及び機能」の要件は、物品以外の保護対象とされる建築物及び画像においても当然に求められると解される。

ところで、審査基準では「物品」と認められない具体例が挙げられている。

① 原則として動産でないもの

「土地及びその定着物であるいわゆる不動産」は、物品とは認められないが、例外として、「使用時には不動産となるものであっても、工業的に量産され、販売時に動産として取り扱われるもの（例：門、組立てバンガロー[39]）は、物品と認められる」としている。

② 固体以外のもの

「電気、光、熱などの無体物は物品と認められず、有体物であっても、気体、液体など、そのもの固有の形状等を有していないものは、物品と認められない」とする。

---

35 逐条解説1264頁では、「建築物及び画像について『機能』でなく『用途』と規定したのは、物品については、『物品の機能』という表現が通例…、建築物及び画像については、『建築物の用途』『画像の用途』という表現が通例であるため」とし、用途と機能が表現上の差異にすぎないという前提で記載している。審査基準でも「画像」の場合、「意匠に係る物品」には「用途」を記載すべきとし、例えば「電子メール送信用画像」と書くとされているが、「電子メール送信」は「用途」と同時に「機能」でもあることは明白であり、実際に「電子メール送信機能付き冷蔵庫」が例示されている。

36 物品の本質として「機能」を位置付けるものとして牛木39頁では「物品の実用的機能は、物品の存在を意義づける要素」としている。

37 光石55頁では純正美術品との比較においての文脈で「物品は実利・実用を目的とするもの」と述べている。また、斎藤147頁も意匠の同一性の判断における文脈で「物品の存在理由の根本はその用とはたらきにある」と記載している。

38 裁判例〈容器菓子事件：知財高判平成28年9月21日 平28（行ケ）10034［判時2341号127頁］〉にも（7条の一意匠一出願の解釈に関するものではあるが）「意匠に係る物品には、特定の用途及び機能があることから、『物品ごとに』とは、ある一つの特定の用途及び機能を有する一物品であることを意味するものと解される」と本書の同様の見解を前提としていると想定されるものがある。

39 この点、組立家屋事件〈東京地判令和2年11月30日 平30（ワ）26166〉でも「組立て家屋」が「物品」に該当する旨を判示している。

例えば「意匠に係る物品」の欄に「打ち上げられた花火」や「ネオンサイン」[40]という記載がなされている場合が想定される。ただし､「花火玉」や「ネオン管」と記載する場合には明らかに「物品」であり、それらの形態であれば登録の対象となる。

ここで審査基準について検討を加えておこう。「固有の形状等を有していない」ものは「有体物」であっても「物品」ではないという審査基準の論理は、物品は「有体物」であるとする先の定義と矛盾しているように思える。「物品」を有体物であると定義する以上、無体物を排除するのは当然であるが、有体物とされる「気体」や「液体」を排除する理由はなかろう。したがって、「固有の形状等を有していない」場合､「物品」であることは認めつつ、後述する「形状」の「定形性」の要件の問題とするほうが論理的である。

③ 粉状物及び粒状物の集合しているもの

「粉状物、粒状物などは、構成する個々のものは固体であって一定の形状等を有していても、その集合体としては特定の形状等を有さない[41]ものであることから、物品とは認められない」とし、その例外として「構成する個々の物が粉状物又は粒状物であっても、その集合したものが固定した形状等を有するもの、例えば、角砂糖は、物品と認められる」としている。

④ 物品の一部であるもの

審査基準は、通説的理解[42]と同様に､「その物品を破壊することなしには分離できないもの、例えば『靴下』の一部である『靴下のかかと』（図１）は、それのみで通常の取引状態において独立の製品として取引されるものではないことから、物品とは認められない」とする。

---

40 高田35頁

41 気体や液体と同様に、これらも「物品」ではあるとしつつ、むしろ「形状」の「定形性」の問題として考えるほうが合理的であろう。

すなわち、「物品の部分」（例：靴下のかかと）は「物品」ではないということである[43]。

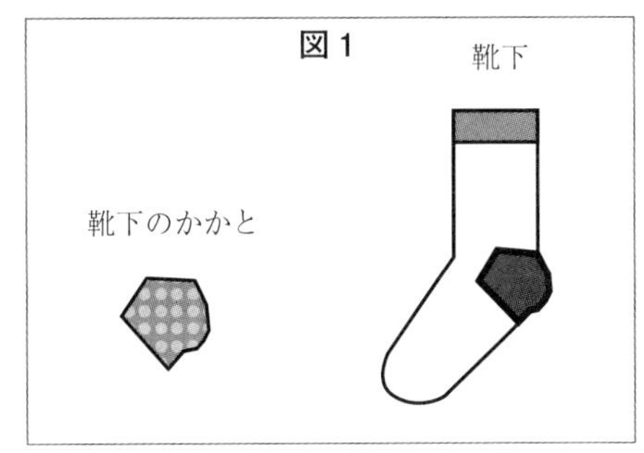

なぜならば、「物品」の定義にある「市場で流通する」という要件に該当しないからである。

一方、物品の「部分」と混同すべきでないのは物品の「部品」（例えば自動車のタイヤ、自転車のハンドル）である。「部品」は、形式的には「物品（完成品）の一部」であるが、実際に独立の製品として「市場で流通する」可能性があるため、それ自体が「物品」である。

この「部品」について、審査基準では「完成品の中の一部を構成する部品（部分品）は、それが互換性を有しており、かつ通常の取引状態において独立の製品として取引される場合には、物品と認められる」としている。

これは通説[44]であり、裁判例[45]とも一致している。なお、ここでいう「互換性」は、現実の取引の可能性があれば十分と解すべきであろう。「新規な部品であればあるほど互換性は認められないことになる[46]」のは不合理だからである。

ところで、通説である不可分説、そして本書が採用する結合説からは、いずれも物品の類否が権利範囲に影響を与えるため、審査対象、すなわち権利を設定する際の物品の同一又は類似[47]を検討する上で、その中心点となる具体的な「物品」が特定される必要がある。すなわち出願当初の願書の記載及び願書に添付した図面等を総合的に判断し、その意匠に係る物品等を具体的に「特定」[48]することができなければならない。

---

42 高田274頁では「土瓶の口のようなものは、経済的に一個の物品として独立して取引の対象となるものではない」として、物品としては扱われない旨を述べている。

43 そのため「意匠に係る物品」の欄に「～の部分」との記載を認めないこととしているのであろう。

44 高田274頁

45 ターンテーブル事件：東京高判昭和53年7月26日 昭52（行ケ）121［無体裁集10巻2号369頁］

46 加藤81頁

例えば「意匠に係る物品」の用途（使用目的）が不明な場合などは、この「特定性」[49]の要件に反する。

（２）建築物

従来、意匠法の保護対象は「物品」に限られており、前述したように建築物のごとき「不動産」は「物品」には含まれず、保護対象ではないとするのが伝統的通説であり、同時にそれが特許庁のかつての運用であった。

しかし、「物品」には建造物などの不動産も含まれるという見解も有力に主張されていた[50]。

そのような中で、「産業競争力の強化に資する意匠制度の見直しについて[51]」では、次のような議論がなされた。近年では「店舗の外観に特徴的な工夫を凝らしてブランド価値を創出し、サービスの提供や製品の販売を行う事例が増え、意匠権による保護ニーズが増加」している（逐条解説1249頁）。

一方、「空間デザインは、著作権法で保護することも考えられるが、同法で保護される建築物はいわゆる建築芸術が主である。また、周知性や著名性があれば、不正競争防止法による保護を受けることができるが、独創的な空間デザインを生かしたブランド構築の取組を早い段階から保護する観点からは、周知性や著名性が生ずる前から保護するニーズが高まっている」。

こうした指摘を踏まえ、令和元年改正により「建築物」が保護対象として明記されることとなった。

---

47 不可分説と結合説では物品の同一又は類似を判断するが、創作的可分説であれば、論理的には必ずしも物品が明確に特定されている必要がないこととなろう。

48 審査便覧（34.01）では、「補正」に関する記述中においてではあるが、この点について「当然に導き出せる」という表現を用いているが実質的に同義であろう。

49 審査基準では「特定性」という語は用いていないが、恐らく同趣旨から、意匠法3条1項柱書から「意匠が具体的なものであること」を要件とするとしている。

50 加藤77頁、田村363頁。田村善之「画像デザインと空間デザインが意匠登録の対象となることの影響」（「ビジネスロー・ジャーナル」2019年 10月号）19頁では「建築物については、理論的には保護対象に入っているべきものが、これまでの運用では保護対象に入っていなかったにすぎません」と述べている。なお、前掲注30も参照されたい。

51 産業構造審議会知的財産分科会意匠制度小委員会（2019年2月）

この点を需要説から考察する。まず建築物の場合、物品とは異なり、「購入」するという需要の態様以外に、所有者あるいは管理権限のある者の許諾を得て「利用」するという需要の態様が多い。例えば商業用施設の場合、施設の利用意欲を喚起し、多数の者の来訪を期待し得る新しい外観こそが経済的価値であるため、別の建築物が当該喚起した利用意欲を奪うものかどうかという観点において「利用者」の観点を抜くことはできない。

したがって、建築物の需要者としては、例えば店舗やオフィス等の事業用の施設の場合には注文者やテナント、建売住宅・マンション等の個人用の建築物の場合には更に購入者や賃借人が想定される。また、建築物の取引者としては、それらを仲介又は販売する不動産業者等が考えられるほか、更に店舗やオフィス等の事業用の施設の場合には当該施設の利用者等が想定[52]されることとなる。

すなわち、建築物の新たな美的外観は、商業用の施設であれば、注文者の注文意欲はもちろん、当該施設への利用意欲を増進して利用者の来集を促進し、住宅等の個人用の建築物であれば購入・賃借予定者の購入意欲や賃借意欲を増進するという意味において保護する価値がある。

したがって、需要説の立場からは、元々「物品」の概念に含まれ得ると考えられていた「建築物」を保護対象とするのはむしろ自然であり、今回の改正は当然のものという理解も可能であろう。

ところで、意匠法には「建築物」の定義規定は存在せず、解釈に委ねられている。需要説から考えれば需要者や取引者、あるいは利用者が存在する限り、特に「建築物」を限定的に解釈する必要はないことになろう。この点について逐条解説1249頁では、「建築物は、建築基準法の定義等における用語の意よりも広く、建設される物体を指し、土木構造物[53]を含む」と説明している。

---

52 青木大也「空間デザインの保護：建築物の意匠と内装の意匠に関する若干の検討」(「日本工業所有権法学会年報」2019年 43号)88頁でも、様々な需要者を想定できるとしている。

53「構造物」とは「土木･建築にかかる設計の基本」〈国土交通省「土木･建築にかかる設計の基本」(2002年10月21日)〉によれば、「目的とする機能を持ち、作用に対して抵抗することを意図として人為的に構築されるもの」とされており、建築構造物と土木構造物があるとのことなので、構造物のうち建築構造物を除いたもの全てが土木構造物ということになろう。

建築基準法は、主に建築物を安全に維持するための最低限の基準を定めた[54]法律であり、法目的が全く異なるものであるから同じ用語であっても意義が異なり得るのは当然である。

審査基準では「建築物」に該当するための要件として以下の２つを挙げており、同時に２つを満たすものとしている。

① 土地の定着物であること：「土地」とは「平面、斜面等の地形を問わず、海底、湖底等の水底を含む」とし、「定着物」とは「継続的に土地に固定して使用されるものをいう」としている。

② 人工構造物であること：人工構造物には「土木構造物を含む。」

建築物の具体例として審査基準では、「商業用建築物、住宅、学校、病院、工場、競技場、橋りょう、電波塔」などが挙げられている。

審査基準において、「建築物」と認められないものの具体的な類型としては以下の２つが挙げられている。

① 土地の定着物であることの要件を満たさないもの：例えば庭園灯のように、「土地に定着させ得るが、動産として取引されるもの」と「一時的に設営される仮設のもの」として仮設テントが挙げられている。また、「不動産等の登記の対象となり得るが、動産として取引されるもの」として船舶、航空機、キャンピングカーが挙げられている。

もっとも、庭園灯や船舶のように「動産として取引されるもの」はむしろ「物品」に該当するため、建築物ではなく「物品」の意匠として登録され得ることは言うまでもない。

54 建築基準法1条を参照されたい。

② 人工構造物であることの要件を満たさないもの：例えば自然の山、自然の岩、自然の樹木、自然の河川、自然の滝、自然の砂浜などが「人工的なものでないもの」として挙げられている。また、「人の手が加えられているものの、自然物や地形等を意匠の主たる要素としているもの」も同様とし、スキーゲレンデ、ゴルフコース、更に「土地そのもの又は土地を造成したにすぎないもの」も挙げられている。

なお、建築物もその需要者の範囲を確定し、建築物の「類似」性について判断するため、特定の「用途（機能）」が必要であることは物品と同様である。審査基準においては、「意匠に係る物品」の欄に「建築物の具体的な用途が明確となるものを記載」すべきとしている。例えば「商業用建築物」である。

もっとも、「学校」「飲食店」あるいは「研究所」などの記載であれば、既に用途は明確であるとしている。

ところで、建築物の「外部」の美的外観が対象になることは当然であるが、実は「内部」（例えばある一つの「部屋[55]」）の美的外観も「建築物の一部」として対象になり得る。審査基準では「通常の使用状態において、内部の形状等が視認されるものについては、内部の形状等も含む」としている。

（3）画像

令和元年改正前までは、「物品」のみが保護対象とされており、「画像」自体は保護対象とされていなかったため、「画像」はあくまで「物品の一部」と評価できる場合に限って保護が認められていた。

具体的には、物品に記録され、当該物品（又は同時に使用される他の物品）に表示される物品の「操作」のための画像（例えばDVDプレイヤーの再生前の操作画像や携帯電話の通話前の操作画像等）のみが保護されていた（平成18年改正法の旧２条２項）。

55 この場合、内装の意匠との違いは、建築物の場合には1つの「意匠」が前提となっており、内装の場合には複数の「意匠」の存在が前提となっている点といえよう。

しかし、これでは「物品に記録されず、クラウド上から提供される画像」は保護の対象とならない。また、「物品がその機能を発揮させている状態の画像(例えば携帯電話のメール送信中の操作画像等）や、壁等に投影される画像」についても保護の対象外である。昨今では、「IoT 等の新技術の普及に伴い、個々の機器がネットワークでつながるようになったことから、特に機器のグラフィカルユーザーインターフェース（GUI：利用者と機器が情報をやり取りする仕組み)」の重要性が増しており、「投影技術の発展により、従来のように物品に表示されず、壁や人体等に投影される画像が出現」しており、「GUI が機器と離れて独立して付加価値」を持つようになっている。

また、「インターネットサービスの多様化やスマートフォンの飛躍的普及」により、「消費者に商品の魅力を訴求」し、「利用者にとってより使いやすいサービスを提供」すべく、「ウェブデザインに多額の投資」が行われている。

そこで、このようなデザインに対する「研究開発投資の回収を容易」にするため、「物品」から離れた「画像」そのものを保護対象としたということが改正の背景として説明されているところである。ただし、いかなる「画像」であっても保護の対象となるわけではなく、条文上も「機器の操作の用に供されるもの又は機器がその機能を発揮した結果として表示されるものに限る」(２条１項)とされており、いずれにおいても機器の存在自体は不可欠なものとしている。

以上、意匠法の「画像」は実は「物品」から離れているとは必ずしもいえず、有体物たる「物品」である「機器」との関連でのみ理解[56]し得るものといえる。

需要説からこのような「画像」を保護する意義について検討する。近年では非常に多くの電気機器が電子計算機の「機能」を活用[57]している。電子計算機(コンピュータ）を内蔵する機器及びそれに接続して用いる周辺機器、すなわち両者を合わせた「コンピュータ関連機器」は増加の一途をたどり、情報機器以外に家電機器（画面付きの冷蔵庫等）など、あらゆる分野に及んでいる。

56 田村善之「画像デザインの保護に関する2019年意匠法改正の概要と課題」(「日本工業所有権法学会年報」2019年 43号)198頁でも、脚注においてであるが「完全に有体物との関係を絶つわけにはいかないが、あらかじめ表示される物品が特定されている必要はないとしたところに、本改正の意義がある」とおおむね同旨を述べている。

しかも、この種の機器においては「画面」の部分が、正に需要者の注意を引く部分となっていることも多いため、GUI 等の美的外観が当該関連機器の購買又は利用意欲を高め、あるいはサービスの利用意向の亢進（こうしん）という意味での需要を喚起する場合は当然に想定される。需要説は需要増大機能を有する意匠の経済的価値を認めて保護するものが意匠法であると考える以上、現代ではこのような画面デザインの保護の必要性は高いと説明できよう[58]。

ここで、「画像」という語義について検討しておきたい。「画像」という保護対象についても「物品」や「建築物」と同様、定義規定はなく、解釈に委ねられており、審査基準においてもその解釈は示されていない。

「画面デザイン」という言葉で立法の議論がなされてきた背景[59]と上記の立法趣旨から考えれば、ここでの「画像」はコンピュータの計算によって描出される「画像」（いわゆるデジタル画像）に限られるようにも思える。

しかし、「画像」という語は辞書的な意義としてはコンピュータを用いていない場合にも用いられている。また、同様に「機器」という文言もコンピュータに関連するものに限定する記載はない。実際、表示される画像という意味では、例えばコンピュータを用いることなく、機械仕掛けによってランプとその光を通す物理的な穴を用いて星空を天井に投影する「家庭用プラネタリウム」のような製品等は昔から存在していたが、このような形で当該機器の需要を喚起し得る画面デザインを排除すべき理由は見当たらない。

さらに、画像の実施行為の規定ではあるが、「意匠に係る画像」の概念には「画像を表示する機能を有するプログラム」を含むと規定（２条２項３号括弧書）し、これ自体はコンピュータの存在を前提としているものであるが、あくまで「含む」であって、これに限るものではないことを示唆している。

---

57 小型コンピュータを内蔵している場合も多いが、外部から演算結果の信号を受ける場合もある。

58 もっとも、吉岡（小林）・第1章前掲注29の25頁では、GUIについては経営学分野における研究の蓄積がない点が指摘されている。

59 特許庁令和元年改正75頁においてもGUIを前提とする記述がなされている。

したがって、本法でいう画像は、コンピュータを前提とするいわゆるデジタル画像を中心としつつも、それ以外の画像も含まれると解する[60]。

なお、特許庁令和元年改正においては「画像デザインによって機器や機器に関連するサービス等の付加価値を向上させるものに限って権利の客体とする」旨が述べられている。それが法文上で画像の中でも「機器の操作の用に供されるもの又は機器がその機能を発揮した結果として表示されるもの」、すなわち、「操作画像」と「表示画像」の２種類に限定した背景なのであろう。

ところで、物品及び建築物と同様、需要者の範囲を確定して「画像」の類似性を判断する必要があることから、特定の用途（機能）も当然に必要である。物品とは異なり、画像にはこの点について明文の規定がある（６条１項３号）[61]。

以上より、２条１項にいう「画像」とは「機器の操作又は機器が機能した結果を表示するために機器によって描き出される図形であって特定の用途及び機能を有するもの[62]」の意味と解すべきであろう。

① 機器の操作の用に供される画像（操作画像）

「機器の操作の用に供される画像」の意義について、審査基準では「対象の機器が機能に従って働く状態にするための指示を与える画像であり、特段の事情がない限り、画像の中に何らかの機器の操作に使用される図形等が選択又は指定可能に表示されるものをいう」としている。

なお、「画像」を保護対象として明記した令和元年改正前ものではあるが、操作画像の意義について「家電機器や情報機器に用いられてきた操作ボタン等の物理的な部品に代わって、画面上に表示された図形等を利用して物品の操作を行うことができるものを指す」と判示した裁判例がある[63]。

60 コンメ新版（峯唯夫執筆）89頁でもいわゆる「デジタル画像」に限られないとしている。

61 また、5条3号には「画像の用途にとって不可欠な表示のみからなる意匠」が登録を受けることができない旨を規定している。

62 この意味での「画像」は有体物ではなく無体物であることは明らかである。また、法文上、創作非容易性の根拠となる「画像」等の幾つかの条文については2条１項括弧書の限定は除かれており、これは物品の場合、「意匠」以外に抽象的モチーフも創作の基礎となり得るとしていることとの平仄をとったものであろう。

63 映像装置付き自動車事件：知財高判平成29年5月30日 平28（行ケ）10239［百選第2版53事件］

② 機器がその機能を発揮した結果として表示される画像（表示画像）

審査基準では、この文言の意義については「何らかの機器の機能と関わりのある表示画像であり、画像の中に機器の何らかの機能と関わりのある表示を含むものをいう」とされている。この具体例として挙げられているのは、図2のようなものである。

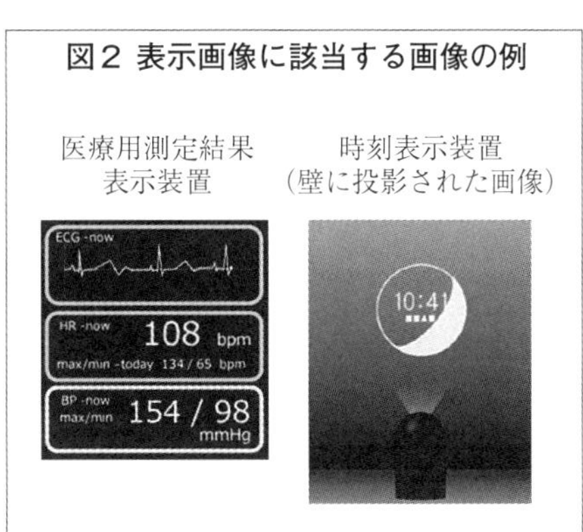

図2 表示画像に該当する画像の例

一方、審査基準では、意匠法の保護対象外となる「画像」として映画やゲーム等のコンテンツが挙げられている。これらは機器の「操作」や機能の結果の「表示」の画像とはいえないからであり、主に著作権法の保護対象となるものといえよう。

もっとも、「画像」の意匠（以下、「画像意匠」という。）が認められているものの、令和元年改正前から認められていた「物品等の部分に画像を含む意匠」（以下、「機器画像意匠」ともいう。）も従来どおり出願及び登録が認められている点に注意が必要である。

両者の違いは、画像意匠は物品から離れた「画像」のみの意匠であるのに対し、機器画像意匠は、あくまで従来どおりの「物品」の意匠の一種であり、当該物品（機器）の一部に「画像」を含んでいる意匠ということになる。機器画像意匠の典型としては、いわゆるATM（現金自動預払機）という「物品」（機器）の意匠の操作画面部分の「部分意匠」である。

なお、画像意匠の場合、「意匠に係る物品」には、前述したように「画像の用途」を記載する必要があるため、「（～用）画像」（例えば「銀行取引用画像」）と記載することになるのに対し、機器画像意匠はあくまで「物品」の意匠であるので「意匠に係る物品」には従来どおり、当該物品名（例えば「現金自動預払機」）を記載することとなる。

強いて言えば、令和元年改正で保護対象とされた「画像意匠」は、元々は機器画像意匠という「物品」の「部分意匠」として認められていた経緯も踏まえ、「物品」との関係性を緩やかにしつつも「物品」としては、主として電子計算機を前提[64]とし、かつ、「位置・大きさ・範囲」を不問とした「特殊なタイプの部分意匠」と理解することもできよう。このように解する現実的な利点として蓄積しつつある従来の部分意匠の学説及び裁判例等における解釈、あるいは理論の流用が可能となる点が挙げられる。

〔論点〕仮想空間（メタバース）おける「実用品」のデザイン保護

仮想空間では、例えばバーチャルの自動車（厳密にはそれを表示するための３Ｄデータ）が取引対象とされている。意匠法との関係を考えた場合、バーチャルの自動車は有体物ではないため「物品」の要件を満たさず、物品意匠としてバーチャルの自動車の意匠権を取得することはできないと考えられる。

一方、令和元年改正により保護対象となっている「画像」としての保護は受けられるであろうか。結論から言えば、意匠法が対象としている「画像」はあくまで「機器」の操作画像あるいは表示画像に限定されているため、少なくとも意味のある権利の取得は困難であろう[65]。

それでは、「乗用自動車」という「物品」について意匠権を有している場合であって、それと同一の形態のバーチャルの「自動車」を無断で販売している第三者がいるときに、当該意匠権の効力は及ぶのであろうか。この点についても、バーチャルな自動車は「物品」とはいえない上、後述するように通説的な見解からは「物品」の「類似」を用途及び機能の共通性で判断するため、効力が及ぶと解することは困難である[66]。

---

64 立法者は、「画像」はあくまで電子計算機の存在を前提とした「画像」を想定していたものと思われ、そのため出願時に機器の記載を求めなかったものと考えられるが、本文で前述した機械仕掛けのプラネタリウムのごとく、必ずしも電子計算機器の存在を前提としない「画像」も想定される。

65 青木大也「3Dデータと意匠法－3Dプリンタの活用を見据えて－」（「パテント」2020年 73巻 8号）192頁も同旨である。なお、仮想空間での表示画像の出願自体は当然可能である。

66 関真也『XR・メタバースの知財法務』（2022年 中央経済社）19頁も同旨である。

他方、乗用自動車のデザインの場合には、「美術」の範囲ではないということで著作権法の保護も受けられないであろう[67]。すなわち、何らかの立法的手当てがない限り、仮想空間におけるバーチャル「物品」は意匠法及び著作権法のいずれの保護も受けられない可能性が高い[68]。

3．形態性

意匠の定義のうち「形状、模様若しくは色彩若しくはこれらの結合」（形状等）の部分を形態性という。単に「形態」という場合も多い（本書においても同様である。）。法は、意匠について、「物品」と「建築物」に関する要素として「形状」「模様」「色彩」の３種類及びこれらの「結合」であると規定している。

（1）形状

物体が空間を自ら仕切る輪郭[69]を形状という。「物品」の定義にある「有体物」の文言は、民法85条の解釈において空間の一部を占める有形的存在[70]と解されてきたことから、物品は「有形」であり、必ず何らかの物理的な「形状」を持つ[71]と考えられる。この点は有体物の建築物においても異なるところはない。

その意味において、少なくとも物品と建築物においては「形状のない意匠」は想定されないこととなろう[72]。

67 現実世界を前提とする知的財産と仮想世界を前提とする知的財産がそれぞれ考えられ、それらをクロスボーダーする際にどのようなことが問題となり得るかを検討した初期のものとして、杉光一成＝市村直也「仮想世界と知的財産に関する諸問題を検討するフレームワークの提案」（「知財管理」2010年 60巻 2号）203-212頁を参照されたい。

68 少し前の文献とはなるが、杉光一成「3Dデジタルと知的財産（第4回）3Dデジタルデザインの法的保護：意匠法と著作権法の『死の谷』」（「NBL」2011年 965号）106-115頁を参照されたい。

69 高田44頁。なお、「大きさ」の違いは、物品の体積の違いであり、「空間」の「仕切り方」の違いであるといい得ることから「形状」の一種と考える。渋谷554頁も結論として同旨である。

70 舟橋諄一『民法総則（法律学講座）』（1954年 弘文堂）86頁等

71 この観点からも審査基準において気体や液体が有形物であっても「物品」ではないとするのは無理があろう〈梅澤修「意匠法の問題圏 第3回－保護対象Ⅰ」（「DESIGN PROTECT」2012年 No.94 Vol.25-2）16頁も同旨〉。

72 高田44頁が同旨である。

この解釈は前述した審査基準の立場とも一致する。その意味で法文上、形状、模様、色彩と並列に記載されている３要素のうち、少なくとも物品と建築物[73]に関しては「形状」は必須かつ主たる構成要素といえる。

〔小論点〕画像に「形状等」は必要か

２条１項の法文の構造からは、「物品」と「建築物」はいずれも「形状等」の存在、すなわち「形態性」が要求される一方、「画像」にはこの「形態性」が要求されていないように読める。

これは「画像」という語が「機器の操作又は機器が機能した結果を表示するために機器によって描き出される図形であって特定の用途及び機能を有するもの」を意味すると解されるため、「画像」という語自体に既に「図形」であることが内包されているためであろう。

よって、「画像」という保護対象について、形態性として議論してきた形状、模様、色彩という要素の全てが捨象されたわけではないといえ、画像にも模様や色彩が存在することに異論はないと思われる。

問題は「画像」に「形状」があるといえるかどうか、特に「画像」は「無体物」であるために問題となる。

しかし、「形状」の定義にある「物体」の語義を「具体的な形をもって存在しているもの[74]」とすれば必ずしも物理的なものである必要はないであろう。その意味において、例えばコンピュータによって三次元データで立体的に再現された仮想空間における自動車等も仮想の「物体」であり、「形状」を有すると解することができる。

実際、「画像」の意匠には「形状」が存在しないとすれば、全ての「画像」が「模様」又は「模様と色彩の結合」にすぎないと解することとなるが、これは感覚的にも不自然と言わざるを得ない。

---

73 本文で以下に述べるように考えれば、「画像」についても同様となる。

74『精選版 日本国語大辞典』（2006年 小学館）

審査基準も明言はしていないものの、「画像」の意匠における「形状」の存在を前提としていると考えられる[75]。

したがって、国語的には重複的な表現となるが、「画像」にも「形態性」が必要であると解すべきである[76]。

「画像」の意匠にも実質的に「形態性」が求められるとすれば「画像」においても「形状」は必然の構成要素となる。

以上より、法上の意匠として論理的には右記の組合せ（結合）があり得ることになる。

① **物品等 ＋ 形状**
② **物品等 ＋ 形状 ＋ 模様**
③ **物品等 ＋ 形状 ＋ 色彩**
④ **物品等 ＋ 形状 ＋ 模様 ＋ 色彩**

このうち①は講学上、「形状のみの意匠」といわれており、どのように理解すべきかという解釈が必ずしも定まっておらず、古くから存在する論点となっている（後述）。

他方、前述したように形状自体は必須かつ主たる構成要素とされるため、上記４パターン以外の「模様のみの意匠」「色彩のみの意匠」あるいは「模様及び色彩のみの意匠」は、いずれも「意匠」としては存在しないものと考えられる。

例えば「模様のみの意匠」に関し、審査基準では「物品に該当しないものの例」として、「『意匠登録を受けようとする部分』として模様のみを図面に表し、意匠に係る物品を『繊維製品に表す模様[77]』としたもの」を挙げている。

---

[75] 審査基準では、「画像」には「物理的な形状」が存在しないという記載があるものの、「画像」についても「形状」等の形態性を有することを前提とする記載は各所に見られる。例えば画像の意匠は「具体的なものであること」を要求し、その要件として「形状等の具体的な内容が直接的に導き出されなければならない」とし、一意匠一出願に関連する箇所では「形状等の関連性の認められない複数の画像については、これら複数の画像を一の意匠とは認められない」と記載し、変化する「画像」の場合には「形状等の関連性」を見るとしている上、「画像」の新規性の判断においても「両意匠の形状等が同一又は類似であること」を判断するとしている。

[76] コンメ新版52頁（五味飛鳥執筆）も同旨である。

[77] 平たく言えば、「意匠に係る物品」に記載されている物品名の語尾が「…模様」となっているために物品と認められないということである。

① 特定性[78]

次に、「物品」の場合と同様、「形状」にも審査対象及び権利の中心軸となる意匠を定めるという意味[79]において「特定性[80]」が必要である。したがって、出願書類から物品等の「形状」自体を具体的に特定できること[81]が必要である。

例えば形状を特定するための線や点、その他のものが一部記載されていないために願書の記載及び願書に添付した図面等を総合的に判断しても、具体的な形状を当然に導き出すことができない場合[82]、その他、審査基準に具体例として挙げられている「図が相互に整合せず、意匠の内容を特定できない場合」「図面、写真などが不鮮明な場合」などが「特定性」を欠く場合といえよう。

② 定形性

さらに、「形状」は原則として「一定の時間、変化をしないこと」すなわち「定形性[83]」も必要である[84]。

---

78 高田43頁では物品の「特定性」について論じているが、本書でいう「特定性」の定義とは異なる。

79 裁判例においても「特定性」は要求されており、例えば電気かみそり用カッター事件〈東京高判昭和62年5月28日 昭56(行ケ)279〉では、「出願に係る意匠は願書に添付される意匠を記載した図面それ自体によって完結的に明確に特定されなければならい」旨を述べている。特定の必要性についてはほとんどの裁判例が6条とその関連施行規則を根拠にしている点について芦田幸子「意匠法3条1項柱書・工業上利用することができる意匠-形状の特定-電気かみそり用カッター意匠事件」85頁を参照されたい。

80 審査基準では、この点を「具体的であること」と説明している。

81 審査基準では、「画像」に関し、部分意匠のように全体の破線を示すことなく、アイコンの一部分のみを実線で「アイコンのコーナー用画像」として出願している場合、「創作のまとまりがある画像」ではないために意匠を構成しないと説明しているが、この場合には物品名では部分意匠を示す名称でありつつ、図面では全体の形状が破線で示されていないことから「形状を特定するための線、点その他のものが一部記載されていない」として特定性の要件を欠くものとすべきであろう。

82 審査便覧34.01参照

83 特許庁意匠課「意匠制度100年の歩み」(1989年2月)39頁では、昭和3年の「工業所有權法規改正ニ關スル會議」における動的意匠の規定の導入前の議論では「意匠ハ固定的ノモノナルコトヲ要スルヤ否ヤハ問題ナルモ之ヲ要スト為スヲ通説トス」と述べられており、「ビックリ箱、首振り人形、動的広告塔」の保護については問題がある旨が述べられていた。したがって、「固定」性(本書では「定形性」)を要件とするのが元々の通説であったようである。

84 特定性の要件はそもそも出願されたものが「形状」か否かを問題とするのに対し、定形性の要件は「形状」であることは認めつつ、変化するか否かを問うものである。

例えば時間の経過に伴い意図又は設計[85]されていない形へ不定形又は不規則に変化していくものの場合、ある一時点の形状のみを切り出して保護する意義は乏しい上、仮に一時点の形状に権利を認めた場合の権利範囲も不明確なものとなり妥当でないからである。法律上の根拠を挙げるとすれば、形状、模様、色彩が「変化する」場合には願書に記載すべきという規定（「動的意匠」6条4項）の存在（反対解釈）から暗黙の前提[86]とされている点が挙げられよう。この要件が欠けると考えられる典型例は、液体や気体、粉状物や粒状物である[87]。

ここで問題となるのが「物品」について販売上のサービスという意図で一時的な形態として付加される、いわゆる「サービス意匠」である。この場合、販売時と使用時で物品の形状が異なるものの、粉状物等とは異なり、販売時に一定の時間、変化しない形状である限り、定形性を認めて差し支えないであろう。

この点は、審査基準でも「販売を目的とした形状等についても、当該形状等を維持することが可能なものについては、物品等の形状等として取り扱う[88]」としつつ、認められる具体例としては、圧縮タオルの例を挙げる（図3）とともに、認められないものして「泡立てたミルクとコーヒーにより、表面に模様を描いたもの」（いわゆるラテアート）[89]を挙げている（図4）[90]。

---

85 コンメ新版48頁（五味飛鳥執筆）では、定形性について「…創作者によって造られた形態」という表現を用いているのもおおむね同趣旨と考えられる。

86 6条4項（動的意匠）は、形状等が「機能に基づいて変化」する場合について規定する。変化前後の形態、それら自体がいずれも「創作」された結果物であって、一定時間はそれぞれの形状を保つことができるはずであるため、動的意匠は定形性の要件の例外ではなく、定形性は具備すると解する。なお、6条4項の規定ぶりからすると変化し得るものはあくまで形状、模様、色彩の3種類であって「物品」等自体が変化することは想定されていないと考えられる。

87 本書では「定形性」を「形状」の問題として捉えているが、審査基準では「物品」の要件の問題として捉えている点については既に述べた。

88 従来、実務上、「サービス意匠」の登録は認められていなかったが、2020年4月1日以降の出願からは、「使用時」の形状のみならず、「販売時」の形状等も対象とするとしている。需要説の観点からも新たな需要を喚起する美的外観である限り、保護を認めるべきであるため妥当であろう。

89 審査基準では「物品等自体の形状等」に該当しないとするが、そうであれば圧縮タオルの例も「物品等自体の形状等」には非該当と言わざるを得ないのではないか。また、これと同様の論理により、液体と気体も「物品」性ではなく「形状の定形性」の問題とするのが合理的ではなかろうか。

90 米国では「噴水」の形状等の意匠登録が認められている［U.S. Design Patent Application Serial No.70,816, filed July 6, 1962.Hruby, 373 F.2d 997, 1001, 153 U.S.P.Q. 61, 66（1967）.］。

図３ 圧縮タオルの例

正面図　　斜視図

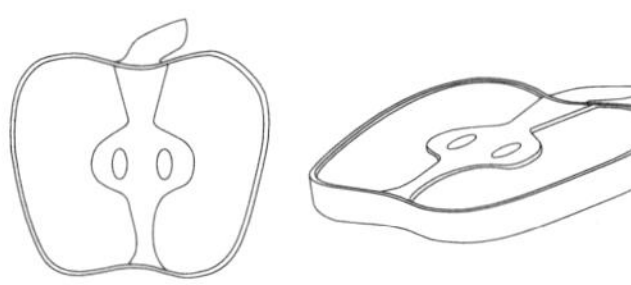

【意匠に係る物品】タオル

【意匠に係る物品の説明】この意匠登録出願の意匠は、圧縮されたタオルであり、使用前に水に浸すことにより、通常のハンドタオルの大きさとなり、タオルとして使用することができる。

図４ ラテアートの例

【意匠に係る物品】
カップ入り飲料
【意匠に係る物品の説明】
この意匠登録出願の意匠は、カップに入ったカフェラテであり、泡立てたミルクとコーヒーにより、表面に模様を描いたものである。

斜視図

※説明の都合上、その他の図は省略した
（説明）この事例においては、そのままの形状等を保ったまま流通等がなされることができないことから、物品等自体の形状等には該当しないと判断する。

〔論点〕形状のみの意匠

物品等の形状だけの意匠[91]を「形状のみの意匠」という。現実の物品等（以下、単に「物品」という。）には必ず色彩がある。

したがって、形状のみの意匠は、現実には存在しないが、「観念的に物品から形状だけを抽象すること」はできる。また、デザインによっては、制作の過程という観点でも「まず形状だけが定まり、それに模様や色彩が付加されること」もある[92]。そのような背景もあり、「形状のみの意匠」の出願は実務上[93]も認められてきた。しかし、「形状のみの意匠」の「余白の部分」をどのように解すべきか（具体的には模様や色彩という構成要素は限定されていないとみるべきか）については争いがあり、かつて[94]は以下の諸説[95]があるとされていた。

---

91 色彩や模様の存在に関して「意匠の説明」の欄においても何ら記載がない場合以外が典型であるが、「意匠の説明」の欄に「…色彩と文様はデザイン次第である」と記載した意匠についても「形状により示された意匠」、すなわち「形状のみの意匠」と認定した裁判例として顕微鏡事件〈知財高判平成21年5月25日 平20(ネ)10088〉がある。

92 高田49頁

93 高田49頁には「意匠法は従来から形状だけの意匠を認めてきた」との記載があるが(特許庁の)「意匠課は従来から…認めてきた」の誤記と思われる。その意味では本文と同旨と考えられる。

94 高田48-51頁参照

95 余白部分は添付図面の「用紙の色」とする説もあったようであるが、それは出願が紙のみで行われていた時代の見解であり、電子出願できるようになった現在では採用できないのは当然である。

① 通常用いられる材質説

例えば湯飲みの意匠であれば陶磁器の一般色を想定するというものである。しかし、金属製やプラスチック製の湯飲みもあるので「現在の世の中では何が通常使用される材料であるか想定することができない[96]」という批判が既にあった上、「画像」が導入された現在に至ってはそもそも「無体物」であって、「材質」自体を想定できないため、既に取り得ない考えである。

② 無模様かつ一色説

余白部分は「無模様であり、かつ、一色であることを積極的に表明している意匠」と考える説である[97]。模様は現実の物品でも従たる構成要素にすぎず、記載がない以上は存在しない（無模様）と考えつつ、現実の物品には必ず色彩があるため、あえて「一色」という限定を付して考えるものであろう。本説は現実の「物品」を重視することから物品と形態の不可分説と親和性が高いと考えられる[98]。もし背景は何も決めていない（無限定説）とすると「広い権利[99]」を認めることとなり、妥当でないという価値判断があるようである。その他の本説への批判は以下の無限定説の根拠がそのまま当てはまる。

③ 無限定説

余白部分は「模様、色彩の限定はない」と考える説である[100]。この見解を説示した仮処分の裁判例[101]では、形状のみの意匠を出願する出願人は、「形状についての創作思想を開示」するにとどまり、「余白の部分を限定する積極的意思を有しないのが通常」と考えられ、また、「模様、色彩と切り離された形状だけの意匠が存在しうることは２条１項の文理上明らか」であると判示した[102]。

---

96 高田50頁

97 高田51頁

98 本書とは異なるが、コンメ新版(五味飛鳥執筆)39頁以下では、物品と形態を可分と解するか否かによって論理的に形状のみの意匠の解釈が定まるとしているようである。

99 高田51頁では、その他、無限定説によれば「形状のみの意匠」とそれと同じくする形状、模様、色彩の結合意匠が登録されると必ず「利用」関係が生ずる旨を述べるが、利用をどのように解すべきかについては26条の「利用」の議論で詳説する。

100 光石62頁。本書ではこの見解を「無限定説」と呼ぶことにする。

101 手提げ袋事件：千葉地判昭55年1月28日 昭52(ヨ)253

本説に対して、「形状だけが抽象的に権利になっている」のを認めることとなり、「形状のみの意匠」にそれと形状を同じくする形状と模様や色彩の結合意匠とは「常に利用関係を生ずる[103]」こととなり、「広い権利」を認めることになる[104]という批判がある。

しかし、この批判は当たらないと考える。「形状のみの意匠」に対して権利が設定された場合であっても、その形状に模様と色彩を付した意匠に利用関係が生ずることはないと解すべきであり、そのように解する限り、必ずしも「広い権利」を認めるわけではないからである（詳細は第11章「３. 利用と抵触」で後述する。）。

例えば形状のみの意匠に色彩が付加されただけの意匠であれば、通常の意匠の類似範囲として「形状のみの意匠」の権利範囲となると考えてよいであろう。

したがって、この場合にはそもそも利用関係自体が生じない。また、模様が付加された場合を考えても、例えば模様が特徴的でそれが意匠の要部となるような場合には「形状のみの意匠」とは非類似となる一方、「利用」関係も生じない[105]と解するので、形状のみの意匠に模様が付いた場合、常に権利が及ぶと考えるわけではないからである。

---

102 本裁判例に関する評釈である加藤恒久「形状のみの意匠の解釈」(「工業所有権法研究」1983年 29巻 2号)8-14頁では、本裁判例は無模様かつ一色説、すなわち「高田説を真正面から否定したもの」と評している。

103 高田51頁ではこのように無限定説を批判する。傍点は著者である。

104 この点、無模様かつ一色説によれば、このような場合には原則として利用関係が生じないが、まず形状だけが先にでき、それに模様や色彩が後から描かれていく場合に限り、例外として利用関係が生ずるとする（高田51頁）。しかし、利用関係の判断に当たり、物品の製造過程を問題とすること自体が不合理という批判がある（手提げ袋事件より）。

105 詳細は「利用」の解釈を参照されたい。

（2）模様

「模様」とは形状の表面に表される線図、色分け又はぼかしをいい、線図とは線書きの図形[106]、色分けとは色と色とを線によって仕切らずに塗り分けたもの、ぼかしとは色と色の境目をぼんやりさせて色が自然に移っていくように見せたものをいうと考えられている[107]。審査基準には「模様」の定義はない。

もっとも「色彩」自体は別の構成要素であることからすれば、これらのうち無彩色のもののみが元来の「模様」であり、有彩色の模様は「色付き模様」と考えることとなろう[108]。模様は主に物体表面の「装飾[109]」の役割を有する。逆に言えば､「模様のない意匠」は観念できるのみでなく､現実にも存在するため、その意味で「形状」と比し、任意の構成要素[110]である。

しかし、意匠の「要部」となり得る点では「色彩」と比した場合には主たる構成要素である。意匠の構成要素として、前述したように形状は必須であるため「模様のみからなる意匠」[111]は存在しないと考えられている[112]。

一方、模様は任意の構成要素であるため、異論なく「模様のない意匠」は存在する[113]と考えられている。模様についても、形状と同様に審査対象と権利の中心軸を決定するための「特定性」及び「定形性」が必要と解される。

例えば「五色の酒を透明容器に封入して、振れば模様がなくなり、静止すれば常に一定の模様が現れる玩具[114]」であれば定形性があるといえよう。

---

106 青木博道「改正意匠法の特徴と実務における影響・留意点」(「IPジャーナル」2020年 13号)14頁では、プロジェクションマッピングにより建築物に映された画像は建築物の模様となり、内装に映された画像は内装の模様として構成要素となるとしている。

107 高田45頁

108 高田45頁

109 高田45頁、加藤88頁、コンメ新版53頁(五味飛鳥執筆)

110 なお、不正競争防止法における「商品の形態」については「形状に結合した模様」(2条4項)という文言を用いており、この点が明確となっている。

111 被服地や壁張地などは「平面に置かれることが常識として決まっている」としても、これを形状のない「模様のみの意匠」(高田55頁)と解すべきではなかろう。例えば模様が四角形で示されているのであれば図面に示された四角形の「形状」と模様が結合した意匠と解するのが論理的である。無論、この場合に「形状」が要部となることはない。

112 加藤87頁、斎藤65頁、コンメ新版50頁(五味飛鳥執筆)

113 高田45頁

〔小論点〕意匠の構成要素間の交錯

形状と模様のボーダーラインとして「欄間の浮き彫り」や「カットグラスのカット模様」等が挙げられるが、形状の定義に該当すると同時に「装飾」の役割も兼ねているため、「形状と模様の結合」と解されている[115]。

また、模様と色彩のボーダーラインとして「玉虫色」があるが、見る位置によって色が異なるので「模様」と解されている。同様に模様の一態様である「色分け」そのものも「模様と色彩の結合」であると説明されている[116]。もっとも、これらはどのように解しても法的効果が異なるわけではないため、講学上の議論といえよう。

〔論点〕文字は模様を構成するか

物品等の表面に表された文字について、意匠法上はどのように取り扱うべきであろうか。文字は原則として意匠を構成しない、すなわち「模様」に当たらないとする否定説が過去の通説的見解であり、特許庁の審査実務でもあった。

その根拠として挙げられていたのは、「文字は元来意思表示のための符号であって、それぞれ特別な意味をもつものであるから、それを登録して権利とすると、その文字のもっている意味に対して独占権が設定されたような誤解を生ずるから[117]」というものであった。

そのため、以前は模様を構成しないと認められる文字は除去するという実務が執られていた。もっとも、従来は時計の文字盤のような「計器の目盛り」や文字は認められてきており、また、「文字の『情報伝達機能』が失われているといえるほどに『装飾機能』が強い場合[118]」に限っては例外的に文字を意匠の構成要素として認めてきた。

---

114 高田39頁

115 高田47頁

116 高田47-48頁

117 高田56頁

118 梅澤修「意匠法の問題圏 第5回-保護対象Ⅲ」(「DESIGN PROTECT」2012年 No.96 Vol.25-4)11頁

この従来の通説的な見解である否定説を踏襲したといわれている有名な裁判例がカップヌードル事件[119]である。

図5

この裁判では、図5の意匠について、「元来は文字であっても模様化が進み言語の伝達手段としての文字本来の機能を失なつているとみられるものは、模様としてその創作性を認める余地があることはいうまでもない」としつつも、「商品名をあたかも商標のように表示して、これを看る者をしてそのように読み取らせるものであり、かつ読み取ることは十分可能とみられるから、いまだローマ字が模様に変化して文字本来の機能を失っているとはいえない」として模様ではないと判断した。

しかし、このような見解は、装飾の程度にかかわらず、文字も原則として「模様」と解すべきであるとする肯定説から批判されてきた。

具体的には「意匠に文字があっても、文字自体が保護されるわけではないことは、他の法との関係においてすでに周知されている」とし、「文字や標識は、その実質的な意味を考究せず、その情報を捨象した異なる外観的形象としてこれをみるべき[120]」であるとする。

これは商標法が「文字」「図形」「色彩」「立体的形状」を構成要素としているのに対し、意匠法では「模様」「形状」「色彩」を構成要素としていることから、文字を「文字」として「読む」、すなわちそこから情報を読み取らず、あくまで美的処理のなされた線図としての「模様」として「見る」ことで足りるという趣旨であろう。

例えて言えば、あたかも歴史研究者しか「読む」ことのできない紀元前の古代文字[121]で書かれているつもりで扱えばよいものと考えられる。

---

119 東京高判昭和55年3月25日 昭53(行ケ)30［無体裁集12巻1号108頁］。さらに、この判決は上告審でも維持されている〈最一小判昭和55年10月16日 昭55(行ツ)75［判時986号46頁］〉。

120 加藤70頁。ほかに田村364頁、斎藤67頁、判例意匠法10頁(峯唯夫執筆)も同旨である。

121 なお、「古代文字」は従来の通説的見解からも「問題なく模様を構成する」とされてきた(高田58頁参照)。

したがって、このようにして文字も模様と認めた上で、まずは新規性、創作非容易性等の「登録要件の問題として処理[122]」することを基本とすべきであろう。このような文字を原則として模様とみる肯定説が現在は多数説であるといってよい。実際に審査基準も平成６年の改訂により肯定説と同様の見解を採用しており、現在では文字について削除を求められることはなくなっている。

具体的には「物品等に表された文字、標識は、専ら情報伝達のためだけに使用されているものを除き、意匠を構成するものとして扱う」とした上で、専ら情報伝達のためだけに使用されているものの例として「新聞、書籍の文章部分」「成分表示、使用説明などを普通の態様で表した文字」が挙げられている。

もっとも、文字を含む意匠権の侵害訴訟における裁判所の判断は現時点ではまだないようである。

〔小論点〕形状と模様の結合意匠

「形状と模様の結合意匠」、具体的には形状と白、黒及びその中間の灰色の模様の結合意匠をどのように考えるべきかについては前述した「形状のみの意匠」と同様の議論がある。この場合、無限定説と同様に余白部分の色彩は限定しておらず、白、黒及びその中間の灰色で示された部分は「明度を中心としたトーン差を表現[123]」した模様と解すべきであろう。

（３）色彩

色彩とはいわゆる色のこと[124]であり、無彩色及び有彩色からなる。無彩色とは白、灰、黒の系統に属する明度（明るさの度合い、輝度ともいう。）のみからなる色のことをいい、有彩色とは無彩色以外の全ての色をいう。

---

122 田村364頁

123 高田53頁

124 高田46頁では、色彩学上の定義を用いて「受けた光のうち反射する光によって人間の網膜を刺激する物体の性質の1つ」という説明をしているが、この定義によれば、例えば操作画像のように内部の素子などにより発光する場合が含まれないこととなり、現在においてこの定義は妥当しなくなっている。同旨を述べるものとして注解119頁（斎藤瞭二執筆）を参照されたい。

明度のみならず色相（赤、青、黄などの色味）、彩度（色の澄み方）の３つの性質から成り立つとされている[125]。なお、「透明」は厳密には「色彩」ではないものの、色彩に準ずるものとして扱われているとされている[126]。

色彩は模様と同様に物品等の「装飾」の役割を持つと考えられるが、模様がそれ単独でも「意匠の要部」となり得るのに対し、色彩自体には新規性や独創性はなく[127]、「全て公知公用[128]」のものと考えられており、色彩が単独で「意匠の要部」となることは想定し難い。その意味で色彩は従たる構成要素である。

それでは、色彩は形状と同様に「意匠」の必須の構成要素と考えるべきであろうか。この点、物品と形態の不可分説に立って現実の物品を重視すれば、現実の物品には必ず色彩があるため、「色彩のない意匠」[129]というものは存在しないと考えるのが論理的[130]ではある。

しかし、結合説[131]に立つ場合、現実の物品を前提としなければならない必然性はないため、色彩のない意匠、すなわち「形状と模様のみからなる意匠」[132]は存在すると考えるべきである。

６条５項の「色彩を付するときは…」という文言も「色彩のない意匠」の存在を前提としていると解される。したがって、色彩は意匠の必須の構成要素ではなく、任意的な構成要素である。

---

125 高田46頁

126 高田47頁。なお、6条7項に「透明」である場合にはその旨を記載すべきことが定められている。

127 高田199頁

128 高田54頁

129 この見解からは可分説・不可分説・結合説の論点で論じた4パターンのうち、②の「形状と模様のみからなる意匠」も存在しないこととなろう。

130 高田54頁

131 不可分説に立ったとしても現実の物品を前提とする必然性はない。

132「色彩のない意匠」は「形状と模様の結合意匠」と同義であり、「形状と模様の結合意匠」の論点を参照されたい。なお、特許庁も「色彩のない意匠」の出願を長年にわたり認めてきている。

〔小論点〕光沢、質感は意匠の構成要素となり得るか

不正競争防止法における「商品の形態」においては模様と色彩以外に「光沢及び質感」が要素として明記されている（２条４項)。それでは、意匠法ではどのように解すべきであろうか。

形状、模様及び色彩という意匠と同じ構成要素について規定する不正競争防止法の２条４項との対比において、意匠法２条１項の構成要素に存在していない以上、光沢や質感が形状あるいは模様等に表出して写真等から明確に認識できるものであれば別論となるが、そうでない限りは意匠を構成する要素とはならないと解すべきであろう[133]。

４．視覚性

「視覚を通じて」認識できるものに限られるという意匠の成立要件のことを視覚性という（２条１項)。本成立要件は文理上も「物品」「建築物」「画像」の全ての種類の意匠に要求されている。「視覚を通じて」の文言からは、派生的な解釈[134]が導かれると考えられてきた。具体的には以下の①～③である。

① 視覚以外の感覚によって認識されるものは意匠ではない。

②「肉眼」で認識できるものである。

③ 上記②及び「外部」から見えるものに限定される[135]。

まず、①については、需要増大を図るための手段としては食料品であれば味覚、オーディオ機器であれば聴覚、香水の場合には嗅覚、肌着や毛布等であれば触覚（肌触り）も重要であって、いずれも需要を増大させるための創作を想定し得るが、法は明確に「視覚」を通じて把握できるものに限定した[136]。

---

133 茶園23頁もおおむね同旨と考えられる。コンメ新版(五味飛鳥執筆)58-59頁では、光沢は色彩に含め、質感は立法論ではあるが含めるべきとする。なお、商標法では「色彩のみからなる商標」で光沢や質感についての議論がある(商標審査便覧54.03参照)。

134 高田75頁

135 これらは基本的には出願された「意匠」が保護対象に該当するか否かの議論であるが、登録された「意匠」の類似の解釈にも影響する。この点は「意匠の類似」の説明であらためて論ずる。

また、②のように「視覚」といえば顕微鏡などを用いて観察する場合も含まれるようにみえるが、審査基準は「肉眼[137]」で観察されるものに限られるとしており、通説も同様である[138]。物品の形状、模様、色彩という構成要素は形式的にはどのような細部も対象になり得るが、需要喚起機能がない場合に権利を付与すべきではないばかりか、購入後になって権利侵害が発覚する可能性もあるため、取引の安全の観点からも妥当であろう。

審査基準では、この点の具体例として「粉状物又は粒状物の一単位」を挙げ、「その一単位が、微細であるために肉眼によってはその形状等を認識できないものは、視覚に訴えるものとは認められない」と説明する。

また、「部分意匠」における具体例として「『意匠登録を受けようとする部分』の全体の形状等が微細であるために、肉眼によってはその形状等を認識することができないもの」と説明するが、上記の理由から妥当な解釈であろう。

ただし、例外として取引実情において拡大鏡等で観察して取引されるのが通常の場合は「肉眼」でなくても「視覚」要件に該当する[139]と解すべきであり、同旨を述べた裁判例[140]もある。なぜならば、条文は「視覚を通じて」とするのみで「肉眼」に限定すべきことを明示しているわけではなく、このような場合、需要の喚起は拡大鏡を通じて行われ、意匠自体も明確に特定できる以上、取引の安全を害する危険もないため積極的に排除すべき必要性がないからである。

最後に、③外部から見えるものに限定されると解される。したがって、「分解したり、破壊したりして初めて見えるようなところ」は意匠ではない。

---

136 視覚以外を排除する理由としては、視覚以外の五感については、出願人からすれば意匠登録を受けようとする対象の特定、審査官からすれば新規性等の審査がいずれも困難であり、また、権利として公示することが前提である点を考慮し、内容を明確に特定できるものに政策的に限定したと解さざるを得ないのではなかろうか。なお、沿革的には英国法を参照した点については杉光・前掲注3の2頁を参照されたい。

137 ただし、眼鏡やコンタクトレンズの使用は「肉眼」の本来の機能を拡張させるものではなく、むしろ回復させるものにすぎないため、含まれると解してよいであろう。

138 高田76頁

139 田村363頁も同旨である。

140 コネクター接続端子事件：知財高判平成18年3月31日 平17(行ケ)10679[百選第2版52事件]

裁判例[141]にも同様の点を述べるものがある。そもそも、そのような場所が需要増大機能を発揮するとは考え難いからである。審査基準では、視覚に訴えるものと認められない例として部分意匠について、「『意匠登録を受けようとする部分』の全体の形状等が、意匠に係る物品の通常の取引状態において、外部から視認できないもの」という例を挙げている。

この例外として、通常、あえて内部を見てから購入するような取引実情を有する製品の場合には、その内部も意匠を構成すると解すべきであり、それが通説である。例えばピアノの鍵盤、冷蔵庫の開扉した内部[142]などの開いて用いる製品である。また､内部で一定の時間を過ごすことが想定される建築物の場合、外装以外にも建築物の中の一室等のように、「内側」の一部について意匠登録を受けることもできることとされている。

ところで、完成品の内部に用いられ、外部から見えなくなる「部品」については、完成品に組み込まれる前の段階では「部品」として「取引者」の目に触れて取引[143]されるため、「視覚性」の要件を満たすと解すべきである。

なお、後述する「内装の意匠」は、元来が施設の内部の意匠であるから、審査基準においても「施設の利用者が肉眼によって通常視認する」範囲である限り本要件を満たすとしている[144]。

５．美感性

意匠の成立要件である「美感を起こさせるもの」を美感性[145]という。本成立要件も「視覚性」と同様、２条１項の文理上は「物品」「建築物」「画像」の全種類の意匠に要求されている。

---

141 発光ダイオード付商品陳列台事件：知財高判平成20年1月31日 平18(行ケ)10388

142 高田77頁

143 田村364頁も同旨である。

144 例えば「天井裏や床下、壁裏」等、保守等の目的でしか内部に入ることがないものは除かれる旨が審査基準に記載されている。

145 本成立要件は「審美性」とも呼ばれる。しかし、審美性説は学説の名称でもあるので、本書では中立的に「美感性」とする。

学説は旧法時代から百家争鳴[146]という状況であるが、おおむね以下のように整理できる[147]。美感とは「美」の印象（美的印象[148]）を意味すると解されるが､「美」をどのように解するかが問題となる。

① 審美性説

意匠の成立要件として「美」（快さ）を要件とするという説である。美の対義語は「醜」（不快）であるため、醜あるいは不快なものは意匠として成立しないことになろう。本説は「美」という文言を重視した文理解釈が主な根拠となると考えられる。

この説に対しては「美」の解釈は審査官の恣意を許し、裁判にもなじまず、主観的になり過ぎる[149]という趣旨の批判がなされている。

② 注意喚起性説（審美性不要説）

審美性説のように「美」の解釈が主観的にならないよう、人の注意を引くものであれば足りる[150]とする説である。

この説に対しては、法の「美」という文言を無視しており、解釈論ではなく立法論であるという批判が妥当しよう。

---

146 杉光一成「現行法(昭和34年法)の起草経緯から見た意匠法(その2)－視覚を通じて美感を起こさせるもの(2条1項)」(「パテント」2001年 54巻 12号)45-55頁で旧法時代からの諸説(本文に紹介していないものを含む。)を網羅的に紹介している。

147 もっとも、審査実務上では「美感」を否定することは基本的にないといわれており、本要件が問題となることは極めてまれである。青木博通「商標・意匠制度からみた著作権制度－制度間競争とその調整－」(「発明」2019年 116巻 5号)63頁に審決例等が紹介されているので参照されたい。

148 パリ条約において「意匠」の保護(5条の5)を規定する際の国際事務局の案では、「審美的印象」を有するものが意匠であるとされていた〈後藤晴男『パリ条約講話(第13版)』(2007年 発明協会)317頁〉。「美感」を「美的印象」と言い換えた裁判例には東京高判昭和59年9月26日 昭58(行ケ)196[判例工業所有権法2561の81頁]等がある(竹田483頁)。

149 田村364頁等

150 兼子一＝染野義信『工業所有権法』(1960年 日本評論新社)593頁では「単に特異性があるかどうかを認識する」ことで判断すべきとし、田村364頁では「視覚に訴えかけるものであれば足りると解すべき」としているため、いずれも審美性不要説に立つものと解される。

③ 趣味性説（折衷説）

「快さ」は不要であり、感情（醜を含む）を起こさせるものであれば足りるとする説である。この説は審美性説の批判を回避するとともに、注意喚起性説のように「人の注意を引くものであれば足りる」というのは「社会通念に反する[151]」と主張する。したがって、審美性説と審美性不要説の折衷的な見解である。この説には「美」の文言にその対義語である「醜」を含める解釈には無理があるという批判が妥当しよう。

④ 美的処理説（修正審美性説[152]）

「美感を有する」かどうかではなく、「美感」を起こすような処理がなされていれば十分であるとする説である。つまり、「美的な処理」すなわち「造形的処理」がなされていないもののみを排除すると考える。この説は意匠の定義規定の文言が「…美感を有するもの」ではなく、「…美感を起こさせるもの」となっている点と整合的である[153]。需要説からみれば、需要を喚起させるために何らかの美感（美的印象）を起こさせるようにする創作者の意思が感じられる造形的な処理がなされてさえいればよい[154]とする考えと理解し得る。具体的な判断基準としては注意喚起性説と一致する場合が多いと思われるが、注意喚起性説のように「美」という文言を無視しない点において解釈論として妥当である。

審査基準はこの美的処理説（修正審美性説）に非常に近いものと考えられる。「美感」について、「美術品のように高尚な美を要求するものではなく、何らか

---

151 高田78頁

152 本説では、造形的な処理の一切なされていない「醜」を排除しようとしているため、審美性説の一種であり、そのため修正審美性説といってもよいであろう。実際、この説を提唱している高田氏自身が、自身の説を審美性説であると分類している（高田78頁）。

153 本見解によれば、造形的処理がなされていない技術的効果だけのものは排除することになろう。実用新案法との違いを明確化するため「技術的効果だけで意匠的効果がないもの」を登録から除外しようとして立法された起草経緯にも整合的である。起草経緯は杉光・前掲注146が詳しい。

154 中山信弘「応用美術と著作権」（「論究ジュリスト」2016年 18号）103-104頁では、「美感を起こさせるもの」の意義について、「本来的意味における美しいか否かではなく、客観的・外形的に美感を起こさせるような意図が読み取れるか否かで判断される」としており、同旨であると解される。

の美感を起こすものであれば足りる」としており、「醜」は除かれるように読めるからである。

また、「美感を起こさせるものと認められないものの例」として以下の２つを挙げているが、いずれも「造形的な処理」がなされていない典型といえよう。

① 機能、作用効果を主目的としたもので、美感をほとんど起こさせないもの

② 意匠としてまとまりがなく、煩雑な感じを与えるだけで美感をほとんど起こさせないもの[155]

６．部分意匠

（1）立法趣旨

逐条解説1248頁は、部分意匠制度の立法趣旨を以下のように説明している。

「昭和34の現行法制定時から当時までは『物品』とは市場で流通する有体物であり、独立して取引の対象となり得ない物品の部分は、意匠法上の『物品』ではないものとして扱われ、物品の部分に係る意匠は保護対象とはなっていなかった。しかし、独創的で特徴ある部分を取り入れつつ意匠全体で侵害を避ける巧妙な模倣が増加し、十分にその投資を保護することができないものとなっていたことから、物品の部分に係る意匠も保護対象となるように改正した」

それでは、部分意匠制度は需要説[156]からはどのように説明できるであろうか。法は新たな需要を喚起する機能を発揮し得る意匠を保護するものである。そのため、従来（部分意匠制度導入前）は、需要（購買）の典型的な客体として「物品」を基本的な保護の対象（単位）と考えてきたが、登録意匠の中でも「独創的で特徴ある部分」（例えばある模様等の「具体的構成態様」）こそが需要者の最も目を引く「要部」として当該意匠の新たな需要の喚起の源となっている場合において、例えば第三者がその要部を自己の意匠に取り入れているものの意

155 部分意匠も「意匠」の一種であり美感性を要する。したがって、「部分」自体に創作の単位が1つも含まれていないと判断されるような場合は、美的処理がなされていないとみるべきであろう。

156 創作説から部分意匠制度の説明が容易なのは当然であろう。一方、不正競業説に基づく混同説からは部分意匠制度の説明が困難であるとされている。

匠全体（例えば「基本的構成態様」）としては大きな相違があるときには、当該相違点が類否判断に影響を及ぼし、結果として非類似とされる可能性があった。

そこで、ある全体意匠の「要部」となり得る独創的な「部分」がある場合、その「部分」を明確化するとともに、当該物品等の「要部」と出願人が考える部分を直接的に保護が請求[157]できるよう、物品に加え、「物品の部分」を新たに保護対象とすることにしたものである。

〔小論点〕部分意匠と可分説・不可分説そして結合説の関係

可分説からは、元々「物品」から離れた形態を想定するため、「物品」には該当しない「部分」を保護しようとする部分意匠制度の存在意義の説明が容易であることは明らかである。

しかし、不可分説のように現実の「物品」を重視する立場からは「物品ではない」部分を保護する意匠制度の説明は困難であろう[158]。需要説を基礎とする結合説を前提とすれば、「物品の部分」が結果として当該物品の需要を増大するのであれば保護すべき価値があるということができ、元々、物品と形態は可分であるとしているので、説明は不可分説よりも容易といえる。

（２）概要

① 定義

部分意匠とは、「物品の部分」の形状、模様若しくは色彩又はこれらの結合（以下「形状等」という。）、「建築物の部分」の形状等又は「画像の部分」であって、視覚を通じて美感を起こさせるものをいう[159]。

---

157 加藤部分意匠論201頁でも、「部分意匠は、いわば意匠の要部を明確にして登録を得ようとするもの」と同旨を述べている。田村379頁の「要部となる形状等について部分意匠の登録をしておけば…」と記載しているのは同旨であろうか。

158 もっとも、説明がやや困難になるというだけで不可能ではない。例えば特許庁の現行の実務のように、「物品の部分」とはいうものの、「意匠に係る物品」は「物品の部分」ではなく、あくまで「物品」であるとの考え方を採ることで不可分説と整合性を図ることは可能である。

159 加藤部分意匠論187頁

② 部分意匠の成立要件

部分意匠の定義で示したように、「物品の部分」「建築物の部分」「画像の部分[160]」の意匠のいずれの場合であっても、「物品」の場合と同様、いわゆる「形態性」「視覚性」「美感性」の要件が必要であると解される[161]。裁判例[162]にも同旨を述べるものがある。

ところで、審査基準は部分意匠の追加の成立要件という位置付けで「他の意匠と対比の対象となり得る一定の範囲を占める部分であること」を挙げている。

しかし、そもそも形態性の要件中の「形状」とは「物体が空間を仕切る輪郭」をいうため、それを図面によって表現した場合には少なくとも「閉じられた領域」が存在することは当然である。そのため、例えば審査基準に示された図6のように、「稜線」のようなものはそもそも「形状」に該当しないはずである。

図6 建築用コンクリートブロック

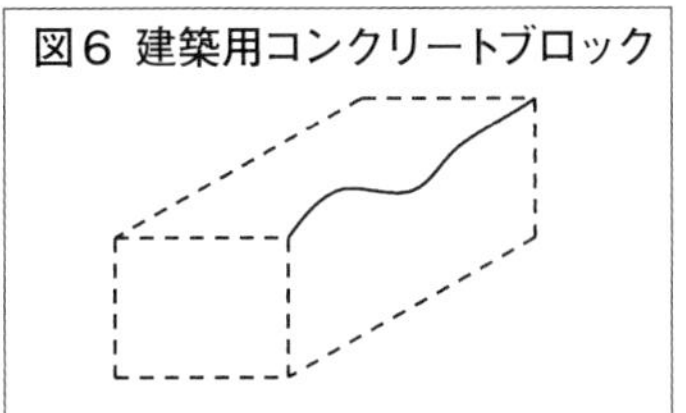

また、「意匠に係る物品全体の形状等のシルエットのみを表したもの」などはいわゆる「影絵」であって光が当たって浮かび上がったものにすぎず、いずれも「物体が空間を仕切る輪郭」としての「形状」に該当しないことを根拠として部分意匠は成立しない[163]とすれば足り、部分意匠に特有の要件を追加する必要はないものと解される。

通常、外部から視認できない「部分」の場合には、「視覚性」の要件を欠くものとして部分意匠は成立しない（図7[164]）。なお、図8[165]のような場合には、デザイン的処理がなされておらず、「美感性」を欠くものと解することができよう[166]。

160「画像の部分」について、法文上は、「形状等」(形態性)の要件が不要であるようにも読める。しかし、前述した理由により「画像の部分」にも「形態性」は必要であると解すべきである。

161 吉原省三「部分意匠の問題点」(『知的財産法と現代社会－牧野利秋判事退官記念』1999年 信山社出版)113頁、加藤部分意匠論207頁も同旨である。

162 コンパクト事件：知財高判平成17年4月13日 平17(行ケ)10227

163「線図」であれば前述したように「模様」に該当するが、線図は線書の「図形」であって、単なる「線」(稜線を含む。)は含まないため、「模様」にも当たらない。

164 特許庁審査第一部 意匠課 意匠審査基準室「意匠の審査基準及び審査の運用 ～令和元年意匠法改正対応～」30頁

165 以前の審査基準に存在していた図であるが、現在の審査基準からは削除されている。

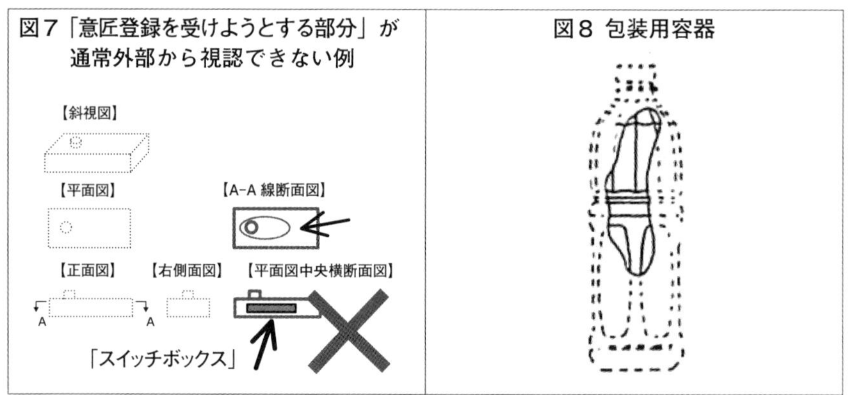

図７「意匠登録を受けようとする部分」が通常外部から視認できない例

図８ 包装用容器

さらに、部分意匠の場合であっても、通常の意匠と同様、形状、模様、色彩は、それぞれ審査対象と権利範囲の中心軸を特定するための「特定性」及び「定形性」が必要である。したがって、例えば当該部分と「その他の部分」の境界が不明確な場合は形状における「特定性[167]」の要件を欠くことになる。

なお、後述する組物の意匠について、かつては「部分に係る創作を評価する部分意匠の出願は認めない」という理由により部分意匠が認められていなかった（部分意匠の対象として８条が除かれていた。）。

しかし、令和元年改正により組物にも部分意匠が認められるようになった。「商品の多様化が進み、商品の基幹部分は同一であるが、その細部について多様な形状等をあしらう商品群が増加してきた」ことが理由として挙げられている（逐条解説1249-1250頁）。

以上のように、部分意匠の成立要件を満たした場合でも、最終的に登録を受けるためには、登録要件及び手続的要件を満たす必要があることは当然である。そのような成立要件以外の要件、及び部分意匠の類似の考え方、登録を受けた場合の権利範囲等については後述する。

---

166 加藤部分意匠論224頁も同旨である。

167 審査基準ではこのような場合には「意匠が具体的」でないとしているが同旨であろう。なぜなら、実務的に拒絶理由には、「この意匠登録出願の意匠は、意匠登録を受けようとする部分とそれ以外の部分の境界が不明確ですので、意匠登録を受けようとする部分の形状が特定できず、具体的な意匠を表したものと認められません」（下線は著者）のように記載されるからである。

第3章
意匠登録を受けることができる者

1．意匠登録を受ける権利

意匠権は設定登録により発生する（20条１項）。そこで、意匠の創作[1]の完成と同時に発生し、登録を受ける前までの権利を「意匠登録を受ける権利」と呼んでいる。３条１項柱書において、「工業上利用することができる意匠の創作をした者は、…その意匠について意匠登録を受けることができる」と規定されており、これが直接の根拠規定といえよう。

意匠法では、「特許を受ける権利」の条文を準用しており（15条２項）、財産権の一種であることに争いはない。法的性質論、積極的効力及び消極的効力の有無、変動（発生、移転、消滅）等については、いずれも特許を受ける権利と同様であって、意匠法に特有の議論は原則としては存在しない。したがって、詳細は特許法の体系書[2]を参照されたい。

〔応用研究〕意匠登録を受ける権利の二重譲渡

意匠登録を受ける権利の二重譲渡について、出願が対抗要件となっている点は特許法と同様である（準特34条１項）。

---

[1] 特許法における「発明者」の認定に関する通説的見解と実質的に同様ではあるが、「意匠登録を受ける権利を有する創作者とは、意匠の創作に実質的に関与した者をいい、具体的には、形態の創造、作出の過程にその意思を直接的に反映し、実質上その形態の形成に参画した者をいうが、主体的意思を欠く補助者や、あるいは単に課題を指示ないし示唆したにとどまる命令者はこれに含まれない」と判示した裁判例〈クランプ事件：大阪高判平成6年5月27日 平5(ネ)2339［知的裁集26巻2号447頁］〉がある。発明者の議論については中山45-46頁を参照されたい。

[2] 中山163-183頁、田村327-330頁

しかし、特許を受ける権利と状況が少し異なり得るのは、例えば乗用自動車のデザインを創作した場合、乗用自動車についての「意匠登録を受ける権利」が発生すると同時に「玩具の自動車」についての「意匠登録を受ける権利」も発生していると考えられる点である。

これらは用途及び機能の観点から非類似物品であり、権利の重複がない形で別個の権利となり得るものだからである。この場合、「意匠登録を受ける権利」は観念的には同じ形態を有する様々な「物品」等（例えば自動車と同じ形態の「貯金箱」等）に発生[3]しているものと考えられる。

このことは物品等と形態は、やはり一体不可分ではなく、可分であることを裏付けるようにも思われる。したがって、仮に乗用自動車のデザインの創作者が乗用自動車以外の意匠登録を受ける権利を玩具メーカーや文具メーカー等にそれぞれ譲渡しても、別々の権利を譲渡しているのみであるから二重譲渡とはならないと考えられる。

なお、元の創作者が譲渡せずに、一つの創作を基礎とし、非類似物品等についてそれぞれの意匠登録を受ける権利に基づき、複数の出願を合法的に行うことができるのは当然である。

２．意匠登録を受ける権利に基づく実施権

意匠登録を受ける権利に基づいて他人に通常実施権を許諾することができる（５条の２）。これは仮通常実施権といわれている。

特許法では平成20年に「企業等におけるライセンス活動の活発化」を受け、「特許出願段階におけるライセンス」を認める形で仮専用実施権と仮通常実施権の制度が導入された。本改正時、意匠法にはこの制度は導入されなかった。特許ほど審査期間が長くないため、必要性に乏しいと判断されたのであろう。

---

[3] なお、結合説を前提として物品と形態は分離可能であると理解するため、「形態」の創作時において意匠登録を受ける権利は発生し、それをいかなる物品等と結合するかは創作行為ではなく選択行為に相当すると考える。したがって、乗用自動車の意匠を知得した第三者が無断で貯金箱の意匠として出願を行った場合には冒認出願になると解する。

しかし、特許制度小委員会において「特許出願を意匠登録出願に変更する場合、その特許出願についての仮通常実施権を意匠登録出願にも引き継ぐ必要があることが指摘」されたことを受けたことなどから、平成23年改正において意匠法にも仮通常実施権制度が導入された。

もっとも、特許法と異なり、仮専用実施権の制度は意匠法への導入が見送られている。理由として挙げられているのは、特許法との相違点として意匠法には、専用実施権が設定された意匠を本意匠とする関連意匠については、意匠登録を受けることができないとする旨の規定（10条６項）や、本意匠と関連意匠についての専用実施権は、本意匠及び全ての関連意匠について、同一の者に対して同時に設定しなければならない旨の特別な規定（27条１項）があり、「別途登録をするための制度整備や関連意匠に関する規定との整理が必要であり、特許庁における業務システムの広範な改造が不可欠であることから、改めて検討を行うことが適当である[4]」との指摘があったためであろう。

3．冒認出願

冒認出願は、現行法[5]の実定法上にはない講学上の用語であるが、意匠法においては、意匠登録を受ける権利を持たない者による出願を指す。冒認出願は拒絶理由（17条４号）であり、登録されても無効理由（48条１項３号）となっている[6]。しかし、これでは必ずしも真の権利者の救済とはならないことから、冒認の権利者から真の権利者への移転の請求が認められている（26条の２）。

本規定と同趣旨の規定は特許法にもあり（特74条）、法文上としては26条の２第２項以外は同様である。

4 産業構造審議会知的財産政策部会・第13回意匠制度小委員会「特許法改正検討項目の意匠法への波及等について（案）」4頁

5 旧法（大正10年法）では用いられていた。中国語に由来し、元来は「横領」を意味する点について中山49頁を参照されたい。

6 ただし、本要件の判断基準時は、出願時ではなく、処分時である査定又は審決時であり、当該時点までに真の権利者から権利を譲り受ければ解消することができると考えられる。

〔論点〕関連意匠がある場合の冒認出願

本意匠も関連意匠もいずれも冒認出願である場合、真の権利者は冒認された本意匠と関連意匠の双方について同時に移転の請求を行うことができると解される[7]。問題は「創作者の同一性」は関連意匠の要件ではないこともあり、冒認した本意匠に基づき、冒認者が関連意匠を創作して出願している場合である。

この場合、本意匠と関連意匠の双方について移転請求できるものと解する[8]。なぜなら、意匠登録を受ける権利は「意匠の創作をした者」（３条１項柱書）に発生するのであって、元の意匠を見て、僅かな改変を加えてその類似範囲の意匠を作成する場合には元の意匠と独立別個の意匠登録を受ける権利は発生しないと解すべきだからである。

また、このように解さなければ真の権利者の救済とならず、冒認者の意匠は本意匠の類似範囲（権利範囲）に属し[9]、先願主義にも違反するものであって元々、冒認者が権利を得られるものではないからである。さらに、意匠法には関連意匠の意匠権の分離移転を禁止する特別の規定があり（22条）、本条の趣旨は、関連意匠の説明において後述するが、重複部分について二以上の者に排他権が成立することを防止するためであり、冒認出願の場合であっても同様の状態を防止する必要があるからである。

そして、26条の２第２項には、基礎意匠又は関連意匠の意匠権のいずれかの放棄等による消滅後には、原則[10]として移転請求することができない旨を規定していることも理由となる。

---

[7] コンメ新版586頁（中川裕之執筆）、茶園42頁

[8] 茶園42頁はこれを否定する。

[9] 関連意匠にのみ類似する関連意匠を冒認者が自ら創作した場合には冒認された基礎意匠の類似範囲とはならない（冒認した基礎意匠からは非類似となる。）こととなるが、この場合も、関連意匠制度自体が、後述するように元々は意匠の原創作者を保護するために政策的に特別な効力を認めた制度であって、言わば基礎意匠の意匠権の効用を高めるための従たるものと理解されるので、民法87条2項（主物及び従物）の趣旨を類推し、冒認された意匠の意匠権に随伴し、冒認者の創作した意匠権も真の権利者に移転されることになると解すべきであろう。これにより関連意匠の分離移転を可及的に禁止する法の趣旨にも沿うものとなる。

[10] 条文には、この例外として無効審判により無効にされる場合が規定されている。遡及効により初めからなかったことになり、重複した権利が分属する状態が過去にも発生しないからである。

その理由として逐条解説1321頁には、「真の権利者が登録時に遡って意匠権者となれば、放棄された意匠権が過去に存在していたときの意匠権者は冒認者等のままであるため、放棄されるまでの期間は二以上の者に重複した意匠権が存在していたこととなる」とあり、これは可及的に分離移転の状態が生ずることを防止しているためである。

4．職務意匠

従業者が創作を行った意匠のことを職務意匠[11]という。意匠法では特許法35条の職務発明の規定を15条３項においてそのまま[12]準用している。

職務意匠についての議論は特許法の議論と同様であり、意匠法に特有の議論ではない[13]ため、特許法の解説書を参照されたい。

11「職務創作」、あるいは「職務創作意匠」という場合もある。

12 唯一の相違点は括弧書において「仮専用実施権に係る部分を除く」と規定している点であるが、これは仮専用実施権の制度が意匠法にないためである。

13 もっとも、吉岡(小林)徹ほか「意匠法改正についての経営学と法学の架橋：特に経営学からみた評価」(「IPジャーナル」2020年 13号)25頁では、関連意匠の創作に関して、本意匠と関連意匠の創作者が異なる場合に、どこからが新しい創作者の寄与かをめぐって対価の算定で実務的に問題になり得る旨を指摘している。

第4章
意匠の登録要件

1．工業上利用することができる意匠

３条１項柱書は、「工業上利用性」、すなわち工業上利用することができる意匠の創作をした者は、その意匠について意匠登録を受けることができる[1]旨 を規定する。なお、本要件は「工業性[2]」と呼ばれる場合もある。

（1）趣旨

逐条解説1254頁では、「工業上利用することができる」の語義について「意匠法で保護に値する意匠は特許法、実用新案法にいう『産業上利用することができる』発明・考案とは異なり、工業的方法により量産されるものに限られるのである。たとえば農具は農業に使用されるものであるから…ではなく、工業的に大量生産されるものであるから、そのデザインが意匠登録の対象となるのである」と説明[3]している。需要説からも、需要増大に価値を認める以上、「量産」こそが産業の発達に直結するものであるから、そのような要請に応えられないもの、すなわち「少量しか生産し得ないものであっては保護に値しない[4]」という考えに素直に結び付くことは想像に難くない。

---

[1] 3条1項柱書自体は、厳密には工業上利用性の要件のみならず、意匠の創作者が原則として意匠登録を受ける権利を取得することも規定している。コンメ新版153頁（五味飛鳥執筆）も同旨である。

[2] 斎藤79頁

[3] この内容は昭和34年改正法の法案審議中の、なぜ特許法では「産業上利用」となっているのに意匠法では「工業上利用」となっているかという質問に対する政府委員の答弁［第31回国会参議院議事録第16号（昭和34年3月10日）］と実質的に同一である。

[4] 加藤167頁

したがって、物品意匠にこのような考え方が妥当すること自体は否定できないが、「工業上利用」という要件は物品意匠のみならず、令和元年改正で新たに保護対象として追加された「建築物」と「画像」の登録要件にもなっている。

それでは、「工業上利用」という概念を「量産」という言葉で説明するのは妥当なのか否か、以下では、沿革を踏まえて学説及び審査基準の記載内容を検討する。

（2）沿革

意匠法において「工業」という言葉（正確には「工業的」）は、旧法（大正10年法）でも用いられていたが、その趣旨は美術の著作物と区別する意味であった旨が政府委員の答弁の記録[5]として残っている[6]。

また、学説としては旧法（大正10年法）の専門書において、美術の著作物と区別する意義か否かについての明示はないものの、「工業的な量産に適するものであることが意味される[7]」としており、これは現在の逐条解説の説明と同旨と解される。令和元年改正まではこれが通説的な見解[8]であったといえよう。

（3）令和元年改正前までの議論

従来の通説的見解によれば、「工業上利用することができる」というのは、用途が工業的（工業に役立つ）ではなく、資質が工業的（工業的に造れる）という意味であるとし、「工業上の利用」とは、「工業的生産過程において同一物を量産できる[9]」という意味であると解釈してきた。

---

5 第44回帝國議会（大正10年3月1日）の審議における清瀬一郎議員の質問に対し、中松政府委員が答弁において「著作權ノ美術的ノ考案ト區別スルト云フ意味ニ於テ、工業的ト云ウ文字ヲ附ケマシタ次第デアリマス」と述べている。

6 もっとも、田村365頁は「現在の技術水準の下では著作物の殆どが量産しうるものであり、著作物と意匠を截然と区別することは困難となっている」と指摘している。

7 兼子一＝染野義信『実務法律講座(21)特許・商標』(1955年 青林書院)341頁

8 高田92頁、加藤172頁、斎藤79頁、茶園59頁等

9 高田92頁

工業的生産過程は、「農業的過程や商業的過程はもちろんのこと自然現象をも排除する意味」であり、「機械による生産であっても、手工業的生産」であるか否かを問わず、また、「同一物が量産できる」というのは「一品だけを造る目的でなされる絵画や彫刻の如きものは工業性がないこと[10]」を意味するとしていた。

そのため、工業上利用性のないものとして挙げられていたもの[11]は、「貝の化石等のごとき天然物そのもの」「天然物をそのまま応用した物品（木の葉をそのまま本の栞（しおり）とするごときもの）」「土地建物などの不動産」「純粋美術に属する著作物」、そして「サービス意匠」であった。

（4）審査基準

現在の審査基準では、工業上利用について以下のように説明されている。

まず、前提として「例えば、農具は農業に使用するものであるが、農具そのものは工業的技術を利用して複数製造し得るものであるから、その意匠は工業上利用することができるものに該当する」旨を述べる。

これは先に説明した通説的見解に従い、用途ではなく資質が「工業」的であればよい旨を述べたものであろう。

また、審査基準では、「工業上利用することができる」の意義を、保護対象ごとに分けて記載している。具体的には、物品意匠の場合は、「同一のものを複数製造し得ること」。建築物意匠の場合は、「同一のものを複数建築」し得ること。画像意匠の場合には、「同一のものを複数作成し得ること」をいうとしている。そして、「現実に工業上利用されていることを要せず、その可能性を有していれば足りる」としている。

工業上利用性が否定される具体例としては、次の２つを挙げている。

---

10 高田93頁

11 光石91頁、高田94-108頁も同旨であるが、「不動産」はそもそも工業上利用性の登録要件の前に「物品」要件に該当しないものとして挙げられていない。

① 自然物を意匠の主たる要素として使用したもので量産できないもの

具体例として「自然石をそのまま使用した置物[12]」を挙げ、「工業的技術を利用して同一物を反復して多量[13]に生産し得るものでない」ことを理由とする。

② 純粋美術の分野に属する著作物

「工業的技術を利用して同一物を反復して多量に生産することを目的[14]として製作されたものではない」ことを理由とする。

（５）検討

前述したように、あくまで物品意匠を前提にした「工業上利用」という概念は、「建築物」と「画像」が保護対象となった令和元年改正以降は、「量産」という語を用いた統一的な解釈は困難になった[15]といえる。実際、通説的見解からは工業上利用性を欠く（「量産」に適しない）ものとして挙げられることがあった不動産のうち「建築物」が保護対象となり、運用の変更によって「サービス意匠」も登録が認められるようになっている。さらに、改正で導入された「画像」が工業的生産過程において量産されるものとするのも無理があろう。

とはいえ、逆に現在の審査基準のように「工業」との関連が明確でない解釈にも無理がある。そもそも現代においては３Ｄプリンター[16]に見られるように、仮に自然物や一品制作の目的で作られた物の形状等であったとしても、少なくとも同じ形状等のものを量産することは事実上可能となっているので、資質としての量産性の要求自体はもはや不要であろう。

---

[12]「そのまま使用」したもののみが該当するため、少しでも加工されていれば登録を受け得る。実際の登録例として「意匠に係る物品」を「石製置物」とする登録第1616058号がある。

[13] 審査基準による現在の定義では「量産」という言葉は入っていない。それにもかかわらず、「多量」に生産できないことを理由とするのは矛盾しているきらいがある。

[14] 高田106頁も「1個だけを造る目的で造られるもの」という理由で工業性がないとしているが、人の「主観」だけで登録要件が左右されることには問題がある。

[15] 小林清泰ほか「空間デザインの保護」（『年報知的財産法2019-2020』2019年 日本評論社）48頁でも、「当然に工業上利用性というものは『産業上利用できる』に変更されるものとばかり思っていました。ところが、そのまま残っている。これはよく分らないのです」と述べている（峯唯夫発言）。

[16] 3Dプリンターと意匠法との関係については杉光一成「3Dプリンターと知的財産法」（「NBL」2013年 1012号）21-30頁を参照されたい。

需要説からは、技術の発達によって、いかなる形状等であってもおおむね需要に対応できるようになったため、登録段階で事前に検討する必要がなくなったという理解ができよう。

そして、需要説からすれば、「建築物」は、建築あるいは完成した建築物の購入以外に、当該施設の「利用」を促進するという需要を喚起する機能を有する。売買の場合には単価が通常の「物品」よりも大きく、店舗等の場合には建築物「利用者」の利用という形での需要増大もあるため、そもそも建築物自体が「量産」されなくとも「意匠」の経済的価値は大きい。

また、「画像」の場合にも、例えばGUIやウェブの美的外観が当該操作機器あるいは表示機器の購買・利用意欲を高め、あるいはサービスの利用意向の亢進という意味での需要を喚起すると考えられるが、そもそも画像自体を「量産」するというのは日本語として違和感があるだけでなく、これを「画像を大量に作成する」と善解しても、そもそも「画像」自体が機器で作り出すものであることを前提とする以上、当然に可能なことではないかという疑問もある。

思うに、そもそも「工業上の利用」性の意義として、農業的過程及び自然現象により造られるものと同時に純粋美術を排除する趣旨であり、これらの目的を達成でき、同時に「量産」性は必ずしも求める必要がないことからすれば、物品、建築物、画像といった保護対象を問わず、「工業上利用することができる」とは工学（ここでは建築工学、土木工学、情報工学等を含む。）を事業に利用して同じ物を作出し得ることをいうと統一的に解すれば足りるであろう。

もっとも、実際にはこの要件が問題となる場面は少ないと考えられ、多くの場合、次のような「意匠に係る物品」の記載上の問題となると考えられる。

すなわち、そもそも出願書類には「意匠に係る物品」を記載する欄（６条１項３号）があるが、法的には、「意匠に係る物品」とは、意匠というデザイン・コンセプトをいかなる物品と「結合」させるのかという出願人の意思を記載することで物品の面から審査対象を特定するものである。

したがって、工業上利用性が問題となるのは、この「意匠に係る物品」の欄に「絵画」や「彫刻」などと記載した場合が典型になると考えられる。

この場合、これらはそれぞれデザイン・コンセプトを結合する物品という意味で「壁掛け」や「置物」と記載されていれば別論[17] であるが､「絵画」や「彫刻物」という記載からは、著作物の「原作品」を記載したとものと解釈され、それは一品しか存在しない「現物」そのものを意味する。とすればデザイン・コンセプトを結合させる対象物としての適格性は認められず、そもそも「工学を事業に利用して同じ物を作出」できない物品と考えられる。したがって、記載方法として不適切であり､「意匠に係る物品」自体が「工業上利用することができる」意匠に該当しないものとして拒絶されることになろう[18]。

他方、物品の場合とは異なり、建築物や画像について「工学を事業に利用して同じ物を作出し得る」という要件に該当しない場合は考えにくいとも思われるが､「工学」という技術的観点から同じ物を作出することが不可能と認められるような場合[19] には該当し得る可能性はあろう。

いずれにしても令和元年改正前からなされていた「工業上の利用可能性の要件にはさしたる意義は認められないものとなっている[20]」という指摘は的を射ており､「建築物」と「画像」という元来､「量産」という概念に適しないものが保護対象に入ってからは、ますますその理は強まったといえよう。

（6）工業上利用性の要件を満たさない場合の取扱い

要件を満たさない意匠は、３条１項柱書違反として出願の拒絶（17条１号)、登録無効（48条１項１号）の理由となる。

---

17 実際には図面等に「絵画」や「彫刻」らしきものが記載されていても､「意匠に係る物品」に「壁掛け」や「置物」と書かれていれば登録を受け得ることになろう。高田108頁も同旨である。実際の登録例として「壁掛け」には登録第1240544号、第1509339号等があり､「置物」には登録第1535358号(「意匠の説明」に「図案が彫刻」されている旨の記載がある｡)などがある。

18 高田615頁では「絵画、版画、彫刻、写真等という物品名で意匠登録の出願をしても必ず拒絶される。意匠ではないからである。しかしそれが額、置物、人形、玩具等という物品名では意匠として登録される」と述べている。

19 建築物であれば、アンビルト・アーキテクチャーと呼ばれるもの、あるいは高層ビルの意匠において構造上、明らかに建築が不可能と認められる場合があり得よう。また、画像であれば、雲のない空に画像を投影するなどの記載など、技術的に実現不可能と認められる場合などが考えられる。

20 田村365頁

〔論点〕工業上利用性は「意匠」の構成要件か登録要件か

構成要件説は、工業上利用性は意匠の本質であるとする説であり、工業上利用性のないものはそもそも「意匠[21]」の定義に当たらないとする。

一方、登録要件説は、工業上利用性は「意匠」の定義とは別であり、あくまで登録要件にすぎないとする説であり、これが通説[22]といえる。

これは現行法（昭和34年法）の起草過程においても議論され、初期の法案では意匠の定義について「工業的に製造することができる物品の形状、模様若しくは色彩又はそれらの結合をいう」とされていたところ、登録要件であるとして定義から外された経緯がある。したがって、通説が正当である。

〔小論点〕バイオテクノロジーによって生み出された新しい生命体の外観は保護されるか

「金魚の変種や錦鯉」等の「動植物の変種若しくは改良種」については、量産できるが「工業的生産過程によるものではないから工業性なきものと見るべき[23]」とし、かつては一種の「天然物」と考えられてきた。

しかし、現代の「生命工学」（バイオテクノロジー）の発展により、これまでになかった外観の生命体を生み出せる可能性は増してきており、これも「工業上利用」の意義を「工学を事業に利用して同じ物を作出し得る」と解するならば、今後は登録が認められる可能性はあるのではなかろうか[24]。

動植物は元々「動産」の概念に入るものである以上、需要を喚起し、かつ、工学を事業に利用して同じ物を作出できる場合には、拒絶すべき理由がないからである。

---

21 もっとも、高田90頁は「工業上利用することができる意匠」が「実質的な意匠の定義」となるとして構成要件説に立つ。

22 加藤169頁、斎藤79頁、茶園58頁等

23 高田94頁

24 生命工学によるものではないが、型枠を利用して人間の顔の形状に育成させる「果物」(「意匠に係る物品」の名称が「スイカ」)について登録された例(登録第1304011号)がある。

２．新規性と新規性喪失の例外

意匠の新規性とは、意匠が客観的に新規なものであることをいう。

ここで「客観的」とするのは、創作者自身にとっての主観的な新しさ（何も参考にせず自らの能力を用いて創作したこと）では足りず、他の者（需要者等）にとっても新しいことを要するからである。

（１）総論

意匠法は新規性の要件について、３条１項各号に規定する。具体的には、意匠が出願前に公知である場合（１号）、意匠が出願前に刊行物に記載されていた場合、又は電気通信回線を通じて公衆に利用可能となった場合（２号）には新規性がないものとされている。また、これらと全く同一の場合に限らず、類似のものまでも新規性がないものとされている（３号）。

（２）検討

新規性の規定の趣旨は「類似」の解釈論とあいまって法目的をどのように理解するかに関わる。なぜならば、１号と２号に規定する「同一」か否かよりも、主に３号の「類似」をどのように理解するかで新規性の適用範囲が変わるからである。この点については特に３条１項３号と２項（創作非容易性）の関係をどのように理解するかによる。

〔論点〕３条１項３号と３条２項（創作非容易性）の関係

まず、創作説からは新規性は意匠の「創作性[25]」の要件を規定したものと理解[26]する。その意味で３条１項の新規性と３条２項（創作非容易性）は同じ「創作性」について「創作者」という同じ主体的な判断基準で解釈すべき「同質[27]」の規定であり、３条１項各号は「同一又は類似物品間」での創作性、３条２項

[25] 斎藤82頁は、これを「客観的創作性」と表現している。
[26] 加藤181頁
[27] 注解139頁（森本敬司執筆）はこれを「一元的解釈」と説明する。

は「物品を離れた形状等（抽象的モチーフ）との関係」での創作性を規定したにすぎないと理解する[28]のが一般的である。

これに対し、競業説は混同説と結び付き、３条１項３号は創作性に関する規定ではなく、あくまで公知の意匠と「混同を生ずる意匠」を排除することで不正競争を防止する規定[29]と理解することになる。一方で、３条２項は当業者の創作非容易性を要求する規定であって、趣旨も判断主体も異なるため、３条１項３号と２項は「異質」な規定という理解となろう。

次に、需要説からは、以下のような説明がなされている。「意匠は物品に施されることにより物品（商品）の外観を特徴づけ、商品が市場に提供された場合に需要者の視覚を刺激し、意匠の施された物品の需要の増大を図る得る機能を有するものであるが、新規性がない社会一般の意匠はなんら需要者の視覚を刺激し得ないものであり、かかる意匠ではとうてい意匠法の目的とする国の産業の発達に寄与し得ない[30]」。より端的には新規性の規定は公知意匠との関係で「新しい需要増大価値が認められる意匠を保護すること[31]」を趣旨とする。

また、３条１項３号は需要者の視点で捉えるのに対し、３条２項の創作非容易性は当業者の視点で判断するため､両者は判断主体が異なる[32]規定となろう。

この点について最高裁は、意匠法３条１項３号は、「意匠権の効力が、登録意匠に類似する意匠すなわち登録意匠にかかる物品と同一又は類似の物品につき一般需要者に対して登録意匠と類似の美感を生ぜしめる意匠にも、及ぶものとされている（法23条）ところから、右のような物品の意匠について一般需要

28 前掲「帽子事件」〈最二小判昭和50年2月28日 昭48(行ツ)82〉

29 加藤181頁

30 光石92頁

31 加藤181頁。田村369頁も「公知意匠と同じような需要を喚起するに止まる意匠はもはや創作してもらっても意味がない」としており、同旨である。

32 加藤181頁では、新規性は「創作性とは無関係の規定」とするが、創作性の有無を当業者ではなく、需要者の基準で評価するものと捉えることは可能であり、その意味では趣旨として「同質」と考えることも不可能ではないように思われる。コンメ新版168頁(峯唯夫執筆)は混同説に関して「需要者の混同をメルクマールとして意匠の創作の範囲を擬制し、結果として意匠の創作を保護しようとしたものと理解することができ」るとするが、混同という点を除けば需要説にも当てはまろう。

者の立場からみた美感の類否を問題とするのに対し、３条２項は、物品の同一又は類似という制限をはずし、社会的に広く知られた[33]モチーフを基準として、当業者の立場からみた意匠の着想の新しさないし独創性を問題とするものであつて、両者は考え方の基礎を異にする規定であると解される」と説いた〈可撓性伸縮ホース事件：最三小判昭和49年３月19日 昭45（行ツ）45〉。

本裁判例では新規性の趣旨自体を明らかにはしていないものの、３条１項３号と２項は「異質[34]」の規定とみており、少なくとも上記のような創作説は否定[35]しているものと評価できる。

（3）判断基準

① 時期的基準

「意匠登録出願前」であるから出願時を基準とする。したがって、「創作完成時に新規性があったとしても出願時に新規性の存しない意匠は拒絶される[36]」。

なお、出願の「日」ではなく「時、分、秒まで考慮[37]」される。

② 地域的基準

「日本国内又は外国」とあることから、日本国のみならず、外国の意匠も考慮する「世界公知[38]」を採用している。この点について逐条解説1254頁では、「意匠は、大部分の場合、刊行物に記載されるよりも意匠を施した物品が市場に出回るほうが早いのが実情であり、外国における新規性の判断を特に刊行物記載

33「社会的に広く知られた」とあるのは当時の創作非容易性の要件が周知形状等を判断の基礎としていたためである。したがって、現在ではこの「社会的に広く」の文言を除いて読むべきである。

34 注解139頁（森本敬司執筆）はこれを「二元的解釈」とする。

35 混同説とは整合するが、結び付けて解されるとすれば「判決の真意ではないだろう」と述べた調査官解説として佐藤繁「同一又は類似の物品の意匠と意匠法3条2項の適用」（『最高裁判所判例解説［民事篇 昭和49年度］』1977年 法曹界）325頁がある。なお、この最高裁の判旨と需要説はいずれも3条1項3号と2項の判断主体が異なるという意味において「考え方の基礎を異にする」と理解する点では共通するが、需要説からは3条1項3号と2項は目的としては実質的に同じと考えられる。

36 光石93頁

37 審査基準

38 高田131頁

に限定[39]したのではほとんど無意味となるので、外国における公知の事実も参酌」している旨を記載している。

（4）新規性のない意匠

以下の１号から３号のいずれかに該当する意匠は拒絶理由となり（17条１号）、過誤により登録された場合は無効理由となる（48条１項１号）。

① 公然知られた意匠（３条１項１号）

「公然知られた」の解釈については特許法における議論と同様である。審査基準では「公然知られた」とは不特定の者に秘密でないものとしてその内容が知られたことをいうとしている。特許法・実用新案法と異なり、公然実施の規定がないのは、「意匠は外観で判断するため、公然実施をすれば全て公知になる」（逐条解説1254頁）と考えられているからである。

② 頒布された刊行物に記載された意匠（同項２号）

原則として特許法における議論と同様である。審査基準では「頒布された刊行物」とは、不特定の者が見得る状態に置かれた刊行物をいい、誰かが見たという事実を必要としないとしている。また、「刊行物」とは、公衆に対し、頒布により公開することを目的として複製された文書、図面その他これに類する情報伝達媒体をいうとしている。

刊行物に「記載された」とあるが、通常はその意匠をある特定の角度から見た形態（多くはいわゆる斜視図であろう。）が表されているのみ[40]と考えられる。特に刊行物が完成品の場合、そこに組み込まれている「部品」はある特定の角度でしか形態が表面に現れていないことがほとんどであると考えられる。

---

39 以前は特許法と実用新案法では「外国における新規性の判断を特に刊行物記載に限定」しており、意匠法と新規性の地域的判断基準が異なっていた。平成11年改正で特許法等も外国公知が導入され、現在では両法とも同様の規定ぶりとなっている。

40 この例外としては意匠の登録公報が挙げられよう。

そこで、このように不明な形態（多くは背面や底面が不明であろう。）があっても「記載された」意匠と解し、公知意匠として取り扱えるかどうかが問題[41]となる。この点、新規性という登録要件は、需要説からは出願意匠が世の中に新たな需要増大機能を提供する意匠か否かを見るものであるから、需要説からは需要者を基準にして出願意匠のうち、需要者が注意を引く部分に相当する部分が開示されている限りは「記載された」と解すべきであろう。

したがって、刊行物に掲載された意匠の美的外観の特定の角度の形態あるいは一部を「視覚を通じて」認識（識別）することが可能であって、それが出願意匠における需要者の注意を引く部分（要部[42]）に相当することが社会通念として推認される限りは、「記載された」意匠と解してよいと考える。裁判例でもおおむねそのように捉えられており、帽子事件[43]が一例として挙げられる。なお、「記載された」意匠が完成品の場合、部品も「記載された」意匠といえる点等については後述する。

③ 電気通信回線を通じて公衆に利用可能となった意匠（２号）

原則として特許法における議論と同様である。審査基準では「電気通信回線を通じて不特定の者が見得るような状態に置かれたウェブページ等に掲載された」場合に同号に該当するとしている。

④ 前記①～③のいずれかの意匠に類似する意匠（３号）

実務的には、出願された意匠は、上記の公知意匠と同一か否かを問題にする

---

41 コンメ新版163頁（峯唯夫執筆）でも「すべてが表されていることを要求するならば、本号の適用場面は意匠公報掲載意匠に限定されてしまうであろう」とする。注解152頁（森本啓司執筆）ではこれを「一部不明な意匠の公知性」の問題として議論している。

42 コンメ新版164頁（峯唯夫執筆）では「出願意匠の要部に対応する態様が記載され、意匠としての対比が可能な場合は、刊行物に記載されたといいうる」とするため、同旨であろう。

43 前掲注28「帽子事件」では、引用意匠の帽子の背面側の形態が資料上に表れていないことについて「帽子の本体裏面は通常は人の目にふれることが期待されていないから、特段の主張のない本体においては、その形状･色彩は本願意匠の要部とならないと解さなければならない」旨を述べている。これは本書の考え方とおおむね同様といえよう。

必要性はなく、公知意匠と「類似」する意匠かどうかの判断をすれば足りるため、本号の該当性が重要となる。ここで「類似」の解釈が問題となるが、この点は、後述する「意匠の同一又は類似」における議論を参照されたい。

（5）新規性の判断において「対比する意匠」

１号と２号では出願意匠と公知意匠が「同一」か否か、３号では出願意匠と公知意匠が「類似」するか否かを問題としているが、いずれにしても出願意匠と公知意匠との「対比」が必要となる。ここで出願意匠について、公知意匠として「対比する意匠」をどのように捉えるかが問題である。詳細は後述するが、物品意匠の場合、「類似」といえるためには「対比する意匠」も同一又は類似する「物品」であることを要するとするのが通説的見解であり、自転車とハンドルは「非類似」物品の典型例とされている。

例えばある自転車が公知の場合で、当該自転車に使用されている「ハンドル」の意匠が出願された場合、自転車とハンドルは非類似（物品）であるとしてハンドルは新規性を有すると判断すべきであろうか。これはハンドルという出願意匠に「対比する意匠」をどのように捉えるのかという問題である。

この点について審査基準では、「物品等の中に含まれる、その物品等とは非類似の物品等に係る意匠（例えば部品に係る意匠）であっても、当該意匠自体の具体的な形状等を認識できるものについては、新規性の判断の基礎とする資料として取り扱う」としている。

また、より分かりやすいのが、画像を含む新規性の判断に関する記載であり、ここでも同様に、「物品等の中で分離して識別可能な部品等がある場合は、当該部品についても公知意匠となったものとして扱い（一部が物品又は建築物の内部に隠れている場合は外部に表れた部分のみを公知意匠として扱う）、各部分についても、物品等の中で示された位置、大きさ、範囲となる物品等の部分について意匠登録を受けようとする意匠としてそれぞれ公知意匠となったものとして扱う」旨を述べ、その具体例として図1を示している（次頁参照）。

図1 スマートウォッチの意匠が公知となったときに新規性を失う意匠の例

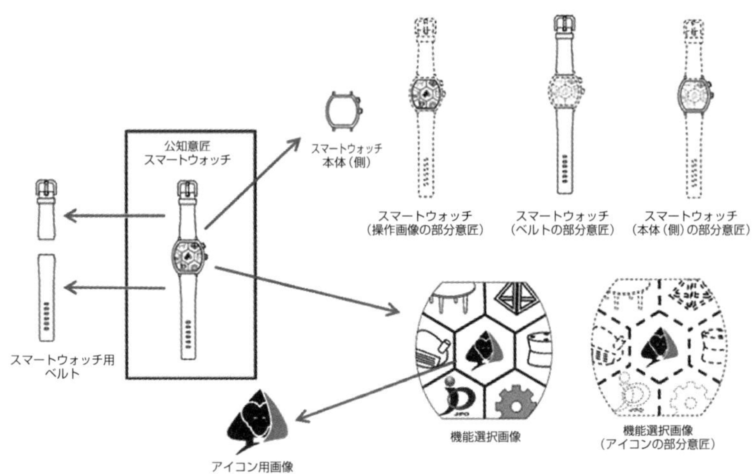

図1の説明として、「公知意匠が操作画像の表示されたスマートウォッチである場合、公知意匠となり新規性を喪失する意匠には、スマートウォッチの意匠だけではなく、部品として認識可能なスマートウォッチ用ベルト、スマートウォッチ本体のような部品の意匠や、操作画像の意匠、操作画像の中で認識可能なアイコン用画像の意匠、さらに、スマートウォッチや操作画像の部分[44]について意匠登録を受けようとする意匠として考えられるものも含まれる」旨を述べている。

これは端的に言えば、先願が完成品（スマートウォッチ）の意匠である場合、重畳的に「画像」の意匠等も同時に存在し、「包含」しているという「意匠の重畳性」を認めたものといえる。したがって、先の例でいえば、ハンドルという出願意匠と「対比する意匠」は、自転車ではなく、自転車に使用されている「ハンドル」となる。同様に、後述する組物の意匠が公知の場合には、その構成物品の意匠も公知となる。これらの点の詳細については「意匠の同一又は類似」における議論を参照されたい。

[44] 田村376頁でも「意匠全体が公知となっていたとしても、当該部分が公知となっていることに変わりはない」と同旨を述べ、先願の意匠が公知の場合も同様である実質的な理由として、「既に新たなデザインを世に知らしめる行為（出願）を先になしたものが存する」ことを挙げている。

（6）新規性喪失の例外（4条）

新規性を喪失した意匠であっても４条所定の条件を満たせば救済され得る。

本条の趣旨について逐条解説1260頁では、「意匠は人の目に触れればすぐに模倣される可能性があり、権利者の意に反して出願前に公知になる機会は発明の場合よりもかえって多い。また、意匠は販売、展示、見本の頒布等により売行きを打診してみて初めて一般の需要に適合するかどうかの判定が可能である場合が多い」とし、「一度販売等を行えば新規性を喪失し、その後に出願しても拒絶されることになる。これでは余りに社会の実情に沿わない」と説明している。本条の適用事由及び要件は以下のとおりである。

① 意に反して公知になった意匠（１項）

「意に反して」とは、「自己の意思の支配が及ばない状況で公知になった場合[45]」をいうと解されている。例えば審査基準では「創作者の創作した意匠が窃取盗用によって第三者に公開されたような場合」には本号に該当するとしている。これ以外に「新聞や雑誌にスクープされた[46]」場合も該当し、秘密遵守義務を負った者が退職し、業務を引き継いだ者がこの義務を知らずに公表した場合[47]に認められた裁判例がある。

② 行為に起因して公知になった意匠（２項）

「行為に起因して」とは「積極的に自分から公知にしたり、刊行物に掲載したりした場合はもちろん、公知になりまた刊行物記載になるのを消極的に黙認した場合をも含む[48]」と解されており、「博覧会への出品はもちろん、その他一般の展示会への展示、マーケット・リサーチのための問屋への内覧、販売、頒布、輸出、新聞雑誌への広告、宣伝、試験のための公開実験等[49]」が全て該当すると考えられている。

---

[45] 斎藤88頁、茶園73頁

[46] 高田209頁

[47] 東京高判昭和54年5月16日 昭53(行ケ)91［判例工業所有権法2563の37の2頁］

[48] 高田210頁

ただし、自己の出願に起因して、審査を経て公報に掲載されて公知になった場合[50]は含まれない（2項括弧書）。

③ 適用を受けるための要件

主体的要件として「意匠登録を受ける権利を有する者」によって公知となり、「その者」の出願であることを要する。ここで「その者」とは文理から「意匠登録を受ける権利を有する者」を意味すると解する。

したがって、例えば創作者が公知にし、その後、意匠登録を受ける権利を譲渡し、その譲受人が出願した場合[51]でも例外の適用を受けることができる。時間的要件として公知となった日から1年[52]以内に出願していることを要する（1項、2項）。

〔小論点〕複数回の公開行為があった場合

本条は例外的な救済となるので、公衆への負担を避けるため、原則としては厳格に解すべきであり、その点で1年の起算は最初の公開日とすべきあろう。問題は、複数回の公開それぞれについて証明書面の提出が必要か否かである。

この点、審査基準では、最初に公開された意匠が例外適用を受けられるものであれば、その公開に起因するものである限り、2回目以降の公開についても例外適用を行うとしている。

例えば商品を販売して公知（1回目）になり、その商品を入手した第三者がウェブサイトにその商品を掲載（2回目）した場合である。厳格に解すべきとはいえ、このような場合に救済を受けられないとすれば実質的に救済を受けられる場面がほとんどなくなって酷と考えられるため、妥当な運用であろう。

---

49 高田210頁

50 平成23年改正で導入された。

51 茶園75頁。審査基準にも同様の趣旨が記載されている。

52 従来は6か月であったが、米国、欧州、韓国等の諸外国が1年間の例外期間を定めていることなどから平成30年改正で1年となった。

本条の救済を受けるための手続的要件として、２項（自己の行為に起因する公知）の場合には、出願と同時に適用を受ける旨を記載した書面を提出する必要がある。また、証明書も30日[53] 以内に提出する必要がある（３項）。

他方、１項（意に反する公知）の場合には、「出願人は公開された事実を知らないのが通例[54]」と考えられるため、出願時の手続及びその段階での証明書の提出は不要である。したがって、拒絶理由通知がなされた場合等に主張して証明すればよい。

④ 適用を受けた場合の取扱い

新規性（３条１項各号）及び創作非容易性（３条２項）の要件の判断において、当該公開意匠は公知意匠でないとみなされる。公開意匠と出願意匠との関係について、かつては例外規定のために公開意匠と出願意匠の同一性を要求していた。しかし、平成11年改正により、創作者に酷であるとし、これら両意匠が同一、類似又は非類似であるかどうかが問われないこととなった。

もっとも、公開意匠と証明書に記載した意匠については、両意匠が実質的に「同一」であることが必要であり、この点が争いになった裁判例[55] がある。

なお、本例外は遡及効を認めるものではないため、出願日前までに無関係の第三者の意匠が公開された場合には、その意匠と同一又は類似であることを理由として新規性を喪失、あるいは創作非容易性の根拠として用いられる可能性がある。ただし、公開意匠になった後、例外適用を主張して出願する日より前に第三者が同一又は類似の意匠を先に出願していた場合には、当該第三者の出願は、公開意匠が引例となって新規性がないため拒絶されて先願の地位を失う。

したがって、遡及はしないものの第三者の先願があっても後願として扱われるおそれはない。

---

53 以前は意匠の美的外観性の観点から「証明書の作成が容易」であると考えられ、14日以内とされていたが、広く救済する趣旨から平成18年改正で特許法と同じ30日と改正された。

54 茶園76頁

55 コート事件：知財高判平成30年7月19日 平29(行ケ)10234［百選第2版54事件］

3．創作非容易性

３条２項は、新規性（３条１項各号）のある意匠であっても容易に創作できた意匠は登録を受けることができない旨を規定する。

これについては、様々な呼称があり、旧法時代からの「考案力[56]、独創力[57]」という用語の以降も、「変化性」「進歩性[58]」「創作容易性[59]」「創作困難性[60]」「創作力[61]」「創作性」などの様々な名称が用いられてきた。

本書では、条文の文言に忠実で登録要件であることも分かりやすい「創作非容易性[62]」を採用することにする。なお、審査基準もこの用語を採用している。

（1）趣旨

審査基準では本条の趣旨について、「当業者が容易に創作をすることができる意匠に排他的な権利を与えることは、産業の発展に役立たず、かえってその妨げとなるからである」という説明をしている。

特許法では、意匠法の創作非容易性に相当する要件として進歩性（特29条２項）がある。ここで重要なのは、意匠法とは異なり、特許法では新規性と進歩性の規定に重なり合いがない[63]ため、新規性とは別に追加で進歩性の要件を要求する形になっており、新規性は言わば「ミニマム・リクワイアメント」（最低必要要件）とした上で、さらに「加重要件」を課していると理解される点である。

---

56 逐条解説ではかつて「考案力がない意匠が意匠権を享有するという事態の発生を防ぐもの」と説明していたがその後に削除された。

57 現行法（昭和34年法）の基礎となった昭和32年の工業所有権審議会答申では、「独創」という文言が用いられていた。

58 以上までは光石105頁を参照されたい。

59 斎藤92頁。ほかに高田213頁では、章のタイトルとして「創作の容易」という言葉を用いているが、登録要件として考えた場合に、「創作の容易」であることが要件と誤解されやすいので適切ではなかろう。

60 渋谷566頁

61 加藤200頁

62 茶園66頁、コンメ新版235頁（安立卓司執筆）、注解160頁（森本敬司執筆）等、近年の書籍では「創作非容易性」という用語が用いられているものが多い。

63 新規性がないということは公知の発明と「同一」であることが前提であり、進歩性がないということは公知の発明と「同一ではない」ことが前提となっており、ある発明が29条1項各号と29条2項に同時に該当することは理論的に存在しない。その意味で概念として明確に異なる。

この加重要件の趣旨としては、例えば「制度が存在しなくとも当然に達成されるような技術的進歩に対しては、特許を付与するというインセンティブを与えて進歩を促進させる必要性がなく、かえって特許を付与することによりそのような技術に排他権を付与することは産業の発達にとって弊害となる[64]」旨が述べられている。

では、意匠法ではどうか。結論から述べれば、意匠法の創作非容易性は特許法の進歩性とは異なり、新規性の「加重要件」とは解されない。理由は以下に述べるとおりである。

例えば自然物のようにそもそも「意匠」ではないものをそのまま転用したような意匠、他人の物品等の形態をそっくりそのまま非類似物品等に転用[65]した意匠であっても、あくまで新規性については公知意匠と類似か否かで判断するため、新規性は満たしてしまうこととなる。

しかし、これらは「創作的な意思活動というよりはただ選択的な意思活動があるのみ[66]」である。意匠法が「創作法」である以上、仮に新たな需要を生み出すものであったとしても、創作活動を伴わない転用に保護を与えるべきではない。さらに、そもそも転用の場合、新たな需要増大機能を創出することが期待できないことが多いと考えられる。これらが新規性のほかに創作非容易性を法が要求する理由であろう。

すなわち、両要件はともに「新たな需要増大機能を創出することが類型的に期待できない意匠」を排除する点で同趣旨と解すべきであり、新規性が需要者の視点からそのような意匠を言わば「直接的」に排除する一方、創作非容易性は、当業者の視点で、言わば「補完的」に排除するという点に相違があると考えることができる。

---

64 田村210頁

65 加藤201頁では、旧法では元々「非類似物品間の転用意匠」や「自然物のそっくりそのままの模倣意匠」を登録することが好ましくないという背景から本要件が誕生した経緯について述べられている。

66 光石106頁

つまり、新規性では公知の「意匠」と同一又は類似物品を対象にするため、そもそも「意匠」の定義に当たらない公知の「形状等」（富士山の形状等）や「意匠」ではあっても非類似物品間のいわゆる「転用」意匠[67]については、新規性とあいまって創作非容易性の問題として拒絶することとしたものである。その意味において、必ずしも新規性に「加重」して創作非容易性を要求したという関係にはなく、新たな需要増大機能の有無は新規性の要件で既に直接的に判断しているため、そこから言わば漏れるものを「補完」する規定と捉えることができる。この法意は条文にも表れている。特許法の進歩性（29条２項）と異なり、３条２項には「前項各号に掲げるものを除く」という文言があり、これは、３条１項３号と３条２項が主に判断主体の違いであって、結果的には同じ対象に同時に適用し得る[68]規定であることを示しているといえよう。

したがって、３条１項３号と３条２項は、判断主体が需要者と創作者（当業者）とで明確に異なるものの、需要説を前提とすれば目的とするところとしては同じ[69]と考えるべきであって、判断主体が異なる２つの側面から「新たな需要増大機能を創出することが類型的に期待できない意匠」を排除するものである。すなわち、需要説からは新規性はそのような意匠を直接的に判断し、創作非容易性は新規性の「補完」[70]として機能するといえる。

---

67 その意味では創作非容易性というのは、「創作性の高いデザイン」を保護するという積極的な意味での登録要件という意味合いは薄くなろう。実際、加藤207頁は本条について「創作とは主観的にも客観的にもいえない意匠は、正に模倣に等しく、模倣に係る意匠を保護することは、創作活動の活発化を正当に促進するとはいえず、またそのような模倣に頼るのみでは、産業の発達に寄与する意匠をより多く生む真の創作活動の奨励につながらない」と消極的な意味合いで説明している。

68 高田220頁でも「類似でもあり、創作容易でもある」という場合があることを述べている。この点、特許法では「新規性がなく、進歩性がない」という事態が生じない。したがって、その意味で「加重要件」であることが明確である。

69 創作が困難な意匠（いわゆる創作性の高い意匠）であれば社会通念に照らしても新たな需要を喚起する可能性が高いという考えもあろう。ただし、加藤206頁では「創作力のレベルが高くても、それに比例して、意匠の産業的価値が高くなる訳ではない」としてこのような考え方を否定している。

70 産業構造審議会知的財産分科会意匠制度小委員会 意匠審査基準ワーキンググループ報告書「創作の実態を踏まえた意匠の適切な開示要件の在り方等に関する意匠審査基準の改訂について」（2018年10月）によれば、新規性で拒絶される件数は創作非容易性で拒絶される場合の約2倍であり、実務上も、創作非容易性の登録要件は新規性の補完として機能しているといえよう。この点、新規性での拒絶よりも進歩性を否定されることのほうが圧倒的に多い特許法とは状況が著しく異なる。

新規性と同様に登録要件であるから、本項の要件を満たさないと審査官が判断した場合には出願が拒絶され（17条1号）、過誤により登録された場合は登録無効の理由となるが（48条1項1号）、あくまで新規性の「補完」であるから、本来的な登録要件である新規性の要件に直接的に違反する場合には新規性の規定が適用されることになる（3条2項括弧書）。

なお、新規性の3条1項3号と本条（3条2項）との関係におけるその他の学説と判例については、新規性での説明を参照されたい。

（2）概要

① 時間的基準

「意匠登録出願前に」とあることから、判断の基準となる時点は意匠出願された時である。その他は新規性と同様である。

② 地域的基準

新規性と同様に「日本国内又は外国において」とあることから、日本国のみならず、外国の意匠も考慮する。かつては「日本国内において広く知られた」とされていたが、平成10年改正において現状の規定ぶりとなった。逐条解説1255頁では、本改正理由を「創作性の高い意匠を的確に保護するため」と説明しており、「日本産業が世界市場において製品競争力の優位性を保つために、創作性の高いデザインを適切に保護し、創作性の高い意匠の創作を促すことが必要であることから、創作非容易性の要件を引き上げたもの」としている。

もっとも、需要説の立場から考えれば創作非容易性の要件は主に非類似物品間における転用や模倣の意匠を新規性の要件の補完として排除するのが趣旨である。したがって、改正によって創作非容易性の判断の基礎資料を拡張したことは、転用や模倣か否かを判断するための基礎資料を拡大したことを意味するにすぎないものであって、新規性における「類似」の基準が変わっていない以上、同一・類似物品間における創作活動において高い創作性が本改正によって求められるようになったわけではないといえる。[71]

その意味で創作非容易性の要件をもって「創作性」を議論することはできない と考えられる。[72]

③ 主体的基準

「その意匠の属する分野における通常の知識を有する者」と規定されている。これは「当業者」を意味すると考えるのが通説[73] である。また、３条２項はあくまで「創作の過程[74]」の困難性をもって需要増大機能を担保しようとするものであるから「需要者が当業者の中に含まれないことは明らか[75]」である。

したがって、３条１項３号と３条２項では明確に判断の主体が異なることとなる。

審査基準でも同様の立場に立っており、「当業者とは、その意匠に係る物品を製造したり販売したりする業界において、当該意匠登録出願の時に、その業界の意匠に関して、通常の知識を有する者をいう」としている。「その意匠の属する分野」とは「その意匠を表す物品を製造したり、販売したりする業界」をいい、例えば「ビスケットの場合には菓子業界、扇風機の場合には家庭電機業界」ということになろう。また、「通常の知識を有する者」とは「最高のエキスパートである必要はなく、その業界において平均的な知識を有する者であって、その知識というのは意匠に関する知識」とするのが通説である[76]。

「意匠に関する知識」とはすなわちデザインの知識になるはずであるため、創作非容易性の判断の主体的基準は、原則としてデザイナー等の意匠の「創作者[77]」を意味すると考えられる。

---

71 この点については加藤改正73頁を参照されたい。

72 3条2項(創作非容易性)で「創作性」を考慮するため、3条1項3号では「創作性」の考慮は不要とする文献も散見されるが、特許法の新規性と進歩性の関係に引きずられたものであろう。

73 高田217頁、コンメ第2版170頁(鹿又弘子執筆)

74 注解161頁(森本敬司執筆)

75 加藤207頁

76 高田217頁

77 加藤207頁、斎藤94頁では「平均的創作者」という言葉が用いられている。

④ 客体的基準

「公然知られ、頒布された刊行物に記載され、又は電気通信回線を通じて公衆に利用可能となった形状等又は画像に基づいて容易に意匠の創作をすることができた」か否かが基準となる。まず、「公然知られ」の解釈は新規性の登録要件と同様である。また、「頒布された刊行物に記載され」「電気通信回線を通じて公衆に利用可能となった」という文言は令和元年改正により追加[78] された。語句の解釈としては、いずれも新規性の登録要件と同様である。

「形状等又は画像に基づいて」とあるうち、「形状等」とは２条１項により「形状、模様若しくは色彩若しくはこれらの結合」を意味する。つまり、２条１項の意匠の定義と異なり、「物品」あるいは「建築物」のような限定がない点は重要である。これは、自然物たる富士山や著作物のミッキーマウス、人物である西郷隆盛など、本来的には「物品と何らかかわりのない形状（等）も判断の対象資料となる[79]」ことを意味する。すなわち、本条における意匠の創作の基礎となるものは「意匠」である必要がない[80]のである。

この点、発明という創作の基礎は、必ず「発明」である[81]と考えられている特許法と趣を異にする。したがって、創作の基礎は「抽象的なモチーフとしての形状」、つまり「自然物、景色、著作物、建造物などを問わず何の形状、模様、色彩でもよい[82]」ことになる。

また、「形状等又は画像に基づいて」とある以上、「容易に意匠の創作をすることができた」か否かは、「ただ漫然と容易に意匠の創作をすることができた」ことをいうのではなく、公知の「形状等又は画像」に基づく場合に限られる。

78「刊行物やインターネット上で公開された意匠については、一部の出願人からは必ずしも『現実に知られている』、『現実に不特定又は多数の者に知られた』ということはできないと主張されており、実際、近年の意匠審査においても、特許庁とかかる出願人との間で、規定の解釈に齟齬が生じる事態」となったため、「意匠が刊行物やインターネット上で公開されている場合についても、創作非容易性の判断要素となることを明示」することとしたとしている（特許庁令和元年改正91頁）。

79 斎藤94頁

80 加藤208頁

81 これが技術は「累積的に進歩」するということの証左でもあろう。

82 高田218頁

したがって、何らかの「形状等又は画像」に基づいたものといえないときは、「たとえ比較的簡単なものであっても、ここにいう創作容易とすることはできない」と考えられている[83]。さらに、公知の「形状等又は画像」に基づく「意匠」という美的外観の創作の困難性であるため、技術的な作用効果が優れているからといって創作非容易になるとは解されない[84]。

「容易に意匠の創作をすることができた」か否かについては、趣旨のところで述べたように「新たな需要増大機能を創出することが類型的に期待できない」のは「創作的な意思活動というよりはただ選択的な意思活動があるのみ」であるがゆえであるから、「容易に創作することができた」か否かは、当業者の視点に立脚し、創作的な意思活動というよりも選択的な意思活動に基づいて創作したといえるか否かで判断すべきであろう。

この点、審査基準では、当該分野における「ありふれた手法」により公知形状等をそのまま利用して創作されたにすぎないものである場合を典型例としつつ、公知形状等をそのままではなく改変を加えている場合であっても、当該改変がその意匠の属する分野における「軽微な改変」にすぎない場合を「容易に創作することができた」としている。

これは本項の趣旨に沿うものであり、また、通説において「どれを選んで利用するかという選択の精神的活動、および利用する物品に合うようにするために加える商業的変形のための精神活動はこれらの場合にも否定することはできないが、新しく意匠を創作する精神活動に比較すると量的にも質的にも程度の低い創作的活動[85]」と呼ばれてきたこととも合致しており、是認されよう。

審査基準では、さらに前記した「ありふれた手法」について以下のように類型化し、整理している。

---

83 高田219頁

84 釣竿事件〈東京高判平成11年7月13日　平10(行ケ)42〉でも同旨が述べられており、「意匠は、視覚を通じて美感を起こさせるものであって、技術的思想の創作ではないから、技術的な課題及び技術的な理由による作用効果が相違ないし優れているとしても、そのことをもって意匠の創作が困難となるというものではない」旨を説示している。

85 高田219頁

1）置き換え：意匠の構成要素の一部を他の意匠等に置き換える。
2）寄せ集め：複数の既存の意匠等を組み合わせて一の意匠を構成する。
3）配置の変更：意匠の構成要素の配置を単に変更する。
4）構成比率の変更：意匠の特徴を保ったまま大きさを拡大・縮小したり、縦横比などの比率を変更する。
5）連続する単位の数の増減：繰り返し表される意匠の創作の一単位を増減させる。
6）物品等の枠を超えた構成の利用・転用：既存の様々なものをモチーフとし、ほとんどそのままの形状等で種々の物品に利用・転用する。

また、同様に「軽微な改変」として「角部及び縁部の単純な隅丸化又は面取り」「模様等の単純な削除」「色彩の単純な変更、区画ごとの単純な彩色、要求機能に基づく標準的な彩色」「素材の単純な変更によって生じる形状等の変更」を挙げている。

なお、裁判では特許法における進歩性の認定で用いられているこのような活動の「動機付け」の有無について主張する場合があり、裁判例においてもその観点を用いる例[86]が出てきている。創作非容易性の要件では、「創作的な意思活動というよりも選択的な意思活動に基づいて創作したといえるか否か」を判断しようとしており、例えば「寄せ集め」に製品分野あるいは機能の共通性などの「動機付け」があると認められる場合には、正に創作活動というよりも選択的な意思活動に近いため、合理性があるといえるであろう。

⑤「容易に創作をすることができた意匠」の具体例

以下は、審査基準に記載されている具体例である。いずれも新規性はあるという仮定条件が付いている。

86「動機付け」を肯定して創作容易と判断した事例としてはアクセサリーケース型カメラ事件〈知財高判平成30年3月12日 平29(行ケ)10188〉があり、「動機付け」を否定して創作非容易とした事例として、検査用照明器具事件〈知財高判令和元年7月3日 平30(行ケ)10181〉がある。

1）置き換え

図2 なべ

公知のなべの蓋を、ほとんどそのまま他のなべ用蓋に置き換えて表したにすぎない意匠

注）本事例は、なべの分野において、蓋部を他のなべ用蓋に置き換えることが、ありふれた手法であり、かつ、出願意匠において当業者の立場からみた意匠の着想の新しさや独創性が見受けられないと仮定した場合の例である。

2）寄せ集め

図3 キーホルダー

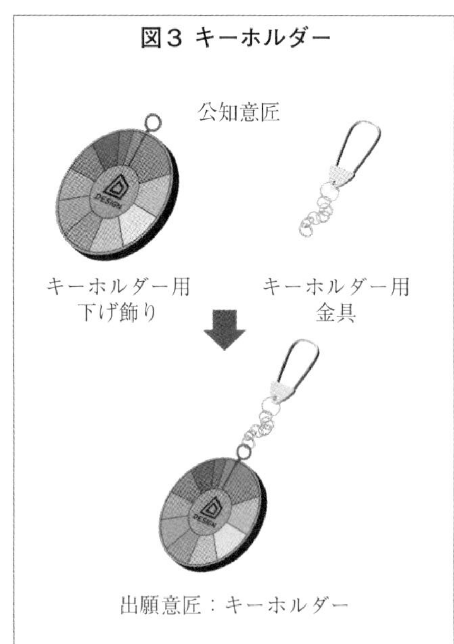

公知のキーホルダー用下げ飾りとキーホルダー用金具を寄せ集めて表したにすぎない意匠

注）本事例は、キーホルダーの分野において、キーホルダー用下げ飾りと、キーホルダー用金具とを寄せ集めることが、ありふれた手法であり、かつ、出願意匠において当業者の立場からみた意匠の着想の新しさや独創性が見受けられないと仮定した場合の例である。

３）配置の変更

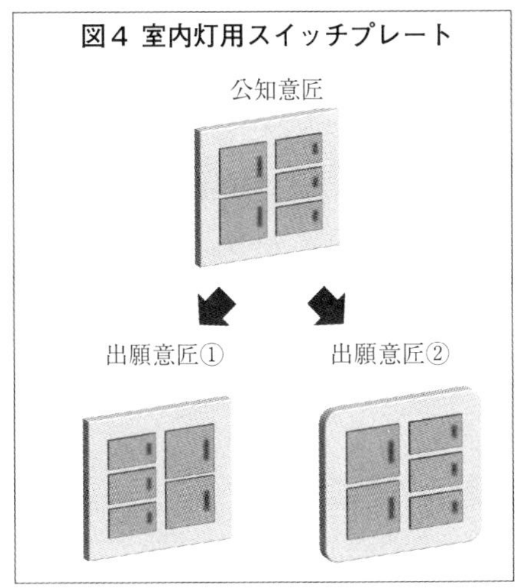

公知の室内灯用スイッチプレートのボタンの配置を変更したにすぎない意匠

なお、本事例について、出願意匠②のように、出願意匠が角部を隅丸状に改変したものであっても、当該改変が室内灯用スイッチプレートの分野における軽微な改変と判断される場合は、審査官は、当該改変を創作非容易性の判断において評価せず、創作容易な意匠であると判断する。

注）上記の各事例は、いずれも室内用スイッチプレートの分野において、ボタンの配置を変更することが、ありふれた手法であり、かつ、出願意匠において当業者の立場からみた意匠の着想の新しさや独創性が見受けられないと仮定した場合の例である。

４）構成比率の変更

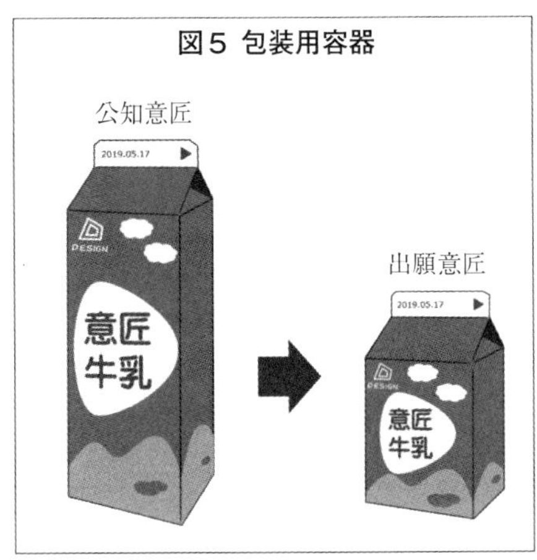

公知の包装用容器の構成比率を変更したにすぎない意匠

注）本事例は、包装用容器の分野において、構成比率を変更することが、ありふれた手法であり、かつ、出願意匠において当業者の立場からみた意匠の着想の新しさや独創性が見受けられないと仮定した場合の例である。

5）連続する単位の数の増減

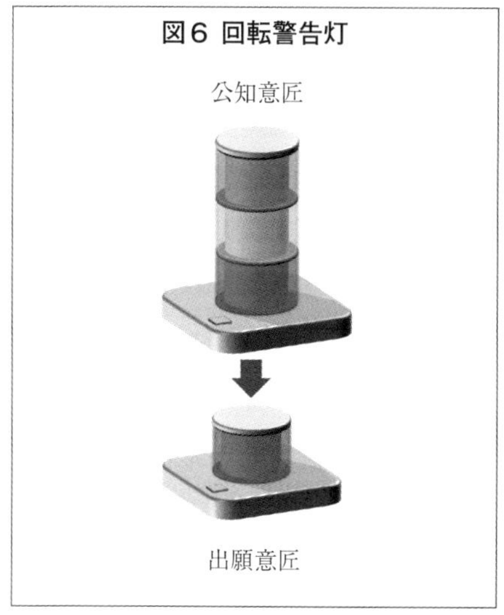

公知の回転警告灯を、ほとんどそのまま、段数を減らして表したにすぎない意匠

注）本事例は、回転警告灯の分野において、灯部の段数を減らし１段のものとすることが、ありふれた手法であり、かつ、出願意匠において当業者の立場からみた意匠の着想の新しさや独創性が見受けられないと仮定した場合の例である。

6）物品等の枠を超えた構成の利用・転用

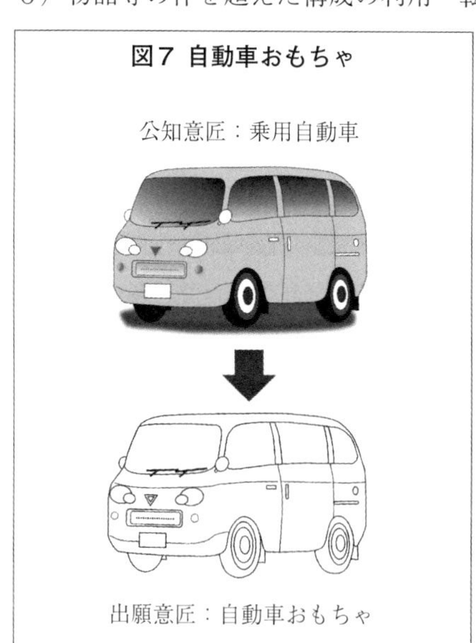

公知の乗用自動車の形状を、ほとんどそのまま自動車おもちゃとして表したにすぎない意匠

注）本事例は、自動車おもちゃの分野において、その形状を公知の乗用自動車の形状とすることがありふれた手法であり、かつ、出願意匠において当業者の立場からみた意匠の着想の新しさや独創性が見受けられないと仮定した場合の例である。

〔論点〕創作非容易性の判断において「美感」を考慮すべきか

前記最高裁の判例（帽子事件）を前提とすれば、３条１項３号の新規性と３条２項の創作非容易性では、前者は需要者からみた「美感」の類否を問題とし、後者は当業者からみた着想の新しさ若しくは独創性を問題とすべきであるから、創作非容易性の判断においては「美感」を持ち出すべきではないようにも思える。裁判例においても、「問題とされるべきは、本願意匠の創作が容易であったか否かであり、美感の評価の問題ではない」と判示[87]するものがあるが、これはこのような考え方が背景にあったものであろう。

これに対し、意匠が創作容易であるか否かは、「出願意匠の全体構成によって生じる美感について、公知の意匠の内容、本願意匠と公知意匠の属する分野の関連性等を総合考慮した上で判断すべき」と判示する裁判例[88]がある。

思うに、新規性と創作非容易性はともに「新たな需要増大機能を創出することが類型的に期待できない意匠」を排除する点では同趣旨であって、新たな美感がある場合には最終的に登録を認めるべきであり、新たな美感がない場合には登録を認めるべきではない。

そもそも特許法29条２項における進歩性の規定の解釈では「引用した発明と比較して有利な効果」がある場合には、そこからの逆算により、創作の困難性を言わば推定するという考え方が是認されている。そのように結果から原因を推定する手法として同様と考えれば、新たな「美感」あるいは「意匠的効果」がある場合には、そこから単なる選択的活動（転用）ではない創作的活動の存在を推定することには一定の合理性が認められるといえよう。

したがって、創作非容易性の判断において「美感」をこのような観点で考慮することは許されると解する[89]。

---

87 東京高判平成12年12月21日 平12(行ケ)244

88 研磨パッド事件〈知財高判平成20年8月28日 平20(行ケ)10070[百選56事件]〉。ほかにも包装用容器事件〈知財高判平成19年12月26日 平19(行ケ)10209〉では「美観上の相違があり…多様なデザイン面での選択肢から、創意工夫を施して創作したもの」であるとして創作非容易性を肯定した。

89 コンメ第2版188頁(鹿又弘子執筆)では、「美感」や「意匠的効果」が創作非容易性の認定に当たって参酌されるべきことが裁判例で確立しつつある旨が述べられている。

４．先願意匠の一部と同一又は類似の後願意匠の保護除外

３条の２は、先願の意匠の一部がほとんどそのまま後願の意匠として意匠登録出願されたときのように、後願の意匠に何ら新しい意匠の創作が見受けられない場合は、意匠登録を受けることができない旨を規定したものである。

特許法29条の２の拡大された先願の地位に類似する規定である。「みなし公知」の規定とも呼ばれている。

（1）趣旨

先願の意匠の一部と同一又は類似の後願の意匠については、その先願の意匠が設定登録され意匠公報が発行される前に出願された場合、当該後願の出願時点においては先願の意匠は公知となっていないため、新規性（３条１項）の規定で拒絶されることはないはずである。しかし、後願の意匠は「新しい意匠を創作した[90]」ものとはいえず､このような意匠について意匠権を与えることは、「新しい意匠の創作を保護しようとする意匠制度の趣旨」からみれば妥当でない。また、例えば先願として「完成品」の意匠が出願された後、意匠公報に掲載される前に当該完成品を構成する「部品」の意匠が出願された場合に、いずれの出願も登録されれば､「権利関係の錯綜」を招来することともなるため、平成10年改正によって３条の２の規定が導入されたものである。

なお、平成10年改正では部分意匠制度の導入とともに組物の意匠の登録要件も緩和され、組物として登録される対象が拡大されたことにより、先願の意匠の一部と同一又は類似の意匠が後願として出願されるケースが増大すると想定されたことも導入の付随的な背景となっている。

需要説の立場から考えても、先願の一部と同一又は類似の後願の意匠は客観的には新たな需要を喚起するとはいえないため、登録を拒否すべきであろう。

---

90 客観的に見れば先願の意匠に既に開示されている意匠であって「新しい意匠」とはいえないが、新規性という登録要件は、後願の出願時点における公知意匠との比較で判断するため、先願がいまだ公知になっていない審査段階における後願は「新規性のある意匠」に該当してしまう。それゆえ3条1項各号とは別に規定する必要があることとなる。

（2）概要

本条は以下の３つの要件に該当する場合に適用され、要件に該当する場合には拒絶（17条１号）、登録無効の理由（48条１項１号）となる。

① 出願の日前の他の意匠登録出願（先願）が存在すること

「出願の日前」とあるので、同日出願には適用がない。また、「他の意匠登録出願」（先願）と後願が同一人の場合には本条は原則として適用されない（３条の２ただし書）。本制度導入当初（平成10年）には同一人にも適用することとされていた。

しかし、デザイン開発においては、「先に製品全体の外観デザインが完成し、その後個々の構成部品の詳細のデザインが決定されて製品全体の詳細なデザインが完了するという開発実態」があり、また、「市場において成功した商品については、需要を喚起する独自性の高い創作部分が模倣の対象となりやすい」ともいわれている[91]。

そこで、「独自性の高い自己の製品デザインの保護を強化」するため、同一人には適用除外とするただし書の規定を平成18年改正で導入したものである。これにより、逐条解説1258頁では、完成品を先に出願していても、「意匠公報の発行の日前までに同一人が出願した後願の部品の意匠又は部分意匠」は適用除外となって登録を受け得るとしている。

もっとも、先願が秘密意匠の出願の場合、同一人による後願の出願時期について制限がある。具体的には、通常の出願であれば公報発行日前までの自己の後願について本条の適用除外を受け得るが、秘密意匠の出願の場合には登録意匠の内容の公報発行日を最長で３年間延期することができる。仮に３年間にわたって後願を認めることとなると「長期間にわたる後日出願が可能となり、実質的に[92] 権利期間を延長することにもつながる懸念」がある。

---

91 特許庁平成18年改正18頁

92 出願のタイミングを遅らせることで、「後願の」実質的な権利期間の延長となり得る。

そのため、先願が秘密意匠の出願の場合には、同一人の後願は、先願の登録意匠の内容が掲載される公報発行日（20条４項）までではなく、それより先になされる書誌的事項の公報発行（20条３項）日までのものに限り、本条ただし書の適用を受けられることとしたものである。

ここで、先後願の出願人の同一性の有無を判断する基準時は査定時と解されている。３条の２が「権利関係の錯綜」の回避を趣旨とするものであるため、「可能な限り権利成立に近い時点である査定時に行うこととする[93]」とされている。

なお、特許法29条の２と異なり「創作者同一」の場合を適用除外としていない点に注意を要する。これは「全体の意匠に係る権利を他人に譲り渡した後に、その創作者が意匠の一部について権利化することを認めると、全体と部分に係る意匠権が異なる者に帰属する結果となり、権利の錯綜を生むおそれもある[94]」ためと説明されている。

② 他の意匠登録出願（先願）が意匠公報に掲載されたこと

未公開の出願時点に遡って他の出願を排除する地位を付与するための資格として内容が公報に掲載されることを要件としたものと考えられる。したがって、既に放棄、取下げ、却下された出願にはこのような地位が認められない。同様に、拒絶査定（審決）が確定した出願も同様に公報に掲載されないが、この例外として、同日出願で協議命令を受けたが協議の不成立又は不能により、拒絶査定（審決）が確定した出願には本条の先願の地位が与えられる。意匠公報に掲載されるためである（66条３項）。なお、先願が他人の秘密意匠の出願の場合、秘密請求期間の経過後の意匠公報への掲載が本条適用の要件となる[95]。

---

93 特許庁平成18年改正20頁

94 産業構造審議会知的財産政策部会意匠制度小委員会報告書「意匠制度の在り方について」(2006年2月)48頁

95 審査基準では「意匠公報の発行日後に拒絶理由を通知」することとされており、「それまでの期間に関し、審査官は待ち通知を発する」という運用になるとされている。

③ 当該出願（後願）に係る意匠が、先願公報の願書の記載及び添付図面等に現された意匠の一部[96] と同一又は類似であること

まず、意匠法３条の２に規定する「意匠公報に掲載されたものの願書の記載及び願書に添付した図面、写真、ひな形又は見本に現された意匠」の解釈について、審査基準では「意匠公報に掲載されたもののうち、先願の意匠登録出願人が創作した意匠」（傍点は著者）であるとし、「先願の意匠登録出願人によって、願書の「意匠に係る物品」の欄に記載された意匠に係る物品等の形状等として開示された意匠」（以下、本書では「開示意匠」という。）であるとしている。このように解するのは、「意匠の理解を助けるために必要があるときに加える使用状態を示した図又はその他の参考図」に記載されている意匠を排除するためである。

これについて審査基準では「使用状態を示した図」や「参考図」は、① 補正により変動する可能性のある不安定なものであるため、それに基づいて後願を排除することは後願の出願人に不利益と考えられる上、②「説明的に加えられたものに創作の価値を認めて後願を排除することは意匠法第３条の２の規定の趣旨に反するため」という２つの理由[97] を挙げている。

次に、「意匠の一部」という文言について、審査基準では、「意匠の一部とは、先願に係る意匠として開示された意匠の外観の中に含まれた一つの閉じられた領域」（傍点は著者）という解釈をした上で、そこから「意匠の構成要素である形状、模様、色彩の一を観念的に分離したものについては、意匠の一部に該当するものとは取り扱わない」という運用方針が導かれる旨を述べている。

96「一部」ではなく「全部」である場合には本条ではなく先願主義(9条)が適用になる。

97 元々理由として挙げられている①は、意匠の場合には補正により後に実質的内容が変動する可能性が乏しいということで特許法29条の2にあるような「願書に最初に添付した」という文言を入れなかったために生じた解釈上の問題といえる。また、②についても、本条は、先願の意匠の創作の問題ではなく、後願が客観的には「新たな意匠の創作」といえない点を問題と考えて立法されたはずである。したがって、やや疑問なしとしない。

また、このような具体例として「先願に係る意匠として開示された意匠が、物品等の形状と模様の結合からなる意匠である場合には、その結合した状態の意匠全体における一部を指し、模様を除いた形状のみは意匠の一部に該当するものとは取り扱わない」と説明している。

要点としては「意匠の構成要素（である形状、模様、色彩）」は「観念的に分離」できない旨を述べているのであるから、反対解釈すれば「意匠」そのものであれば分離できるということを意味しよう。つまり、「意匠の外観の中に含まれた一つの閉じられた領域」（傍点は著者）というのは、実は全体「意匠」の外観に「包含」された（部品又は部分の）「意匠」の意味と解される。

そもそも「意匠の一部」それ自体も法上の「意匠」でなければならないことは当然である。なぜならば、３条の２ではその先願「意匠の一部」と後願の意匠について、「同一又は類似」か否かという意匠同士であることを前提とする類否判断[98]をしているからである。そのため、３条の２の規定は、このような「意匠の重畳性[99]」、例えば先願が完成品（自転車）の意匠の場合、重畳的に「ハンドル」の意匠も同時に存在し、「包含」[100]していることを直接かつ明確に認めている[101]ことにほかならないこととなる。

先願が全体意匠の意匠登録出願であって、その「意匠の一部」と後願の全体意匠が同一又は類似である場合としては図８と図９のような例が審査基準に挙げられている。

---

[98] 類否判断に当たっては、「意匠（部分を含む。）」同士を対比するのであって、「意匠」でないものは類否判断の対象として俎上に載らないからである。

[99] 先に述べたように新規性のところでも「意匠の重畳性」を認める解釈と運用がなされているが、3条の2とは異なり、法文上は明確ではない。

[100] したがって、3条の2の規定は、複数の部品等から構成されている「完成品」（例えば自転車）の意匠であっても、「二以上の（部品、例えばハンドル）意匠を包含する」ことを認めているといえる。そうであれば10条の2の分割においても同様に解すべきであろう（10条の2の説明参照）。

[101] ただし、審査の「資料」としては、このようないわゆる意匠の重畳性（例として完成品の意匠の中に、部品の意匠も重畳的に存在すること）を認めつつ、審査の「対象」としての意匠については一意匠一出願の原則（7条）により、このような重畳性を認めない（完成品から部品の分割を認めていない。先願主義でも部品と完成品は原則として非類似とする等）とするのが特許庁の現時点での運用方針と考えられる。

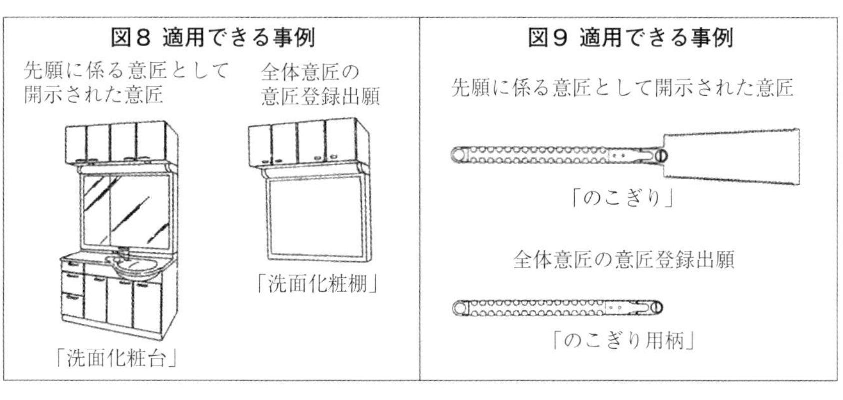

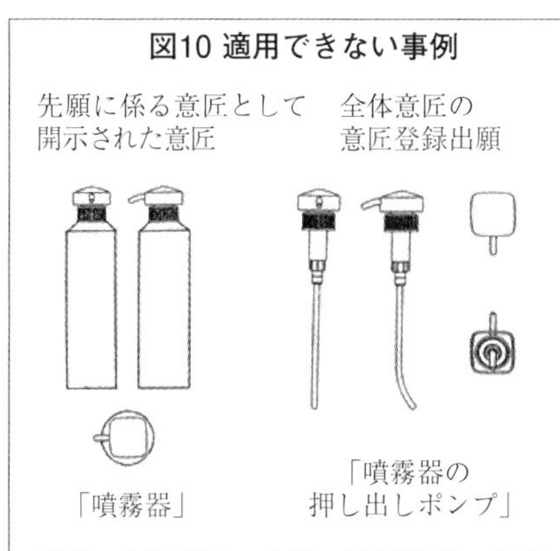

もっとも、図10のような場合は別論となる。確かに先願の噴霧器は「完成品」であり、後願のポンプはその「部品」であるから、少なくとも物理的な意味ではポンプは噴霧器の「一部」であろう。しかし、このことと「意匠の一部」（傍点は著者）といえるかは別論である。「意匠」は視覚性と美感性を有する「美的外観」であることから、先願「意匠の一部」というのは先願の物品等の物理的な一部という意味ではなく、先願の「美的外観の一部」という意味である。審査基準では「美的外観の一部」ではないという表現を用いずに、「対比可能な程度に十分表れていない」と説明するが、実質的には同趣旨であろう。したがって、本事例の場合、後願は先願の「美的外観の一部」といえないため、本条は適用されないこととなる。

なお、先願が部分意匠の場合であって、その「意匠の一部」と後願の全体意匠（部品）が同一又は類似である場合にも適用される例として審査基準に示されている図11が挙げられる（次頁参照）。

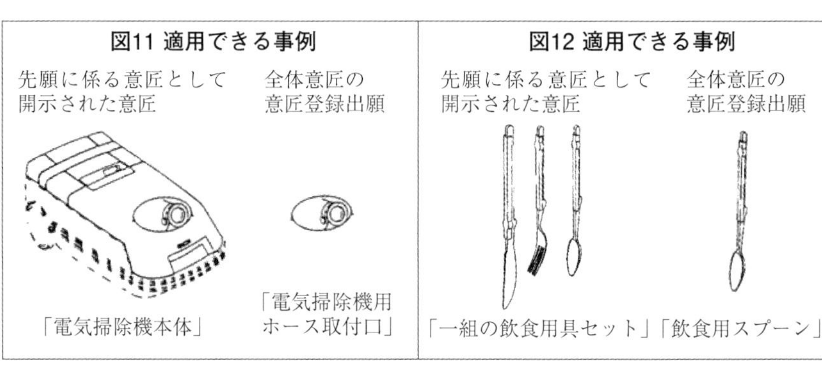

さらに、先願が組物の意匠の場合、その構成物品等に係る意匠と後願の全体意匠とが同一又は類似である場合であっても、当然のことながら本条の適用がある。その例が図12である。

5．先願主義

出願が競合した場合には最先の出願人のみが権利を得られるとする主義を先願主義といい、産業財産権法の全てにおいて採用されている基本原則である。意匠法でも９条１項において、「同一又は類似の意匠について異なつた日に二以上の意匠登録出願があつたときは、最先の意匠登録出願人のみがその意匠について意匠登録を受けることができる」旨を規定し、先願主義を採用している。

（1）趣旨

意匠法は新しく創作された意匠に独占権を付与する。したがって、１つの意匠に対し重複する２以上の権利を認めるべきではない。このような「重複した権利を排除」するために創作保護の観点から、出願の先後ではなく、先に「創作」した者に権利を付与する「先創作主義[102]」という考え方は理想[103]に思える。

102 通常は特許法の「発明」を前提として議論するため、「先発明主義」と呼ばれている。ここでは発明と異なる意匠の創作を想定して先創作主義とした。

103 明治の特許条例では「先発明主義」を採用していたが、意匠条例は当初から先願主義であった。背景として、「意匠は発明と相違して試験を行う必要がないから当局が先創作者を判定することが困難である」ことが挙げられていたという［特許庁意匠課「意匠制度100年の歩み」(1989年2月)18頁］。

しかし、先創作主義では先創作の事実の認定が困難[104]で法定安定性を欠くという問題点[105]がある。これに対し、先願主義では出願の先後の認定が容易で法的安定性に優れる[106]。そこで、意匠法では、同一又は類似の意匠について出願が競合した場合、最先の出願人のみが意匠登録を受けることができるとする先願主義を採用した。

（2）概要

① 時期的基準

「異なった日」とあることより、出願の「日」を基準として判断する。したがって新規性等と異なり、時分は問題としない。なお、実際の出願日以外の場合があり得る。意匠法に特有のものとして補正却下の決定があった補正後の意匠に係る新たな出願については、手続補正書の提出日が時期的基準日となり得る（17条の3）。その他は特許法と基本的に同様である。

② 客体的基準

特許法と異なり、「同一」のみならず、「類似する意匠[107]」についても対象となる。「重複した権利を排除」するためには、意匠権の効力が及ぶ範囲まで対象とする必要[108]があるからである。ここでの客体的基準は原則としては３条１項３号の新規性とおおむね同様であるが、新規性の判断の際とは「対比する意匠」の考え方が異なる点には注意を要する[109]。

---

104 光石126頁等

105 米国で採用されていたが、2013年には先願主義に移行している。

106 茶園86頁

107 法目的の異なる特許出願、実用新案登録出願、商標出願はいずれも先願の対象とならない。したがって、同一出願人が同一の客体に対し、意匠登録出願と特許出願を同日（又は異日）に出願し、別々に権利を得ることも可能となる。他方、別の出願人が同一の客体について権利を得た場合には抵触関係（26条）を生ずる。

108 茶園87頁

109 詳細については後述する「意匠の同一又は類似」を参照されたい。

すなわち、先後願がいずれも意匠の出願であって一意匠一出願の原則に拘束される結果、両者は「一意匠」として対比されることになるため、「意匠の重畳性」に基づいた認定（例えば完成品の一部を部品として認定する等）はできず、完成品と部品の場合には原則として非類似物品として競合することにならない。もっとも、本条では重複した権利を完全に排除できるわけではなく、本条に違反しない形で効力範囲が一部重複した権利が発生する場合がある点に注意する必要がある。

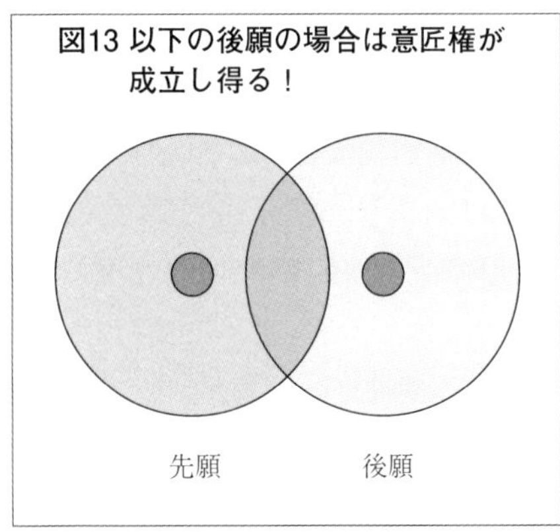

具体的には、図13にあるように、先願の願書等に記載された意匠（中心軸）と後願の願書等に記載された意匠同士（中心軸）では類似していないものの、先願の類似範囲と後願の類似範囲が重複する場合が適法に生じ得る。類似範囲（円の範囲）は現実の図面等には記載がなく、観念的にのみ存在しており、このような観念的な重複までも審査で排除するのは困難だからであろう。

ただし、法はこのような場合を想定して意匠権同士の類似範囲が抵触する場合の調整規定を置いている（26条２項）。

③ 部分意匠の場合

部分意匠同士の出願が競合した場合のみならず、全体意匠と部分意匠の出願同士が相前後した場合にも先願主義が適用される場合[110]がある。全体意匠と部分意匠であっても両者が実質的に類似する場合があるからである（図14）。

なお、部分意匠の類似の判断基準については、「意匠の類似」で後述する。

---

110 2019年5月1日以前は、全体意匠と部分意匠の出願同士は「意匠登録を受けようとする方法・対象が異なる」という理由で先後願関係には立たないと解釈されて運用されていた点に注意を要する。

図14 部分意匠の事例：額縁

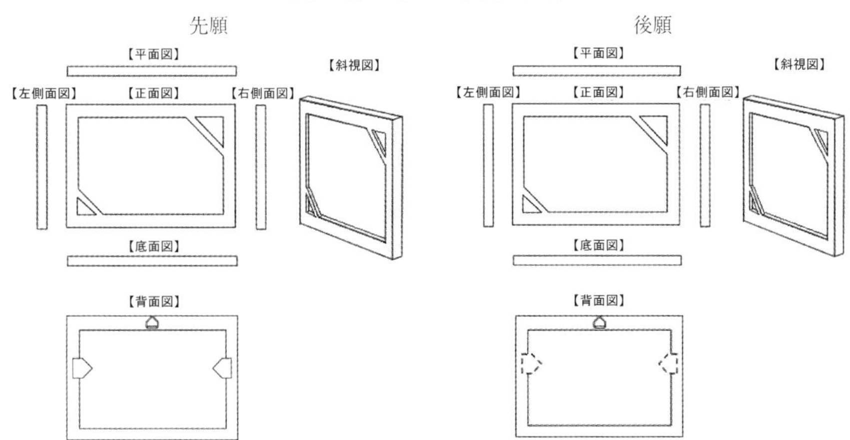

④ 関連意匠の場合

関連意匠（10条）は同じ出願人によるデザインのバリエーションを保護する制度である（詳細は後述）。先願主義を貫徹すれば、デザイン・バリエーションの一つについては意匠登録が可能であるが、その他のバリエーション（類似する意匠）については登録を受けることができないこととなる。しかし、「本意匠」と「関連意匠」、あるいは「基礎意匠に係る関連意匠同士」の出願同士では、所定の条件を満たす限り、先願主義は適用されない（10条１項、７項）。その意味において関連意匠制度は「先願主義の例外[111]」という位置付けとなる。

⑤ 組物の意匠の場合

組物の意匠の出願の場合には、全体が一意匠（８条）であって構成物品ごとには登録要件が求められないため、組物の意匠の出願とその構成物品の意匠の出願とでは先願主義の適用はなく、組物の意匠の意匠登録出願同士の間で先願主義が適用される。

---

111 関連意匠を認める10条1項には、「第9条第1項又は第2項の規定にかかわらず」という文言があることから法文上も明確である。

（３）競合する出願の取扱い

① 異なった日の出願の場合

最先の出願人のみがその意匠について登録を受けることができる（９条１項)。したがって、後願は拒絶の理由となり（17条)、誤って登録されても登録無効（48条）の理由となる。

② 同日の出願の場合

意匠登録出願人の協議により定めた一の出願人のみが、その意匠について意匠登録を受けることができる（９条２項)。協議が不調・不能の場合にはいずれも登録を受けることはできないとされている（同項後段)。

選択物である商標のようにくじによって決める（商８条５項）こととしなかったのは、特許法の発明と同様に「意匠は創作物であるため、登録できなかった者の不利益が大きい[112]」からであろう。

なお、特許庁長官は、「相当の期間を指定して、同項の協議をしてその結果を届け出るべき旨を意匠登録出願人に命じなければならない」（９条４項）とされており、指定期間内に届出がない場合は協議不成立と擬制することができるとされている（９条５項)。

③ 同一出願人の場合

「同一の意匠」の同一人による出願の場合については法文上から必ずしも明確とはいえないものの、上記と同様に取り扱うべきと解されている。すなわち、異日の出願の場合は後願が拒絶・無効理由を有することとなり、同日の出願の場合には協議命令[113]がなされることとなっている。

---

112 茶園89頁

113 同一人に「協議」命令が出るのは不自然とも思えるが、審査基準では「特許庁長官名の協議指令と同時に意匠法9条2項後段の規定に基づく拒絶理由を通知する。同一人の場合には、協議のための時間は必要ないと認められる」とする。

もっとも、このような「同一の意匠」ではなく、相互に「類似する意匠」についての異日の出願の場合には、先願を本意匠、後願を関連意匠とする補正を行うことで、また、同日の出願の場合には、いずれかを本意匠、その他を関連意匠とすることで、いずれも先願主義の適用による拒絶理由を解消することができる。

（4）先願の地位

① 先願の地位がある出願

既に登録された意匠登録出願に先願の地位を認めるべきであるのは、重複登録排除の趣旨から当然であろう。

その他、後述するように拒絶査定（審決）が確定した出願には先願の地位が認められないが、その例外として、同日出願で協議命令を受けたが協議の不成立又は不能により、拒絶査定（審決）が確定した出願には先願の地位が与えられる。逐条解説162頁の特許法39条の〔趣旨〕の説明を意匠に置き換えれば「同一人による再度の出願について意匠登録を受けることが可能となり、不公平、不平等を招致するのみならず、協議制度を設けた趣旨がないがしろになってしまう」からである。

② 先願の地位がない出願

９条３項では、放棄、取下げ、却下、拒絶査定（又は審決）が確定した出願は先願の地位がない旨が規定されている。これらは公報に掲載されることがないため先願の地位を認めれば[114] 第三者にとってあらかじめ知ることができない意匠によって拒絶されることとなり、妥当でないからである。

---

[114] 平成10年改正前までは拒絶査定が確定した出願にも先願の地位を認めていたため、「ブラックボックスの問題」があったといわれている。また、一旦ある意匠が拒絶されると、これに類似する後願の意匠が拒絶され、更に類似する意匠が、最初の拒絶先願に類似していなくても拒絶されてしまうという「拒絶の連鎖」による弊害があったとされている[特許庁「平成10年改正意匠法 意匠審査の運用基準」第1部意匠登録の要件の改正Ⅲ意9条(先願)30頁]。

６．意匠登録を受けることができない意匠

５条は、３条（工業上利用、新規性、創作非容易性）の登録要件を満たした意匠であっても、意匠登録を受けることができない意匠について規定する。

（１）趣旨

工業上利用性、新規性、創作非容易性等を規定する３条の登録要件（積極的登録要件）を具備している意匠については意匠登録を受けることができるのが原則である。しかし、登録によって発生する意匠権は「財産権」の一種であるため、その内容は当然、「憲法29条２項の制約下に置かれ公共の福祉に適合するように法律により定められるべき[115]」ものでもある。そこで、意匠法はこのような憲法の精神を踏襲し、「公益的な見地[116]」から５条を規定し、意匠登録を受けることができない意匠を列挙した。したがって、本条に該当する場合には拒絶理由（17条１号）のみならず無効理由（48条１項１号）ともなっている。もっとも、本条はいわゆる一般条項であるから、濫用や恣意的な適用がなされないよう謙抑的に解釈され、運用されるべきである[117]。その意味で、判断基準や具体例を事前に明確化する審査基準の意義は大きいといえる。

（２）概要

① 公の秩序又は善良の風俗を害するおそれのある意匠は、意匠登録を受けることができない（１号）。

「公の秩序」は国家社会の一般的利益を、「善良の風俗」は社会の一般的道徳観念をいう[118]。「公の秩序」を害するおそれのある意匠として審査基準は、「日本若しくは外国の元首の像又は国旗を表した意匠、わが国の皇室の菊花紋章や外国の王室の紋章（類似するものを含む。）等を表した意匠」を挙げる。

---

115 光石110頁

116 茶園92頁

117 加藤221頁も同旨を述べる。

118 高田241頁。なお、両者を合わせて一般に「公序良俗」といわれている（民法90条参照）。

もっとも、「運動会風景中の万国旗等が表された意匠」の場合は特定の国や皇室又は王室に対する尊厳を害するおそれがないものとする旨も述べている。

次に、「善良な風俗」を害するおそれがある意匠として、審査基準は、「健全な心身を有する人の道徳観を不当に刺激し、しゅう恥、嫌悪の念を起こさせる意匠」、例えば「わいせつ物を表した意匠等」を挙げている。また、「おそれ」とあるのは、現に公序良俗違反となっている必要はなく、そのような結果が招来される具体的な可能性が認められる場合を含む趣旨なのであろう。このような可能性の有無は、個別具体的に判断されることになると考えられるが、謙抑的に解釈すべきであるから、少なくとも物品等の使用の仕方が異常な場合に公序良俗に反するようなときまでは含まないと解すべきである[119]。

なお、特許法や実用新案法とは異なり、「公衆の衛生」（特32条等）を害するおそれのある意匠については規定がない。意匠の美的外観性という特質により、公衆の衛生を害することが考えにくいためであると思われる。

② 他人の業務に係る物品、建築物又は画像と混同を生ずるおそれのある意匠は、意匠登録を受けることができない（２号）。

通説的見解は「意匠は外観であって、人が商品を選択する場合に、よい商品か否かを判断する目安にもなるし、またその商品の出所を想像する手がかりにもなる[120]」という意匠の性質を考慮し、「不正競争行為を事前に防止[121]し健全なる営業活動の発展と物品流通秩序の維持を図る[122]」ために規定したと説明している。「他人」であるので出願人の自己の業務との関係では適用がなく、「業務」は営利、非営利を問わない[123]。

また、他人の物品等は現実に製造・販売している必要はない[124]。他人の著名なサービス業務との混同もあり得るからである。

---

119 ビンゴ事件〈東京高判昭和31年12月15日 昭29（行ナ）30［行集7巻12号3133頁］〉を参照されたい。

120 高田252頁

121 不正競争防止法による保護の場合、裁判所の判断を要する点で事後となる。本号はそれを事前に防止する点に意義があると考える。

122 光石111頁

123 加藤231頁、斎藤200頁、茶園93頁

次に、本号の「混同」は不正競争行為を防止するという趣旨から、「ＡとＢとを取り違える狭義の混同に限らず、物品の出所について相互に関連性があると想定する広義の混同でたりる[125]」と解すべきである。さらに、「おそれ」とあるため、未然に防止する趣旨から「混同が生じた事実[126]」が存在する必要はない。

審査基準では、「他人の周知・著名な商標や、これとまぎらわしい標章を表した意匠は、その物品等がそれらの人又は団体の業務に関して作られ、又は販売されるものと混同されるおそれがある」としている。本号に該当する具体例として、従来の文献では、他人の著名商標を利用した意匠、商標が物品の意匠として主体的に表されている場合（包装紙や容器等に単独で大きく表されており、その商標を取り去れば意匠として何も残らなくなるような場合)、商標の使用態様として使用された場合(意匠の一部に商標的使用態様として使用され、確かに商標と認められる場合)、商標が意匠に融合しているが、なお、そこに商標があると認められる場合（商標が多数散点的に使用され散点模様を構成した場合）など[127] に適用されるとされてきた（図15)。

図15 意匠登録を受けることができない意匠の例

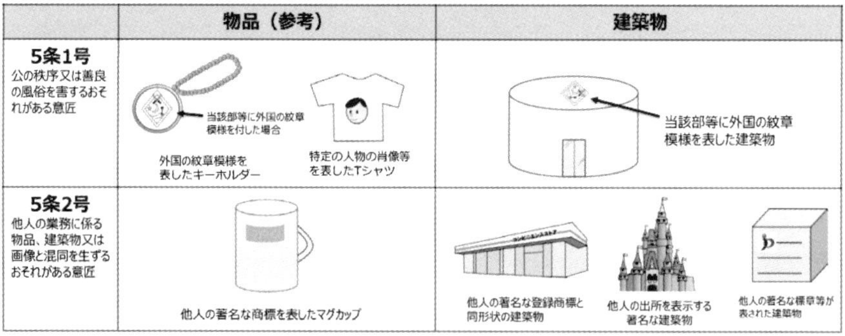

	物品（参考）	建築物
5条1号 公の秩序又は善良の風俗を害するおそれがある意匠	当該部等に外国の紋章模様を付した場合 外国の紋章模様を表したキーホルダー 特定の人物の肖像等を表したTシャツ	当該部等に外国の紋章模様を表した建築物
5条2号 他人の業務に係る物品、建築物又は画像と混同を生ずるおそれがある意匠	他人の著名な商標を表したマグカップ	他人の著名な登録商標と同形状の建築物 他人の出所を表示する著名な建築物 他人の著名な標章等が表された建築物

特許庁審査第一部 意匠課 意匠審査基準室
「意匠の審査基準及び審査の運用 ～令和元年意匠法改正対応～」102頁より抜粋

124 注解191頁(松尾和子執筆)

125 田村366頁も商標法4条1項15号と同程度と述べており、同旨である。注解192頁(松尾和子執筆)。

126 コンメ新版293頁(鹿又弘子=安立卓司執筆)

127 高田253-254頁

〔小論点〕他人の「周知」商標をあしらった意匠の登録の可否

本号の適用は、他人の「著名」商標をあしらった場合に限られるとする見解（否定説[128]）が従来の通説的見解であり、「著名でなければ誤認混同を起こすこともない」からと説明されてきたが、本条が不正競争行為を未然に防止する趣旨であり、「周知の状態から不正競争防止法上の保護が与えられ[129]」ることを考慮すれば、他人の周知商標の場合にも本号の適用があると解する肯定説が正当であり、それが現在の多数説[130]である。審査基準にも著名商標に加えて周知商標が挙げられている。

〔論点〕5条2号と新規性（3条1項3号）との関係

5条2号の規定が不正競争行為を未然に防止する趣旨であることからすれば、混同説からは本号と3条1項3号は「同質」の規定となり、他人の意匠の物品等と同一又は類似であるとして混同を生ずるおそれがある場合には先に3条1項3号が適用になるため、混同を生ずる典型例を規定したのが3条1項3号となり、5条2号は非類似物品等の場合にのみ適用になることになる。この点、創作説と需要説からは本号と3条1項3号は「異質」の規定となる[131]。

③ 物品の機能を確保するために不可欠な形状若しくは建築物の用途にとって不可欠な形状のみからなる意匠又は画像の用途にとって不可欠な表示のみからなる意匠は、意匠登録を受けることができない（3号）。

本号の趣旨について逐条解説1263-1264頁には「物品の機能を確保するために不可欠な形状のみからなる意匠に意匠権が設定されると、第三者がその機能を有する物品を実施しようとする場合、この意匠権の侵害になってしまうため、経済活動を不当に制限し、かえって産業の発達を阻害する要因になりかねないことに基づくものである」と記載されている。

---

128 高田253頁、茶園93頁

129 加藤231頁

130 注解192頁（松尾和子執筆）、コンメ新版293頁（鹿又弘子=安立卓司執筆）等

131 加藤229-230頁

しかし、機能を独占することが経済活動を制限するという論理ならば、特許制度自体に問題があることになりかねない。

この点、学説からは、「機能の独占は、特許や実用新案の制度により所定の要件の下で認められるべきものであり、意匠制度によって特許や実用新案制度の趣旨が損なわれないようにするため[132]」に本号が規定されたという説明があり、この論理のほうが的確であろう。

なお、平成10年に部分意匠制度と同時に本号が不登録事由に追加されたのは、部分意匠制度により、「物品のプラグ、ソケット、接続部、嵌合部など[133]」接続上、そのような形状にならざるを得ないもの（マスト・フィット[134]）が出願されることで弊害が「一層顕在化する可能性がある[135]」と判断されたためである。

まず、「物品の機能を確保するために不可欠な形状」に該当し得るものとして、審査基準では、種類を２つに分けている。具体的には、物品等の機能を確保するために必然的に定まる形状（必然的形状）と、物品の互換性確保等のため又は建築物の用途等に照らして標準化された規格により定まる形状（準必然的形状）である。

次に、本号の「形状のみからなる意匠」という文言については注意を要する。これは講学上で議論されている「形状のみの意匠」を意味するものではない。なぜなら本号の趣旨からすれば、出願された意匠の形状が必然的形状（準必然的形状）である限り、仮に模様や色彩が付加されていたとしても意匠権が成立すれば、第三者が物品の機能を確保するために実施した意匠が当該登録意匠と類似範囲であるとして意匠権侵害となってしまう可能性があるからである。

---

132 田村366頁。渋谷537-576頁も同旨であり、注解194頁（松尾和子執筆）でも「『意匠権』の名を借りた技術の不当な独占」を禁止する旨を述べるので同旨である。

133 加藤改正103頁

134 マスト・フィットは欧州共同体意匠でも不登録事由とされている〈青木博通「欧州共同体意匠規則：市場指向型デザイン保護システムの概要とその後の進展」（「知的財産法政策学研究」2006年 10号）204頁参照〉。なお、自動車のボンネットやフェンダーといった部品の形状等、機能ではなく、「外観」の観点から物品全体に適合した形状等を有することが要請される「マスト・マッチ」は「機能を確保するために不可欠」とはいえず、本号の適用外と考えられている（加藤改正103頁、田村367頁）。

135 特許庁平成10年改正42頁、加藤改正102頁

この点は、審査基準も結論において同旨であり、「意匠の構成要素である模様、色彩の有無を問わず、物品の技術的機能又は建築物の用途を体現している形状のみに着目して判断する」旨が述べられている。

審査基準では、前述した2種類のそれぞれの具体的な考慮要素も示している。

まず、必然的形状については、「代替可能な形状が他に存在するか否か」と「必然的形状等以外の意匠評価上考慮すべき形状を含むか否か」である。

前者は代替可能な形状があれば経済活動を制限する可能性が少ないためであり、後者は「のみからなる意匠」といえるか否かを判断するものといえよう。例えば必然的形状を包含する意匠であっても部品等が付加されることで出願意匠の全体形状が変化すれば登録を受け得ることになる。

次に、準必然的形状については、以下のいずれかに当てはまる場合に本号に該当するとしている。具体的には、JIS 規格や ISO 規格など、公的な標準化機関により策定された「公的な標準」又は「事実上の標準」（デファクト・スタンダード[136]）である。審査基準には、必然的形状に該当し得るものとして図16、準必然的形状に該当するものとして図17が記載されている。

図16 必然的形状に該当し得るもの	図17 準必然的形状に該当するもの
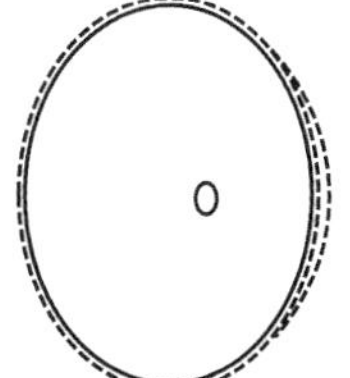	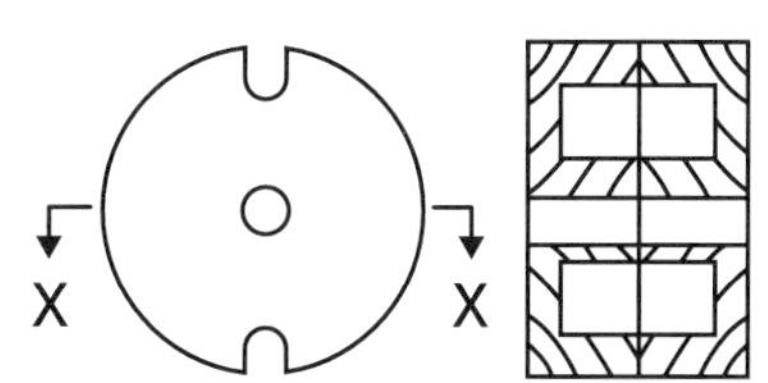
物品の機能を確保するために必然的に定まる形状のみからなる「パラボラアンテナ」の内面側部分のみについて意匠登録を受けようとする意匠	公的な標準化機関により全体の形状が規格化された「磁心」の意匠 ※例：JIS C2516 4.4により規格化された磁心

136 審査基準では、「公的な規格とはなっていないが、その規格が当該物品等の分野において業界標準として認知されており、当該標準規格に基づく製品がその物品等の市場を事実上支配しているものであって、規格としての名称、番号等によりその標準となっている形状、寸法等の詳細を特定することができるもの」と説明している。

なお、本号に関して審決例はあるものの、現時点において、まだ裁判例はない[137]ようである。また、機能的形状の類否に及ぼす影響及び「機能に不可欠な形状の抗弁」については後述する。

[137] 青木博通「グローバルにみた機能性と意匠権の保護範囲Ｉ」(「DESIGN PROTECT」2017年No.115 Vol.30-3)20頁参照。なお、本号に関連する諸外国の状況等を含めた詳細については本連載を参照されたい。

第5章
意匠の同一又は類似

1．総論

意匠の同一又は類似のうち、意匠法における目的論と関連して争いがあるのが、「類似」をどのように解すべきかである。

意匠法には「類似」の定義規定はない[1]。その一方で、意匠権の効力（23条）は「類似」範囲に及ぶとされているために権利範囲を確定する概念であり、その結果、「権利者はできるだけその権利の幅を大きく見ようとし、その他の者はできるだけ狭く見ようとする[2]」ことによる争いが生じやすい。しかも、「類似」概念は権利の効力の規定以外にも、出願された意匠の新規性（3条1項3号）、先願主義（9条）、関連意匠（10条）等にも使用されている基本的で重要な概念[3]である。したがって、可能な限り明確な解釈が求められるといえる。

なお、意匠の「同一」についても「類似」概念ほどではないが解釈上の問題がある。この点は類似論の後に論ずる。

2．意匠の「類似」に関する学説

従来、意匠法の目的論と意匠の「類似」の解釈は密接に関連するという前提で議論がなされてきた点は述べた。以下、主な学説[4]を検討する。

---

1 解釈に関する規定（24条2項）は存在するがこの点は後述する。

2 高田148頁

3 それぞれ趣旨が異なることもあり、同じ文言が同じ法律内であっても別の意味に解釈されることはあるが、意匠法における「類似」ほど基本的かつ重要な語は可能な限り統一的に解釈されることが望ましいであろう〈設樂隆一「意匠権侵害訴訟について」（「特許管理」1987年 37巻 11号）1371頁〉。

（1）創作説

法目的における創作説は、創作の保護を重視するため、意匠の「類似」は論理的には「創作的同一性の範囲[5]」という解釈に結び付く。判断主体は創作者であるデザイナー等の当業者となる。また、公知意匠にはない新規な部分を創作の中心（要部）と捉える。

（2）混同説

法目的における競業説は、意匠を用いた不正競業の防止を重視するため、意匠の「類似」の範囲は「需要者が混同[6]を生ずる範囲」という解釈に結び付く。当然のことながら判断主体は需要者となる。また、伝統的な混同説からは、需要者は当業者のような公知意匠の知識を有せず、また、最高裁判例により、３条１項３号は美感の類否の問題であって３条２項のように「創作性」を見るものではないとされていることから、公知意匠にない新規な部分（すなわち「創作性」）を考慮することなく、「需要者が最も注意を引く部分」を意匠の「要部」と捉える。

なお、創作説と混同説の折衷的な説として、創作説のように、公知意匠にはない新規な部分（創作性）を考慮することを特徴とし、同時にその部分が需要者の注意を引く部分であれば「要部」と捉える考え方もある（修正混同説[7]）。

---

4 学説の中では、裁判例が判示した文言を基準として、① 構成類似説、② 印象同一説、③ 美感共通説、④ 物品混同説、⑤ 創作性説と5つに分ける考え方も提示されている（渋谷610頁）。しかし、①及び②は現在の判断基準である③が判例法理として確立する前の、言わば流動期の裁判例の分類であるため、本書では検討しない。なお、この分類を主張する学説からも24条2項は③の「美感共通説を公認」したと述べている（渋谷612頁）。

5 例えば牛木123頁では、「同一の美的特徴を発揮していると見られる意匠を同一の創作体の範囲に属する意匠」と表現している。

6 厳密には「物品の出所の混同」（出所混同）と「物品の混同」（物品混同）を分けて議論する場合もある（渋谷611頁参照）。

7 設樂隆一「意匠権侵害訴訟について」（「特許管理」1987年 37巻 11号）1375頁、小谷悦司「登録意匠の要部認定と類否判断について」（『意匠法及び周辺法の現代的課題－牛木理一先生古稀記念－』2005年 発明協会）、牛木理一先生古稀記念論文集刊行会『意匠法及び周辺法の現代的課題－牛木理一先生古稀記念－』（2005年 発明協会）225頁以降、コンメ新版523頁（高橋淳＝宮川利彰執筆）等。

（3）需要説

法目的における需要説について、詳細は後述するとして、先に結論を述べれば、新規な意匠の需要増大機能を重視するため、意匠の「類似」は「新たに需要者を創出した美感と同等と認識される範囲」と解される。判断主体は当然に需要者である。また、公知意匠を参酌[8]しつつ、需要者の注意を引く部分を「要部」と把握する。

（4）検討

法目的としての創作説に対する批判は前述した。意匠の「類似」論との関係では、まず、最高裁判例（可撓伸縮ホース事件[9]）が、「一般需要者の立場からみた美感の類否を問題とする」と述べ、少なくとも３条１項３号の新規性の要件については判断主体についてあえて触れた上で「一般需要者」とした点においてそもそも創作説を否定したとする見解[10]がある。

しかし、それよりも決定的なのは、24条２項（平成18年改正で導入）の規定により、「意匠が類似であるか否かの判断は、需要者の視覚を通じて起こさせる美感に基づいて行う」旨が規定された点である。この改正の背景としては、「裁判例や実務の一部においては、意匠の類似についてデザイナー等の当業者の視点から評価を行うものもあり、最高裁判例とは異なる判断手法をとるものが混在していることにより意匠の類否判断が不明瞭なものとなっていると指摘[11]」があったためと説明されている。この改正により、創作説は明確に否定されたと考えられる[12]。

---

8 ここでの公知意匠の参酌は、「創作」の特徴を抽出するためというよりも、出願前に公知の形状等については、客観的に見て新たな需要を喚起したことにはならないと解されるために行うものである。田村善之「商品形態のデッド・コピー規制の動向：制度趣旨からみた法改正と裁判例の評価」（「知的財産法政策学研究」2009年 25号）38頁が同旨である。

9 前掲「可撓性伸縮ホース事件」

10 茶園99頁、百選第2版113頁

11 特許庁平成18年改正22頁

12 コンメ新版554頁（高橋淳＝宮川利彰執筆）、渋谷613頁も同旨である。

次に、混同説に対する批判について検討する。この説の源となっている法目的としての競業説に対する批判は既に述べた。意匠の「類似」論との関係では、法目的への批判とも共通する部分があるものの、「混同」という公正な競業秩序維持のための概念は商標法の役割であるというもの、最高裁判例も24条２項も「混同」という文言を一言も用いていない[13]というものがある。

この２つの批判は、「混同」を前提とする修正混同説[14]にも当てはまろう。

最後に、需要説の意匠の「類似」論に対する批判[15]としては、「需要増大機能としての購買者に対する刺激が、その意匠の美的価値から流出するものであれば、創作説（中略）に通じるものとなろうし、（中略）独自の類否判断に発展される必然性を有しないように思われる」というものがある。

しかし、この批判に対して需要説からは次のように反論できよう。

まず、需要説はそもそも「創作説の発展形態」であり、意匠法の目的が「創作を奨励」することに基礎を置きつつ、その理由が重要であり、政策判断として「新しい需要を喚起する」がゆえに「創作を奨励」したもの[16]といえる。

また、そもそも独自の類否判断を発展させるために需要説が存在するのではなく、むしろ近年の裁判例のみならず特許庁の実務においても定式化されつつある「需要者の注意を引く部分」（裁判例では要部）を認定して需要者から見た美感の共通性で類否を決する判断手法を明確かつ論理的に根拠付けることができるのである。

ここで需要説について詳しく解説する。先に述べたように、まず需要説では、新規な意匠に需要増大機能がある点を重視し、それによって産業の発達が図られると考える。

---

13 田村善之「商品形態のデッド・コピー規制の動向：制度趣旨からみた法改正と裁判例の評価」（「知的財産法政策学研究」2009年 25号）37頁を参照されたい。

14 創作説と混同説は両極端の見解として対立してきたものであるため、言わば水と油を一緒にするようなもので論理的一貫性に乏しいともいえる。

15 斎藤40頁

16 田村・前掲注8の主張をまとめたものである。

すなわち、新規な意匠の創作によってその意匠に係る物品等の購買意欲あるいは利用意欲を刺激し、物品等の製造、販売あるいは利用が拡大することで、単に競業秩序の維持を図るという消極的な目的だけでなく、積極的に意匠の関連産業の発達に貢献しようとするのが意匠法の目的と考えるわけである。新規な意匠によって生み出された需要（言い換えれば当該意匠がなかった場合と比較した売上げの増加分）こそが、当該意匠が社会、少なくともデザイン投資をした者にもたらす「付加価値」である。

他人がデザイン投資をして創出した「意匠」を無断で利用した結果、需要者から見た美感としては同等の印象を与える無断利用者の物品等を、言わば投資した意匠に係る物品等の「代替」（必ずしも「混同[17]」しているわけではない。）として購入あるいは利用することで需要者が満足してしまう[18]とすれば、本来は付加価値の創出者に帰属すべきだった価値（売上げ）を無断で奪われたこととなる。これを防止することでデザイン投資へのインセンティブを保持するのが意匠法の役割と考える。

したがって、需要説からは意匠の「類似」の範囲は、すなわち社会に向けて新たに創出した付加価値の範囲であり、これは新たに購買・利用意欲を生じさせた美感の範囲と言い換えることができる。結論として、登録意匠の「類似」とは、登録意匠の物品等と共通する需要者層において、美感の観点で「代替」となり得る意匠であり、それは需要者からみて登録意匠と「美感が共通[19]する意匠」である。

---

17 例えばA社の製品デザインを広告で見た者が売場に来た際に、A社の製品であると誤認して購入する場合が「混同」であり、A社の製品ではない別の製品であることを正しく認識しつつも、A社の製品デザインとデザインが非常によく似ているがためにB社の製品の購入でもよいであろうと考えて購入する、というのが「美感の共通」(代替)である。したがって、混同する場合というのは、美感の共通の程度が特に高いときであって両者は重なり合うものであるが、「美感の共通」のほうが範囲は広くなるといえよう。

18 この点についておおむね同旨を述べたものとして渋谷616頁では、形象の同一類似性について、「出所が異なることが明らかであっても、両商品の形象の近似性が要因となって、どちらの商品を購入すべきかにつき、需要者が選択に迷う可能性があるときに肯定されるべき」と述べている。

19 加藤104頁でも需要説の立場から「意匠の類否は、論理的にいうならば、美感性の共通性の有無の問題にほかならない」としている。

３．裁判例

意匠の「類似」は従来、学説上の争点であったことは既に述べた。裁判例も「類似」の解釈は様々であったが、近年の裁判例は以前に比べ、当てはめの是非を除けば、少なくとも規範の部分は安定しているといわれている。

まず、創作説の考え方に近い下級審裁判例はかなり以前のものとして、「意匠法３条１項は同一または類似の物品の公知意匠との関係で創作性を欠く意匠、すなわち同一または類似の意匠の登録を防止[20]」するものであると述べたものがあるが、最高裁の可撓伸縮ホース事件（昭和49年）が、創作性を判断基準とすることを否定した以降は少なくとも「創作性」を判断基準[21]としたと認められる判決は見当たらない。また、混同説の考え方に近いと思われる裁判例、特に「類似」の解釈において「混同」という文言を用いている裁判例は、かつて比較的多く存在したが、平成18年改正で24条２項が規定された以降には少なくとも「混同」という文言を用いる裁判例はないようである[22]。

需要説、特に「類似」する意匠を需要者からみて「美感が共通する意匠」とする考え方と親和性[23]のある代表的裁判例と考えられるものは最高裁の可撓伸縮ホース事件であり、ここでは意匠法23条の意匠権の効力の規定の「類似」に関して「一般需要者の立場からみた美感の類否を問題とする」と判示[24]した。

また、現在の意匠における「類似」の判断基準としてのフレームワークを確立したと評されている[25]自走式クレーン事件〈東京高判平成10年６月18日 平

---

20 東京高判昭和45年1月29日 昭41(行ケ)167[民集28巻2号318頁]と前掲「帽子事件」が代表的とされている〈竹田稔『知的財産権侵害要論［特許・意匠・商標編］』(1997年 発明協会)321頁〉。

21 意匠の要部認定において創作性を「考慮」したと認められるものは多数存在する(竹田・前掲注20の325頁が同旨を述べる。)。

22 平成18年は24条2項が改正により導入された年であり、この年のスポーツ用シャツ事件〈知財高判平成18年7月18日 平18(行ケ)10004〉以降には「混同」の文言を用いる裁判例はないようである。

23 百選第2版55事件113頁(横山久芳執筆)が同旨である。

24 田村善之「商品形態のデッド・コピー規制の動向：制度趣旨からみた法改正と裁判例の評価」(「知的財産法政策学研究」2009年 25号)35頁では本判例について需要説を採用しているとしている。また、百選第2版112頁(横山久芳執筆)でも同様に同判例が需要説に親和的としている。なお、24条2項では一般需要者ではなく「需要者」としている点については後述する。

9（ネ）404・2586〉では、「意匠の類否を判断するに当たっては（中略）公知意匠にはない新規な創作部分の存否等を参酌して、取引者・需要者の最も注意を惹きやすい部分を意匠の要部として把握し、登録意匠と相手方意匠が、意匠の要部において構成態様を共通にしているか否かを観察することが必要である」としている。

この判断の枠組みは、判断主体のみならず、公知意匠の参酌、要部認定[26]の点において需要説[27]の内容と極めて整合的である。

4．審査基準に対する需要説からの検討

意匠の「類似」は前述したように基本かつ重要な概念であり、新規性、先願主義等にも影響する解釈論であるため、審査基準においても極めて詳細に述べられている。ここでは審査基準の主要な箇所を紹介するとともに、需要説の観点からはどのように考えられるかについて説明を加える。

（1）類否判断の主体

新規性に関する審査基準において「類否判断の判断主体は、需要者（取引者を含む。）」とされている。これは類似の解釈規定である24条２項において「需要者…の美感」という明文が設けられたことに沿うものとなっている。

類否判断の主体については、創作説からは今となっては明文に反することにはなるが論理的には創作の同一性を判断するため創作者（平均的デザイナー）となり、混同説からは不正競業に基づく混同を防止するために自然に需要者となろう。では、需要説からはどのように解すべきであろうか。

---

25 百選51事件105頁（平嶋竜太執筆）では、「要部認定基準のリーディングケース」の一つとしての意義を見いだすことができる旨を述べている。

26 なお、本裁判例では規範においては「美感の共通」ではなく「構成態様の共通」という文言を用いているものの、当てはめでは「美感の共通」という文言を用いている。

27 公知意匠を参酌しつつ、需要者の注意を引く部分を「要部」とすることからこの裁判例を「修正混同説」を採用したと評価する見解〈小谷悦司「改正意匠法24条2項について」（「パテント」2007年60巻 3号）9頁 〉もあるが、少なくとも判示されている規範に「混同」という文言は出てこないことから妥当ではない。

先に述べたように、需要説からは意匠の「類似」の範囲は、社会に向けて新たに創出した付加価値の範囲である。これは新たに購買・利用意欲を生じさせた美感の範囲であり、登録意匠の「類似」とは、登録意匠の物品等と共通する需要者層において、美感の観点で「代替」となり得る意匠である。

したがって、類否の判断主体は当然に[28]「需要者」[29]である。

「需要者」という言葉の辞典的な語義については「ある物や事柄を必要とする人[30]」とあるように、広義に解し得るものであり、対象とする物品の「性質」により「需要者」は異なり得ると解すべきである。例えば意匠登録の対象となる「部品」などは通常、部品メーカーから完成品メーカーへの販売という形で事業者間[31]の取引となり、その場合の「需要者」は「取引者[32]」を指すこととなる。「取引者を含む[33]」とする審査基準はその実態に沿うものといえよう。

したがって、このように「物品」の性質に応じて「需要者」には専門的知識を有する者も含まれる場合があるといえ、裁判例にもそのような判断をするものが少なくない[34]。

---

28 需要説からはこのように考えるのが論理的と考えられる。加藤146頁では同じ需要説の立場からではあるが、本書の立場とは異なり、混同説との違い、商標法との相違を意識してのことであろう、「平均的取引者」を判断主体とすべきとしている。しかし、新たな需要を喚起し得る点に経済的価値があることを認めることが需要説の本質であるとすれば、その経済的価値は、供給側の取引者ではなく、需要側の需要者の判断で決定付けられるべきであるから妥当ではない。また、平成18年改正によって「需要者」を判断主体とする旨が24条2項に明記されたことによって、「平均的取引者」とする解釈はとり得なくなったともいえる。

29 判断主体について裁判例を網羅的に整理したものとして梅澤修「意匠法の問題圏 第26回－意匠の類似と類否判断④」(「DESIGN PROTECT」2021年 No.130 Vol.34-2)がある。

30『精選版 日本国語大辞典』(2006年 小学館)

31 実務的には一般消費者向けのBusiness to Customer(B2C)との対比で、事業者間取引はBusiness to Business(B2B)と呼ばれている。

32 ただし、購入を行う側の事業者(例えば購入する対象が材料であれば部品メーカー、購入する対象が部品であれば完成品メーカー等)のみを指すのであって、「取引者」といえども物品等を提供する側の事業者は含まれないと解すべきである。

33 元々、24条2項が導入されるときに最終消費者に限られると誤解を受け得る「一般需要者」という「可撓性伸縮ホース事件」の文言ではなく、あえて「需要者」としたのもその趣旨であるとされている(特許庁平成18年改正23頁参照)。

34 例えば需要者のほとんどが国・地方公共団体等であるという特殊性のある物品について、これらの機関の専門技術者の観察眼を基準に類否判断したものとして集束暗渠管事件〈東京高判平成4年7

以上のような「物品」とは異なり、建築物[35]の場合の需要者としては、既に保護対象の説明で述べたように、例えば店舗やオフィス等の事業用の施設の場合には注文者（施主）、建売住宅・マンション等の個人用の建築物の場合にはさらに購入者等の建築物の「所有者」となる者が原則としては想定される。

しかし、先に述べたように、建築物の場合、物品とは異なり、「購入」するという需要の態様以外に、所有者あるいは管理権限のある者の許諾を得て「利用」するという需要の態様が多い点は重要である。例えば商業用施設の場合、施設の利用意欲を喚起し、多数の者の来訪を期待し得る新しい外観こそが経済的価値があるのであって、別の建築物が当該喚起した利用意欲を奪うものかどうかという観点において「利用者」の観点を抜くことはできないのである。

したがって、当該建築物で想定される「利用者」も判断主体の「需要者」となる[36]と解すべきである。そもそもこのような「利用者」が想定される建築物の場合は、購入の際でも「利用者」の視点を重視する[37]はずだからである。

審査基準では、「戸建て住宅であれば、一般に、当該住宅の施主となり、かつ使用者となる者が需要者と考えられる。また、大規模な商業用建築物であれば、一般に、当該商業用建築物の所有者となる施主が需要者と考えられる。ただし、商業用建築物の所有者は、通常、各テナントとその利用客の利便性や、着目する箇所等も考慮すると考えられるから、需要者の視点には、当該利用客等の視点が含まれ得る」としており、内装の意匠の判断主体についても同旨を記載している。

月30日平4(行ケ)9［判例工業所有権法6101]〉、「歯科用インプラント」について需要者を歯科医師として要部を認定したものとして〈東京地判平成26年5月29日 平25(ワ)6920〉等がある。

35「内装の意匠」についても需要者については建築物と同様と考えられる。

36 コンメ新版190頁(谷口登執筆)も「需要」の対義語が「供給」であることを踏まえ、意匠を享受する使用者や利用者も「需要者」に含まれると解すべきであると結論において同旨を述べている。

37 なお、「需要者」という文言を重視してのことであろう、「購入」者のみをあくまで「需要者」としつつ、実際の「使用」者(あるいは「利用」者)の視点を取り入れるべきか否かを議論する文献や裁判例も散見される。しかし、需要(者)は元々供給(者)の対語であるから(注36参照)、供給者(提供者)以外は広く使用(利用)者を含めて解釈することに問題はないはずである。したがって、端的に「使用」者あるいは「利用」者を需要者に含めて解すべきである。

需要者に「利用者」を明示的には含めていない点をおけば、先に述べた観点におおむね近いものと評価できよう。ロッカー用ダイヤル錠付き把手という物品の需要者について、取引者としての「ロッカーを購入して設置する者」を認定しつつ、「設置者は使用者の使いやすさ等を勘案してロッカーを選択する」として使用者の立場を重視し、「注意を引く構成」を検討した裁判例[38]があるが、これは審査基準と同様の考え方といえよう。

また、同様に画像の場合の需要者としては、当該画像を操作画像あるいは表示画像として用いた機器の購買者又は利用者、あるいは当該画像を通じたサービスの利用者等が想定されることとなろう。なお、審査基準には、「類否判断…を行う際は、創作者の主観的な視点を排し…て判断する」と記載されている。これは明確に創作説を排除したものであろう。

（２）類否判断の前提

審査基準では「意匠は、物品等と形状等が一体不可分のものであるから、対比する両意匠の意匠に係る物品等が同一又は類似でなければ意匠の類似は生じない[39]」としている。これは物品と形態の可分説・不可分説のうち「不可分説」に基づく記述と思われるが、「画像」という「物品から離れた意匠」を認めた現行法では、不可分説から「意匠」概念を統一的に説明するのは困難である。

もっとも、先に示した結合説の立場からは、結論として審査基準と同様に意匠の類似の検討に当たって物品等の同一又は類似を検討[40]することとなる。

---

38 大阪地判平成27年10月26日 平26(ワ)11557。なお、クッキングテーブル事件〈大阪地判平成9年12月25日 平7(ワ)7482〉では、需要者はあくまで「ホテル」としつつも「客側の視点で観察した場合の美感を重要視する」としているが、端的に客(利用者)も「需要者」であるとして問題のない事案だったと考えられる。

39 米国では、物品の類否が厳格に要求されているわけではないが、事実上はほとんどの事件において、被疑侵害物品は意匠権の物品と同一の性質を有しているとされる〈末宗達行「アメリカにおけるデザインの保護」(「デザイン学研究特集号」2017年 Vol.25-2 No.98)33頁〉。

40 物品の同一又は類似を独立に検討する必要がない、又は類否判断の要素にすぎないとする説も有力であるが、本書や審査基準のように物品の同一又は類似を緩やかに解する限り、結論において大きな差はないであろう。そうであれば、形態の類否自体にはそもそも考慮すべき要素が多いことから、そこに押し込むよりは従来の方法を踏襲して物品の類否として検討するほうが簡明であろう。

図１ 物品等の機能及び用途と形状等との関係

形状等 ＼ 意匠（物品、建築物又は画像）の機能及び用途	同一	類似	非類似
同一	同一の意匠	類似する意匠	非類似の意匠
類似	類似する意匠	類似する意匠	非類似の意匠
非類似	非類似の意匠	非類似の意匠	非類似の意匠

特許庁審査第一部 意匠課 意匠審査基準室
「意匠の審査基準及び審査の運用 ～令和元年意匠法改正対応～」39頁

したがって、① 対比する意匠に係る「物品等」が同一又は類似であること、② 対比する意匠の形状等（形態）が同一又は類似であることが同時に満たされた場合にのみ意匠が「同一又は類似」することとなる（図１）。

なお、先願主義の説明で述べたように、審査基準では上記②の「対比する意匠」について、全体意匠と部分意匠との間において、「全体意匠」の形態と「意匠登録を受けようとする部分」（対象部分）の形態が、同一又は類似の場合もあり得るとし、その場合には両者が先後願関係に立つとしている。全体意匠と部分意匠であっても両者が実質的には類似する場合があるからである。

〔論点〕完成品と部品は「原則」として非類似か

ここで注意すべきなのは、新規性と先願主義では、いずれも「類似する意匠」という概念が用いられているが、「対比する意匠」の捉え方が異なる点である。

先願主義の場合、例えば完成品（Ａというハンドルを用いた自転車）の出願と部品（Ａというハンドル）の出願では、物品が非類似であるため両者が競合しても先願主義[41]の適用範囲外となる。このように完成品と部品では「原則」として非類似と考えることが一般的[42]であるが、これはミスリーディングである。

41 先願主義(9条)の問題とはならずとも先願が完成品で後願が部品の場合、3条の2の適用はあり得る。
42 高田201頁では、「完成品と部品とは原則として非類似物品として取扱う」と記載されている。

実際のところ、新規性[43]の場合はこれとは考え方が全く異なる。

例えば完成品（Ａというハンドルを用いた自転車）と部品（Ａというハンドル）で完成品が公知であった場合、公知意匠は「自転車」であり、部品は「ハンドル」という自転車とは用途と機能が異なる物品であることから物品が「非類似」となりそうである。しかし、完成品（自転車）が公知意匠である場合、当該部品（ハンドル）は原則として「新規性なし」と判断される。物品が非類似であるはずなのに、なぜ新規性がないと判断できるのであろうか。

審査基準ではこの点について、「物品等の中に含まれる、その物品等とは非類似の物品等に係る意匠（例えば部品に係る意匠）であっても、当該意匠自体の具体的な形状等を認識できるものについては、新規性の判断の基礎とする資料として取り扱う」としているが、その理由については明らかとしていない。

思うに、新規性は新たな需要を喚起する意匠のみを保護する趣旨から意匠の客観的な新しさを要求するものであり、その意味において、たまたま完成品（自転車）という形で開示されていたとしても実質的には完成品に「包含」される形式で部品（ハンドル）も同時に開示[44]されており、既に当該部品は新たな需要を喚起する意匠とはいえなくなっている。

また、審査対象となる意匠は一意匠一出願の原則（７条）により、あくまで「一意匠」として審査する必要があるが、資料として利用する「対比する意匠」（自転車）にあってはそのような法文上の制限もない。その意味において新規性の要件の判断ではこのような考え方が許容されるといえよう。

これは３条の２のみなし公知の規定でも説明した「意匠の重畳性」であり、完成品（自転車）の意匠の場合、重畳的に「ハンドル」の意匠も同時に存在し、「包含」していることを認めていることになり、究極的には「対比する意匠」をどのように捉えるのかという問題である。

---

[43] なお、3条の2では明確に、先願「意匠の一部」と後願意匠が「同一又は類似」であるかを判断することとなっている。

[44] 田村376頁では、完成品と部品の関係ではなく、全体意匠と部分意匠との関係においての文脈ではあるが、「意匠全体が公知となっていたとしても、当該部分が公知となっていることに変わりはない」旨を述べている。これは完成品と部品の関係も同様であろう。

後述するが、これは侵害の場面においても同様であり、ハンドルに意匠権がある場合において、当該ハンドルを部品として用いた自転車を実施しているときには、非類似物品であるがゆえに非侵害となるのではなく、「対比する意匠」は自転車に用いられているハンドルであって、ハンドルという意匠[45]を「包含」した意匠を実施しているがゆえに侵害[46]となる。したがって、完成品と部品は「原則」として非類似である、という場面は想像以上に少ない[47]ことになる。

次に「部分」意匠について類否判断を行う場合について検討する。

この点、審査基準では、出願された意匠が部分意匠の場合には「（2）類否判断の前提」のところで示した①（物品等の類似）及び②（形態の類似）に加えて、さらに、③ 出願された意匠の「意匠登録を受けようとする部分」（以下、本書では「対象部分」と略す。）と対比する意匠における対象部分に相当する部分の「用途及び機能」が同一又は類似であること、④ 出願された意匠の対象部分の当該物品等の全体の形状等の中での「位置、大きさ、範囲」と、対比する意匠における対象部分に「相当する部分」の当該物品等の全体の形状等の中での「位置、大きさ、範囲[48]」とが、同一又は当該意匠の属する分野においてありふれた範囲内のものであることも同時に満たす場合に「同一又は類似」することになるとしている。

ここで、上記③の「部分」の「用途及び機能」の類似性が必要かどうかについては議論がある（この点は後述）。次に上記④の「位置、大きさ、範囲」を考慮すべきか否かについても部分意匠制度の趣旨に照らし、以下の議論がある。

---

45 イ号意匠を完成品の「自転車」とする必要はなく、完成品に包含されているハンドルを直裁にイ号意匠として主張し、それを裁判所が認定することで「対比する意匠」はハンドルとなる。詳細は「被告意匠の特定」において後述する。

46 なお、26条の「利用」関係として侵害とする考え方もある。

47 新規性及び3条の2、そして侵害の場面では本原則は当てはまらず、当てはまるのは先願主義（9条）と関連意匠（10条）の場面となろう。

48「大きさ」と「範囲」の差異が不明確であるという指摘もあるが、文字通り捉えるならば「大きさ」は三次元的な意味での「体積」を、「範囲」は二次元における「面積」を示すものと解される。なお、以前は審査基準に両者の意義の違いが記されていたが、現在は削除されているようである。

〔論点〕部分意匠の類否判断における破線部の意義

部分意匠の類否判断に際し、対象部分（「実線」で表された部分）の当該物品等の全体の形状等の中での「位置、大きさ、範囲」（「破線」で表された部分）をどのように捉えるか、大きく分けて独立説、要部説、折衷説の対立がある。

独立説は、対象部分が使用されていれば、その「位置、大きさ、範囲」を原則として考慮せずに類似範囲に入ると考える見解である。根拠としては「独創的で特徴ある部分を取り入れつつ意匠全体で侵害を避ける巧妙な模倣」を防止しようとした立法趣旨に忠実であり、米国でも同様に考えられているという点[49]が挙げられる。

要部説は、対象部分が使用されていても、対象部分の当該物品等の全体の形状等の中での「位置、大きさ、範囲」を考慮して類否判断を行い、非類似になることもあるとする見解[50]である。審査基準はこの立場[51]であるといわれており、同旨の裁判例[52]もある。

根拠としては、「部分形態の位置等が大きく異なれば[53]、部分形態自体が共通・類似していたとしても、美感上、看者に与える印象が異なる場合がある[54]」といえる点が挙げられており、混同説[55]からの根拠として、「（部分の）形態自体が同じでも、その位置、大きさ、範囲によっては、取引者・需要者が混同しないほどに異なる美感を与えることが当然あり得る」といわれている。

---

49 その他、創作説からは説明がしやすい点が指摘されている。

50 田村375頁では「およその位置関係等を共通にする限りにおいて、登録意匠の保護範囲に含まれると解すべき」と述べているので要部説と考えられる。

51 加藤部分意匠論227頁では「明らかである」とする。

52 プーリー事件〈知財高判平成19年1月31日　平18(行ケ)10317〉。なお、マンホール蓋事件〈知財高判平成23年3月28日　平22(ネ)10014〉では、「物品全体の位置、大きさを勘案しながら部分意匠の類似の範囲を判断すべきである」と判示した。

53 なお、位置等を過度に重視して少しでも違う場合に非類似としてしまうと、部分意匠制度の趣旨を没却することになることから、前掲注52プーリー事件では「通常考え得る範囲での位置等の変更など、予定されていると解釈し得る位置等の差異は、類否判断に影響を及ぼすものではない」と述べており、妥当である。

54 前掲注52「プーリー事件」

55 元々、混同説からは独立説は相いれないという指摘がなされている〈山田知司「意匠の類否」(『新・裁判実務大系(4)知的財産関係訴訟法』2001年 青林書院)380-384頁〉。

折衷説[56]は、部分自体に創作的寄与が認められる場合には独立説的に考え、「位置、大きさ、範囲」といった配設関係に創作的寄与が認められる場合には要部説的に考える見解である。需要説を前提[57]に考えれば、「独創的で特徴ある部分」が新たに需要を喚起した範囲で保護すべきであるから、部分それ自体に需要増大機能が認められる場合には、それがどのような位置、大きさ、範囲で用いられても同様に需要が増大すると考えられる。

一方、「独創的で特徴」的な配設関係があると認定されて登録された意匠の場合、第三者が対象部分自体と配設関係が異なる意匠を実施した場合、「独創的で特徴」的とされた配設関係が存在しないのであるから、当該第三者が実施する意匠は、登録意匠が新たに喚起した需要を奪うものとはいえないであろう。よって、折衷説が正当と考えたい。

（3）類否判断の観点

審査基準では比較する２つの意匠について、原則として次の５つの観点[58]で類否を判断するとしている。

① 両意匠の意匠に係る「物品等」の類否判断

② 両意匠の「形状等」（形態）の認定

③ 両意匠の「形状等」（形態）の共通点及び差異点の認定

④ 両意匠の「形状等」（形態）の共通点及び差異点の個別評価

⑤ 総合的な類否判断

「意匠」の成立要件として物品等性、形態性、視覚性、美感性があることは既に述べたが、おおむね①が物品等性、②及び③が形態性、④及び⑤が視覚性と美感性にそれぞれ主に関わるといえよう。以下、それぞれについて説明する。

56「タイプ別部分意匠類比論」ともいわれている〈青木博通『知的財産権としてのブランドとデザイン』(2007年 有斐閣)287-293頁〉。

57 需要説の立場から要部説を支持するものとして加藤部分意匠論228頁を参照されたい。

58「観点」としているが、おおむね判断の流れ（フロー）を示していると考えても問題はなかろう。

① 両意匠の意匠に係る「物品等」の類否判断

まず、形態の類否の前に物品等の類否を検討するのが伝統的な通説の考え方である。この点は裁判例も同様であり，可撓伸縮ホース事件では最高裁も「意匠は物品と一体をなすものであるから、…まずその意匠にかかる物品が同一又は類似であることを必要」と判示している。以上のように物品の意匠においては物品の同一又は類似が意匠の「類似」の前提であり、物品が類似しなければ、形態が類似するか否かを問わず、意匠も非類似とするのが通説[59]といえる。

前出の可撓伸縮ホース事件以外の裁判例[60]もこの点はほぼ同様であり、例えば化粧用パフ事件[61]、カラビナ事件[62]等でも同様の判断が示されている。

もっとも、審査基準では、「物品等の類似」の判断については、「その類否を決するまでの必要はなく」と断った上で、「用途（使用目的、使用状態等）及び機能に共通性があれば物品等の用途及び機能に類似性があると判断するに十分である」としている。「その類否を決するまでの必要はなく」とはいうものの、用途及び機能の共通性がなければ非類似であると判断する以上、実質的に「物品等の類似」性を認定しており、伝統的通説の立場と基本的には同様と評価できよう。

---

59 田村387頁、高田134頁、加藤139頁、斎藤148頁、茶園107頁等。ただし、本書の立場とは異なるものの物品の類似は「意匠」の類否判断の際の一要素と理解する見解も近年では多い〈清永利亮「意匠の類否」(『裁判実務大系(9)工業所有権訴訟法』1985年 青林書院)401頁、牧野利秋『裁判実務大系(9)工業所有権訴訟』(1985年 青林書院)406頁等〉。横山久芳「意匠権侵害訴訟における意匠の類否判断に関する考察」(「学習院大学法学会雑誌」2019年 55巻 1号)241頁等。物品の類似について諸外国の状況を含めて述べたものとして青木大也「意匠の類似と物品の類似：知的財産権の範囲と物品等の意義」(「日本工業所有権法学会年報」2017年 40号)26-27頁を参照されたい。また、五味飛鳥「類否判断における意匠の物品性が果たす役割：部分意匠及び画像意匠の類否判断の場面を含めて」(「日本工業所有権法学会年報」2016年 40号)191頁では、物品等の類否と形態の類否を分けて検討する伝統的通説の考え方を二段階テストの最初のテストとして位置付けている。

60 旧百選55事件のラップフィルム摘み具事件〈東京地判平成16年10月29日 平16(ワ)17501〉では、この点をより明確に、「『形状、模様若しくは色彩又はこれらの結合』が単に類似する…だけでは足りないのであって、登録意匠に係る物品と被告物品とが類似していることも必要」としている。

61 大阪高判平成18年5月31日 平18(ネ)184

62 カラビナ事件：知財高判平成17年10月31日 平17(ネ)1007[百選第2版57事件]では、「類似の物品」とは「登録意匠又はこれに類似する意匠を物品に実施した場合に、当該物品の一般需要者において意匠権者が販売等をする物品と混同を生ずるおそれのある物品を指す」旨を判示している。

〔論点〕部分意匠の物品等の類否

裁判例[63]において、「部分意匠についての類否判断も、基本的には通常の意匠（全体意匠）の類否判断と異なるところはないものと解するのが相当である」と述べるものが見られる。審査基準でも、部分意匠の場合も「物品等の類否判断」自体は同様であるとし、例えばカメラのグリップ部分についての部分意匠が出願された場合、「権利の客体となる意匠に係る物品は、当該グリップ部分を含む『カメラ』であることから、新規性の判断の基礎となる資料は、『カメラ』及びそれに類似する物品等に係る意匠となる」としている。

また、先願主義の説明で述べたように、全体意匠と部分意匠との間において、「全体意匠」の形態と「意匠登録を受けようとする部分」（対象部分）の形態が、同一又は類似の場合もあり得るとしている。全体意匠と部分意匠であっても、両者が実質的には類似する場合があるからである。

〔応用研究〕物品の「類似」においてなぜ用途と機能を検討するのか

物品が同一又は類似か否かについて、当該物品の「用途」と「機能」を考察して判断することは定着しているといえる。しかし、なぜ物品の「用途」と「機能」を持ち出すのであろうか。

この点、需要説からは次のように説明することが可能である。そもそも需要説は新規な意匠によって生み出された需要を保護するのが意匠法の目的と考えている。そのため、他人がデザイン投資をして創出した斬新な「意匠」を無断で利用した結果、需要者から見た美感としては同等の印象を備えた無断利用者の物品等を、言わば正規な意匠に係る物品等の「代替[64]」として購入あるいは利用することで需要者の購買・利用意欲が満たされてしまうことを防止する。いわゆる「見込み客」を横取りさせないようにするものと理解できる。

---

63 前掲「スポーツ用シャツ事件」等

64 不正競争防止法におけるいわゆる形態模倣の解釈においてであるが、形態の「代替性を有する場合」に原告商品の需要を奪う可能性が高い点を指摘するものとして山本真祐子「デッドコピー規制における実質的同一性判断－衣服デザインに関する事例分析を通じて－」（「知的財産法政策学研究」2021年 58号）105頁を参照されたい。

具体的には、物品意匠の場合、その物品の「用途」は、意匠権者が当該意匠によって新たに喚起した需要者（見込み客）の範囲を特定するために必要とされる概念[65]と考えることができる。

すなわち、ある物品の需要者の範囲というのは、通常は「用途（使用目的）」によって峻別することが可能である。

例えばペンの場合、文字を書くという「用途」として「文房具」を求める需要者が見込み客となる一方、外観がほぼ同じでもペン型の小型カメラであった場合は、写真を撮影するという「用途」となって「カメラ」を求める需要者が見込み客となる。文房具が欲しい需要者層をＡとし、カメラが欲しい需要者層をＢとした場合、ＡとＢは異質のグループであろう。

文房具とカメラには通常は「代替」[66]関係がなく、文房具の市場とカメラの市場の違いということもできる。需要者層（市場）が重ならなければ、つまり「市場が競合[67]」しなければ、見込み客を奪うことにはならず、意匠権者の喚起した新たな需要を侵害しないので権利を及ぼす必要もなかろう。

このように需要説では、新たに需要を喚起した物品等の市場をその範囲で保護すれば足りる[68]と考えるため、物品の「用途（使用目的）」に共通性（重なり）がない場合は、物品が非類似であるとして、意匠権が及ぶことを否定する。

---

65 青木大也「意匠の類似と物品の類似：知的財産権の範囲と物品等の意義」(「日本工業所有権法学会年報」2017年 40号)32頁でも、物品の類似が「需要者の共通性」を担保し得る指標であったと本文で述べたことに近い旨が述べられている。

66 問題は、用途及び機能が複数あるようないわゆる多機能物品(例えば「時計付きラジオ」)である。この場合には原則として「主たる用途(機能)」(上記であればラジオ)の共通性を見るべきであり、通常は「○○付き」と表現できる部分が従たる用途(機能)になると考えられる。需要者は主たる用途を中心に購買行動を行うと考えられるためである。もっとも、現実には主たる用途を特定することが困難な場合もあろう。

67 加藤139頁では「物品の類似は(中略)取引市場の競業性の存在及び使用目的の共通性によって決定すべき」としており、同旨である。

68 反対説として、裁判例の中には物品の類似の判断基準に関し、「市場が同一であるか否か」は基準とならない旨を述べるものがある(薬品保管庫事件：大阪高判昭和56年9月28日 昭55(ラ)542[無体裁集13巻2号630頁])が、本裁判例では物品の類似は用途と機能を基準とすべきであるとするのみで、その合理的な根拠については何ら示されていない。

これが「なぜ物品[69]の類似性の判断で『用途』を検討するのか」についての需要説からの論理的な説明となる。

「物品」の定義（21頁参照）で述べたように、「用途」が需要者側の使用目的（「ペン」であれば「文字を書く」）という主観的なものであるのに対し、「機能」は提供者側が設計した当該使用目的を達成するための客観的な技術的作用・効果（先端部からインクが出る）を意味する。

このように用途と機能は「表裏一体」[70]といえるが、より重要なのは、需要者側の観点である用途（使用目的）である。したがって、原則として用途が共通[71]すれば類似する物品であると緩やかに解すべきである。

この点に関し、近時の裁判例[72]において注目すべきものがある。箸に取り付けて使用するリング状の矯正具（一種の部品）と矯正（練習）用のリングが一体成形された箸本体（完成品）の両者について、審決では「用途及び機能において全く次元が異なる」と認定したのに対し、その審決取消訴訟において「箸の持ち方を矯正するという限度において用途及び機能を共通にする」として緩やかに物品の類似性を認定したのである。

箸の矯正をしたい需要者からすれば、矯正具あるいは矯正（練習用）箸そのものは容易に「代替」可能なものであるために「市場が競合」しているといえ、妥当な判断[73]といえよう。

---

69 物品の定義について、先に述べたように「有体物のうち、市場で流通し、特定の用途及び機能を有する動産」と考える限り、その「物品」が類似するか否かを判断するときに「用途」を検討することは論理的である。

70 前掲注68「薬品保管庫事件」では、比較する物品の①「何れも比較的小型の物品を収納し保管する」ためのものであって用途を共通にし、②「収納する品物が異なる」点で機能を異にする、という当てはめを行っているが、本文で述べたように用途は主観で機能は客観で考えれば、むしろ①と②を入れ替えるべきともいえる。もっとも、これこそが「表裏一体」であることの証左ともいえよう。

71 高田138頁も、用途及び機能が同じものを同一物品、用途が同じで機能が異なるものを類似物品としており、機能よりも用途を重視して同旨である。

72 箸の持ち方矯正具事件〈知財高判平成29年1月24日 平28(行ケ)10167〉。なお、本事件では物品の類似は肯定したものの、形態の類似を否定している。

73 本件については、梅澤修「意匠の類否判断における『物品の類似』と『対比対象』－知財高判平成29年1月24日[箸の持ち方矯正具]判決の射程」(「DESIGN PROTECT」2018年 No.120 Vol.31-4)24頁でも「物品の類似」を広く緩く解釈したものと評している。

〔小論点〕部分意匠の場合、物品全体とは別に、部分自体の「用途及び機能」も考慮すべきか

この点については需要説の立場から不要であるという主張[74]もある。確かに、物品の類否判断の際には「用途」（使用目的）は需要者の共通性、すなわち「市場の競合性」を専ら見るためのものであった。

しかし、「物品の部分である以上、物品として要求される用途・機能に何らかの形で寄与していることが通常[75]」であり、「用途」は形態の類否のところで後述するように「需要者（取引者を含む）が関心を持って観察する部位か否か」にも関係する。

したがって、部分意匠の対象部分の用途及び機能の共通性も原則として必要であると解すべきである。裁判例[76]にも対象部分の用途及び機能を考慮すべきと述べるものがある。なお、この点は審査基準の立場も同様である。

建築物意匠（内装意匠を含む。以下、同じ。）の場合の類否についても基本的には物品の類否と同様に考えるべきである。すなわち、需要説では、新たに需要を喚起した建築物の市場をその範囲で保護すれば足りると考えるため、建築物の「用途（使用目的）」に共通性（重なり）がない場合は、建築物が非類似であるとして、意匠権が及ぶことを否定すべきである。

しかし、審査基準では、物品の場合とは異なる基準を採用しているようであり、建築物については、例えば「住宅、病院、レストラン、オフィス」。

また、内装については、例えば「住宅用寝室の内装」と「ホテル客室の内装」において、「いずれも人がその内部に入り、一定時間を過ごすために用いられるものである」という理由でかなり広範に用途の共通性[77]を認めている。

---

74 加藤恒久「部分意匠の性格と問題点」（「パテント」2000年 53巻 6号）29,38頁

75 峯唯夫『ゼミナール意匠法［第2版］』（2009年 法学書院）111頁

76 包装用箱事件〈知財高判平成28年1月27日 平27（ネ）10077［百選第2版59事件］〉では、「意匠登録を受けた部分がどのような機能及び用途を有するものであるかを、その類否判断の際に参酌すべき場合があ（る）」点を述べており、サンダル事件〈東京地判平成25年4月19日 平24（ワ）3162〉もこの要件に触れているが、このような事例が少ない点を指摘するものとして青木大也「部分意匠の類否に関する一考察」（『知的財産法の挑戦』2013年 弘文堂）198頁がある。

〔論点〕物品、建築物、内装の意匠、画像相互間におけるカテゴリーを超えた類否

現在、法は保護対象として３種類を規定しているが、これを保護対象のカテゴリーとしてみた場合、カテゴリーを超えた類似関係（例えば物品と建築物の類似等）を認めるべきか否かは一応、問題となろう。

需要説からの結論を先にいえば、保護対象のカテゴリーを超えて需要を喚起することで「代替」関係が生ずる限り保護すべきであるからカテゴリーを超えた物品等の類似もあり得ると解すべきである。例えば審査基準において組立家屋は「物品」であるが、同じ形態の建築物の「住宅」には類似する旨が説明されているが正当である。用途は「家屋」という点で共通し、組立家屋といえども土地に定着すれば建築物となるため、需要者層が同じで市場が競合するからである[78]。

画像意匠の場合の画像の類否についても物品及び建築物の類否と同様に考えるべきであることは当然であるが、「画像」に関する意匠としては以下の２種類が想定されていることは既に述べた。

---

77 同様の形状等でも様々な用途に用いることが可能であり、需要者における転用等も相当程度想定されること等を考慮してか学説にも用途を広く認めることに同意する意見〈青木大也「空間デザインの保護：建築物の意匠と内装の意匠に関する若干の検討」(「日本工業所有権法学会年報」2019年 43号)88頁、麻生典「新法解説 意匠法改正：デザイン保護の拡大」(「法学教室」2019年 469号)68頁、中川隆太郎「空間デザイン」(『デザイン保護法』2022年 勁草書房)138頁〉があるものの疑問である。需要者層という観点からいえば、病院の施工主と住宅の施工主の間、又は病院の利用者と住宅の利用者の間に共通性があるとは考えにくい。用途及び機能の共通性を広く解釈する根拠としては、公知の形態の建築物と近似している「新規でない意匠の登録を許容」しないためであり、「意匠権が乱立する状態」を招かないように考慮したのであろうとする指摘もある〈コンメ新版191頁(谷口登執筆)〉。しかし、そのような場合には創作非容易性の要件により、いわゆる転用意匠の一種として拒絶すればよい。むしろ審査基準の考え方によれば、「住宅の内装」として意匠権を取得している場合でも、それと形態面が類似の「病院の待合室の内装」に対して権利侵害を主張し得る点で疑問であり、裁判所の判断が待たれる。

78「建築物」という保護対象が明記されていなかった令和元年改正前の「組立家屋」の意匠権が「建築物」に及ぶと解すべきか否かについては、青木博道「改正意匠法の特徴と実務における影響・留意点」(「IPジャーナル」2020年 13号)14頁では、「特に規定がないので、司法判断に委ねられることになる」としている。なお、アールシーコア事件〈東京地判令和2年11月30日 平成30年(ワ)26166〉は「建築物」が保護対象として明記される前の事件であり、現在では「建築物」に該当すると考えられる「家屋」について「組立て家屋」という「物品」に該当すると判示している。

従来から認められてきた①「物品等の部分に画像を含む意匠」（以下、「機器画像意匠」ともいう。）、及び令和元年改正で導入された②「画像意匠」の２種類である。

まず、①の機器画像意匠は、あくまで物品（機器）の意匠の一種であって「画像」はその一部にすぎないため、当該物品（機器）の市場の範囲で保護すれば足りよう。したがって、当該物品（機器）の用途（機能）は「画像」そのものを検討する前に考慮すべき要素となる。例えば当該物品（機器）が「冷蔵庫」の場合、その用途は「食品の貯蔵」であり、この用途と共通する「物品」（例えば保冷庫）が市場で競合する範囲となり、共通しない「物品」（例えば電子メール送受信機能付き電子計算機）とは市場で競合しないため非類似物品となる。

これに対して前記②の画像意匠の場合は、「機器」の操作・表示画像に限定されている関係上、機器（物品）と関連はあるものの、その当該機器（物品）が明確には特定されていないという特殊性がある。しかし、先に述べたように、「画像意匠」は、そのほとんどが「電子計算機」という「物品（機器）」の「特殊なタイプの部分意匠」と理解することが可能である。このことを踏まえれば、画像意匠同士の類否を検討するに当たっては、元々物品としては、「電子計算機」という言わば「同一物品」に関わる意匠同士と考えてもよい場合が多くなろう。広い意味で「電子計算機」の市場として競合するものと考えられるわけである。審査基準では、恐らくこのような考え方に基づき、「画像意匠同士の用途及び機能の類否判断を行う際は、審査官は、物品等の部分に画像を含む意匠における場合のように、それらが表示される物品等の用途及び機能を考慮する必要がない[79]」旨を記載している。

ただし、部分意匠の類否判断において、先に述べたように画像意匠を「特殊なタイプの部分意匠」と理解する場合には、部分意匠の類否において部分自体の用途・機能の共通性を要求したことと同様、画像意匠自体の用途・機能の共通性も検討する必要があると考えることになる。

---

79 ただし、先に述べたように、電子計算機を用いない機械仕掛けによる画像意匠（表示画像）も想定され、その場合には別論であろう。

それは、「部分意匠において用途・機能を考慮すべき」ということと同じ理由であり、画像意匠といえども、あくまで何らかの機器の操作･表示画像であって、当該機器の機能に何らかの形で寄与しているはずであり、当該画像の用途は需要者が関心を持って観察する部位か否かに関わるからである。審査基準でも、理由について明確には述べていないが、画像意匠の類似の要件として、両意匠の画像の「用途及び機能が同一又は類似である[80]」ことを挙げている。

機器画像意匠と画像意匠の場合の類否判断について、審査基準では図２のような例を挙げている。

図２ 画像意匠と物品の部分としての画像を含む意匠の類否判断における用途及び機能の影響

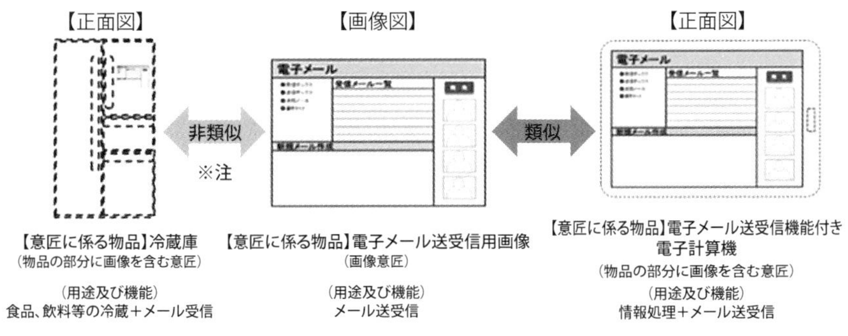

図２の一番左の「物品の部分に画像を含む意匠」（本書では「機器画像意匠」）と中央の画像意匠の場合、まず、機器画像意匠は「物品」の意匠の一種であって、この場合には「冷蔵庫」という物品の意匠である。

80　審査基準ではこの具体例として、「商品在庫確認用画像」と「会議室予約用画像」について「選択の対象が商品であるか、会議室であるかとの点において異なるが、複数の選択肢から一つを選択し、その情報を表示させる指示を与えるものである点で共通する」として用途及び機能が共通するとしている。しかし、本来は「用途」の共通性のほうが重要であり、この事例では単に「機能」が共通するのみであるから疑問である。安立卓司ほか「弁理士が知っておくべき、新しい画像デザインの保護」(「パテント」2020年 73巻 11号)42頁でも、「一般的な感覚では，商品を選択する機能と会議室を選択する機能とは必ずしも共通していないようにも思える」という指摘がある。

これに対し、図２中央の「画像意匠」は、緩やかながらも「電子計算機」という物品の部分意匠と解されるため、用途及び機能に共通性は見られない[81]。したがって、画像自体の用途及び機能の共通性はあるとしても非類似[82]と解釈されるべきである。一番右の機器画像意匠は、「電子メール送受信機能付き電子計算機」であり、主たる用途は「電子計算機」であるから、中央の「画像意匠」と用途及び機能に共通性がある[83]。さらに、画像自体の用途及び機能が共通していることは明らかである。したがって、類似と解釈されるべきである。

② 両意匠の「形状等」（形態）の認定

「物品等」の認定が用途と機能に基づくものであったのに対し、「形態」の認定は以下の方法に基づいて行うとされている。

②－A 肉眼による観察

審査基準では、「観察は、肉眼による視覚観察を基本とする」とし、その理由として「通常物品等は肉眼によって観察され、肉眼によって認識することのできる形状等全体からなる美感が、その意匠に係る物品等の選択・購入を左右する」ことを挙げており、需要説の観点からすれば極めて妥当な理解といえる。法文上の根拠としては意匠の「視覚性」の成立要件からも導かれよう。

例外として、「肉眼によって認識できないものであっても、取引の際、拡大観察することが通常である場合には、肉眼によって認識できるものと同様に扱う」としており、同旨の裁判例[84]もある。

---

81 なお、審査基準では、「『電子メール送受信用画像』の用途及び機能の共通性に比べ、冷蔵庫としての用途及び機能の有無の違いが大きいことから、両意匠は類似しないものと扱う」としている。

82 もっとも、中央の画像意匠について意匠権を取得している場合、左の冷蔵庫の意匠を無断で実施した場合には、侵害が成立し得る。この点は「被告意匠の特定」で後述する。

83 審査基準では、「『電子メール送受信機能付き電子計算機』の用途及び機能は、電子メール送受信機能に加え情報処理機能を持つものであるが、情報処理機能自体は種々の物品に付加されることが多い一般的な機能であり、かつ、物品の外観上の特徴として表れない機能であることから、意匠全体の用途及び機能を比較する場合にほとんど影響を与えないものである」と説明している。

84 裁判例において、拡大観察が通常であると認められなかったものとして前掲「コネクター接続端子事件」がある。願書にその旨を記載すべきであった事案といえよう。

②－B 通常用いられる方法による観察

物品についての審査基準では「類否判断は、意匠に係る物品等を観察する際に通常用いられる観察方法により行う」とし、「例えば、購入の際にも使用時にも実際に手に持って視覚観察する筆記具の意匠の場合は、意匠全体を同じ比重で観察するが、通常の設置状態では背面及び底面を見ることのないテレビ受像機の意匠の場合は、審査官は主に正面、側面、平面方向に比重を置いて観察する」としている。創作者の工夫がどこに現れているかという視点ではなく、あくまで需要者の観点から、しかも購入の際に用いられる観察方法を想定している点では需要説と整合的な観察方法といえよう。

また、建築物について審査基準では「建築物の意匠は、人の身体の大きさを大きく超えるものが多いことから､類否判断のための意匠の観察にあたっては、建築物の外部については人が地面に立った視点での肉眼による観察を、内部については通常の利用状態における肉眼による観察を基本としつつ、建築物の一部に接近した視点で細部を観察するなど、一の視点に限定することなく、複数の視点から総合的に行う」としている。

建築物の場合、物品とは異なり、「購入」するという需要の態様以外に、所有者あるいは管理権限のある者の許諾を得て「利用」するという需要の態様が多い点は既に述べたとおりである。したがって、このように「利用状態」を想定した観察には合理性があるといえる。

さらに、内装の意匠についての審査基準では、「人がその内部に入る大きさを持ったもの」としつつ、「施設の通常の利用状態における肉眼による観察を基本としつつ、例えば、内装の一部に特徴的な形状等の構成物があれば当該構成物に接近し細部を観察する、意匠全体としてのまとまりに特徴があれば引いた視点で俯瞰的に観察するなど、一の観察方法に限定することなく、複数の視点から総合的に行う」旨を述べている。「利用状態」における観察を基本としていることから前述したとおり、合理性が認められよう。

なお、画像関連の意匠についての観察方法については、物品の場合と同様と解してよいであろう。審査基準も同様に解している。

〔小論点〕類否判断において使用状態をどこまで考慮すべきか

意匠の類否判断を行う場合において、購入時と使用時の状態で形態が異なる場合、いずれの形態を考慮して類否判断を行うべきであろうか。

裁判例では、購入時ではなく、むしろ購入後の使用状態を重視して類否判断を行っているものがある。

例えば前掲「クッキングテーブル事件」では「需要者であるホテル等も客側の視点で観察した場合の美感を重要視する」とし、耳飾り用留め金具事件〈東京高判平成13年３月22日 平12（行ケ）434〉では、「使用状態における美観が非常に重視される」と述べており、前掲「箸の持ち方矯正具事件」では、「美観とは、需要者による通常の使用状態を前提とする」としている。

需要説では購買意欲の喚起を重視するが、需要者は、物品等を購入等する際に具体的な「使用目的」（すなわち用途）があって購入等をするのが通常であり、実際の使用状態の美感を気にせずに購入することのほうがむしろまれであろう。

したがって、類否判断において使用状態を考慮するのはむしろ当然行われるべきといえる。

以上２つの観察方法（②－Ａ及びＢ）を用いて「形状等（形態）の認定」を行い、「両意匠の意匠に係る物品等の全体の形状等（意匠を大づかみに捉えた際の骨格的形状等[85]、基本的構成態様ともいう。）及び各部の形状等を認定する」とされている。

このような認定方法は、裁判例にも多数見られ、文献では一般に採用されている手法として紹介されている[86]。ここで審査基準にいう「各部の形状等」は「具体的構成態様」と呼ばれることも多い。すなわち、形態の認定は、「基本的構成態様」と「具体的構成態様」の２つの認定ということになる。

---

85 同じ定義を採用した裁判例として、東京高判平成5年11月30日 平4(行ケ)192では「意匠の基本的構成態様とは、当該意匠の骨格を形成する意匠態様をいう」と判示している。

86 竹田529頁、コンメ新版523-525頁(高橋淳=宮川利彰執筆)等を参照されたい。

基本的構成態様は、「意匠を大づかみに捉えた際の骨格的形状等」をいうので、いわゆる全体「形状」を指すことが多い。例えばテレビであれば基本的構成態様は正面から見た横長の長方形となろう。

他方、具体的構成態様は、基本的構成態様以外の全てを指すことから、細部の「形状」あるいは「模様」等を指す[87]ことが多くなろう。例えばテレビであれば、電源スイッチの形状などがこれに当たるであろう。基本的構成態様と具体的構成態様に分けて検討する利点として、判断が比較的容易であり、通常は需要者の注意を引きやすいと考えられる基本的構成態様がそもそも大きく異なる場合には、具体的構成態様の議論を行う必要がなくなるという点がある[88]。

③ 両意匠の「形状等」(形態)の共通点及び差異点の認定

審査基準では、認定した基本的構成態様と具体的構成態様におけるそれぞれの共通点及び差異点を認定するとしている。一般論としても、何かと何かを「比較」する際には共通点と差異点を検討するのが通常[89]であるため妥当であろう。

④ 両意匠の「形状等」(形態)の共通点及び差異点の個別評価

審査基準では、認定した基本的構成態様と具体的構成態様の中から、「注意を引く程度の評価」と「注意を引く部分か否かの認定[90]」を行う[91]としている。

---

87 基本的構成態様と具体的構成態様の峻別は必ずしも明確ではなく、実際の裁判においても何を基本的構成態様と考え、何を具体的構成態様とするかで原告と被告で主張が異なることも多い。

88 コンメ新版524頁(高橋淳=宮川利彰執筆)に同旨が述べられている。もっとも、審査基準においては、基本的構成態様がいずれもありふれた形状等であって、かつ、具体的構成態様の共通点が顕著であるような場合には、例外的に両意匠が類似する場合もある点が述べられている。この場合にはありふれた形状等は需要者の注意を引き難く、要部が具体的構成態様に存在すると考えられるため妥当な考え方であるといえよう。

89「比較」の本来的な語義に由来する。なお、特許法の先願主義(39条)における「同一の発明」の解釈に関する審査基準においても一致点と差異点を認定して検討している。

90 やや細かい指摘とはなるが、審査基準では「認定」してから「評価」をするかのような記載ぶりとなっている。しかし、厳密には、先に「評価」した上で「認定」するのが論理的であろう。

91 裁判例において、共通点及び差異点の認定と要部認定のいずれを先に行うべきかが争われた事案では、審査基準と同様に、共通点及び差異点の認定が先である点を判示したもの〈管継ぎ手事件:知財高判平成19年5月30日 平18(行ケ)10460〉がある。

ここで「注意を引く部分」は裁判例で用いられている「要部[92]」と同義と考える。多くの裁判例では「要部が共通」することが「意匠の類似」であり、すなわち原則として侵害[93]と認められることになる[94]ため、類否判断において最も重要なのがこの「要部」の認定といえる。審査基準には評価の際の一般的な基準が複数挙げられている。そのうち重要と考えられるものについて検討する。

まず、「観察されやすい部分」は要部になりやすいとし、「意匠に係る物品等の用途（使用目的、使用状態等）及び機能、その大きさ等に基づいて、① 意匠に係る物品等が選択・購入される際に見えやすい部位か否か、② 需要者（取引者を含む）が関心を持って観察する部位[95]か否か」をみるとしている。

需要説からは自明[96]ともいえる内容であろう。この点と表裏一体ともいえるが、「通常の使用状態において目にすることのない内部の形状等」は要部になりにくいとしている。他方、「人が内部に入って使用する浴室の意匠等」の場合は、内部の形状等であっても要部となり得るとする。

次に、審査基準では、ありふれた[97]形状等は要部となりにくく、特徴的な形状等は要部となりやすい[98]としている。

---

92 なお、「要部」という語が裁判例や論者によって異なる場合があることを指摘する文献としてコンメ新版526頁（高橋淳=宮川利彰執筆）があるが、本書では、「需要者が注意を引かれる部分」が「要部」であり、それ以外の意味では用いていない。

93 なお、本書では後述するように全体観察の一種が要部観察であると考えており、「要部が共通するものの全体としては非類似」という状況は想定しない。すなわち、要部が共通するが侵害とならない場合というのは、例えば消極的効力が制限されるときを意味する。

94 茶園109頁

95 例えばこのような審査基準と同様の考え方から、手提げかご事件〈平成18年8月30日　平18（ネ）448［判時1965号147頁］〉では、スーパーマーケットやデパート等の購買担当者は、「顧客にとって使い勝手の良いものであるか否か」等を重視し、「指を挟むことを防止するとの安全面」から購買担当者の注目するのは「最も面積が広い周側面の構成態様」である旨を裁判所が述べている。

96 混同説からも容易に導ける結論であるが、創作説からは導けない。

97 ありふれた形状等と周知形状等は区別して議論すべきである。前者は需要者の注意を引かないものであるのに対し、周知（著名）形状等の場合（ある特定の形状等がある事業者の製品であるという出所表示機能を有するに至っている場合等）には需要者の注意を引く可能性があるからである。両者の区別は出所表示機能の有無で判断される。短靴事件〈知財高判平成20年5月28日　平19（行ケ）10402〉でも「意匠の態様が、その製造販売者を表示するいわばロゴマークに相当するものとして、需要者に広く知られるように至った場合…かえって、その注意を引くものである」としている。

98 通説も同様である。高田150頁、加藤152頁等を参照されたい。

具体的には、特徴的な形状等[99]について「過去のものとは異なっているという強い印象を与え、強く注意を引く」とする。ありふれた形状等と比較し、これまで見たことのない特徴的な形状等ほど需要者の注意を引きやすいことは経験則[100]であって需要説からすれば当然の評価基準といえる。

ここで、ありふれた、あるいは特徴的な形状等か否かの判断手法としては、先行意匠（公知意匠）群との比較において行うことが示されている。

これは審査官や裁判官が自らの知識のみを基礎として「需要者」の立場を想像するよりも、より中立かつ客観的な「需要者」の立場を想定することを可能とするため合理的な判断手法といえよう。

なお、公知意匠「群」の参酌と公知意匠の参酌とでは意味が異なる[101]点に注意が必要である。この点は後述する。

次に、機能的形状[102]に関しては原則として造形的特徴となりやすいとされており、結果として要部になりやすくなる[103]と考えられる。

需要説からすれば、そもそも需要者が物品等を購入等するのは特定の「用途」（使用目的）があるからであり、それと表裏一体となるのが物品等の側の技術的作用すなわち「機能」であるから、需要者が注意を払いやすくなるのは当然といえよう。例えば椅子であれば「座り心地」を実現する部分の形状等である。

---

99 審査基準では「創作的価値の高いもの」という表現も用いているが、これは創作説的な表現であり、妥当ではない。需要説の立場からすれば「需要者が特徴的又は斬新と感じる形状等」とすべきである。加藤149頁でも創作説の説明として「意匠の要部とは、創作的価値ある部分」としている。

100 百選第2版58事件119頁（嶋末和秀執筆）でも「公知意匠を参酌する根拠の一つは、公知意匠にみられる形態が需要者の注目を惹かないことが多いという経験則にあると考えられる」と述べている。

101 この点について加藤151頁は「公知であるかどうかは、法的擬制であり、一般の需要者の注意力とは別の次元の問題である」としている。

102 もっとも、意匠は外観であるから、機能が形状等の外観に表れている場合にのみ要部となり得るのであって、機能そのものを評価するものでないことは当然である。意匠の類否は「機能の相違を評価すべきものではない」と傍論で述べた裁判例〈マーキング用ペン先事件：東京高判平成13年3月22日 平12（行ケ）317〉もある。

103 茶園107頁では需要者が機能を実現する形態に注目する場合がある旨を述べており、裁判例でも、「機能的物品については、物品の性質上、重要な機能を営む部分は、当業者の注意を引きつける部分となりやす（い）」旨を述べている〈エンドミル事件：東京高判平成16年10月19日 平16（行ケ）172〉。また、工具である「やすり」の侵害事件において、需要者はやすり部の形状に着目する旨を述べるもの〈やすり事件：知財高判平成20年3月27日 平19（ネ）10097〉もある。

審査基準では、「機能的な要求の実現に造形的な自由度があり、その形状でなければならない必然性がない場合[104]の形状については、その造形的な特徴を考慮する」と表現している。

他方、形状に「必然性」がある場合、仮に出願意匠がその形状のみであれば、元々５条３号（物品の機能を確保するために不可欠な形状のみからなる意匠）により登録を受けられないものであるが、当該機能的形状を含む意匠として登録を受けた場合、具体的には形状が「物品の機能を果たすために必然的なもの」であるときは、その機能的形状は要部とはなりにくくなるものと考えられる。なぜなら、同種の物品であればいずれも同じ形状をしている[105]ので、需要者が注目するのはその他の部分となりやすくなると考えられるからである。

この点、冷媒管の配管工事に用いるカバーに関する裁判例[106]においても、「物品の機能を果たすためには必然的な」形状については「特徴的部分」ということはできず、要部ということができない旨を判示している。

また、審査基準では、色彩に関しては「創作というよりも選択と形容するのが適当であって、色彩のみを変更した多数の製品バリエーションが通常用意されていることから、色彩は形状及び模様よりも注意を引きにくい」としており、色彩が、形状及び模様よりも類否判断に与える影響が小さいとしている。

したがって、色彩自体が単独で要部となることは想定できないであろう。通説においても色彩自体は、従来、「新規性も独創性もない[107]」とされてきた。

実際、需要説から考えても、形状等との組合せではなく、色彩単独で新たな需要を喚起することは考えにくい[108]。

---

104 必然性がある場合、すなわち「物品等の機能を確保するために不可欠な形状のみからなる意匠」(5条3号)の場合は別論である。

105 問題となり得るのは、必然的形状を含みつつも同種の物品がまだ市場に出ていないのに登録になった第1号の登録意匠である。公知意匠(群)が存在しないこともあって需要者の注意を引くことにならざるを得ないことがあろう。この場合、5条3号の趣旨から、必然的形状部分を登録意匠の範囲、すなわち保護範囲から除外すべきである。詳細は「被告の防御方法」の説明において後述する。

106 ラック用カバー事件：知財高判平成25年1月24日 平24(行ケ)10279

107 高田199頁等

108 ただし、審査基準では、組物の意匠(8条)の「統一」には色彩によるものが含まれるとしている。

109 高田198頁

また、材質については「模様や色彩に表れる限り考慮される」とするのが通説である[109]。裁判例では「材質」についての記載をしなかったことにより材質を意匠の構成要素としない旨を認定したものがある〈イヤホン事件：大阪高判平成28年1月27日 平27（ネ）2384〉が、材質を記載したからといって、それが構成要素になると解すべきではなかろう。

なお、審査基準では、物品等の「大きさ」について「物品等の用途及び機能の認定に影響を及ぼさない限り、その違いは、強く注意を引くものとはならない」としている。例えば需要者の立場からすれば、コップの意匠の場合、手のひらに収まる範囲である限り、大きさは決定的な違いとはならない[110]であろう。

〔論点〕公知意匠の参酌

意匠の類否判断、特に「要部」の認定に際し、対比する意匠以外に他の公知意匠を参酌すべきかどうかについては争いがある。従来、創作説を前提とする場合には公知意匠を参酌するのはむしろ当然であり、公知意匠の形状、模様等については「要部」から除外する[111]のが論理的であるとされてきた。

一方、混同説からは、需要者は当業者とは異なり、公知意匠を必ずしも知っているわけではないことから「需要者が注意を引くかどうか」の判断に公知意匠を用いることは妥当ではなく、むしろ公知意匠を参酌しないことが論理的であると考えられてきた[112]ようである。

この点、需要説の立場から「出願意匠の特徴がすでに公知意匠にも顕れている場合には、その部分の共通性に基づく美感の共通性は、意匠の類似性を肯定する方向には斟酌しません。創作された意匠の要部について観察を行います。

---

110 高田197頁は、仮に直径が1メートルあるコップであれば別論であるとするが、この場合にはそもそも「物品」が非類似(例えば置物であって用途・機能が異なる等)となる場合が多いであろう。

111 竹田533頁

112 竹田534頁は、混同説の立場から「公知の態様が含まれているからといって、当然にその部分が看者の注意を引かないとはいえない」としている。ただし、百選51事件(平嶋竜太執筆)105頁は「混同を類否判断の中心に据えることから、意匠の有する個別の創作的要素を捨象して判断すべしという要請は論理的には直ちに導出しえない」旨を述べており、混同説と公知意匠の参酌が必ずしも親和性の悪いものではない点を述べており、このような考え方が修正混同説につながるのであろう。

その要部について、需要者の目から見て、新たな需要を喚起すると言えるか否かを考える[113]」として、要部認定では公知意匠を参酌する主張がされている[114]。

思うに、需要説からすれば、従来の意匠と比較して新たな需要を喚起する意匠だからこそ経済的価値・保護価値があるのであり、前述したように、特徴的な形状等ほど需要者の注意を引きやすいことは経験則[115]でもある。

したがって、ある意匠について従来の意匠と異なる特徴的な形状等を有する部分がどこか、ひいては需要者の注意を引くと想定される部分（要部）がどこかを客観的かつ中立的に判断することを重視する限り、出願意匠と引用意匠、及びそれ以外の公知意匠とを比較すること以上に有効な方法はないはずである。

特に登録意匠の場合には既に公知意匠と類似しない意匠（３条１項３号）として登録されているのであるから、公知意匠と比較して何からの差異点があったはずである。その差異点を言わば要部の「有力な候補」[116]として検討すること自体には何ら問題はなかろう[117]。

---

113 田村善之「商品形態のデッド・コピー規制の動向：制度趣旨からみた法改正と裁判例の評価」(「知的財産法政策学研究」2009年 25号)38頁

114 なお、加藤152頁では需要説の立場から「周知の部分は、購買心への刺激が少ないので、意匠の要部とはならない」とし、「斬新なデザイン部分が要部たり得る」としているため、同様に公知意匠の参酌を肯定しているものと考えられる。

115 第1章12頁の「〔応用研究〕マーケティング論における「意匠」(製品デザイン)」のマーケティング論における研究も参照されたい。

116 一般論として述べれば、公知意匠の数が1つ、あるいは少数であれば、そこから差異点として導かれる特徴は単なる「要部」の候補の1つにすぎず(公知意匠と共通する形状等が依然として「要部」となり得る)、公知意匠の数が多くなるほどそれらに存在しない新規な部分は「要部」候補としての有力度が高まり、公知意匠が多数となって「群」を形成すればそれは「ありふれた」形状等であるとの認定に近づき、それらに存在しない特徴は需要者の目を引く可能性が高く、「要部」と認定されやすくなるといえよう〈「ウエイト」という言葉を用いて同旨を判示したものとして弁当箱事件:大阪地判平成元年6月19日 昭62(ワ)8143[無体裁集21巻2号522頁]〉。もっとも、これはあくまで一般論としての「傾向」であって、公知の部分であっても要部となり得るのは当然である〈同旨を述べた裁判例として側溝用ブロック事件：知財高判平成18年7月12日 平18(行ケ)10067〉。さらに、ありふれた基本形状等であって需要者の注意を引かないような細部にのみ他の公知意匠と差異がある場合などもあるのであるから、直ちにありふれた形状等の部分が、要部から排除されることを意味しない〈同旨を述べた裁判例として取鍋事件：知財高判平成22年7月20日 平19(ネ)10032〉。

117 設樂隆一「意匠権侵害訴訟について」(「特許管理」1987年 37巻 11号)1374-1375頁もおおむね同旨を述べる。

最近の裁判例でも、このように「公知意匠にはない新規な創作部分の存否等を参酌[118]」するということは通例化[119]している。なお、審査基準でも先行意匠群以外の公知意匠については「出願意匠中に用いられた公知の形状等が類否判断に与える影響の大きさは、新規な形状等に比べて一般的に小さくなる」と記載するのみであるが、公知意匠の参酌を示唆している[120]。

ところで、「要部」の認定の際に公知意匠（群）を参酌するかどうかは、意匠権の保護範囲の判断における「公知意匠の抗弁」とはまた別論[121]である点に注意を要する。詳細は後述する。

〔論点〕出願「後」の後発意匠の参酌

近時の裁判例[122]において、傍論ではあるが、登録意匠の要部の認定の際に、当該意匠の出願「後」に公知となった後発意匠（特に登録意匠を追随したもの）を参酌できると判示しているものがある。

---

118 前掲「自走式クレーン事件」ほか。長靴事件：大阪地判平成21年11月5日 平21(ワ)2726

119 最高裁判所事務総局行政局『知的財産権関係民事・行政裁判例概観』(1993年 法曹会)226頁では「裁判例は、要部の認定に当たって、出願前に公知であった意匠を参酌する傾向にある」とし、竹田534頁では「類否判断の基準を物品の混同に求めながら…創作説と同じ立場に立つことは、論理的な整合性を欠く結果をもたらすのではないだろうか」と述べる。これは修正混同説への批判といえる。

120 なお、公知意匠の参酌について、3条1項3号と23条(24条2項)の場合で区別する見解がある〈櫻林正己「意匠の類否の判断の仕方」(『民事弁護と裁判実務(8)知的財産権』1998年 ぎょうせい)455頁等〉。新規性の判断の場合には、引用する公知意匠(引用意匠)と出願意匠の直接的な対比が判断の中心であり、引用意匠以外の他の先行意匠の考慮は必ずしも要しないように見える〈キャスター事件：知財高判平成17年9月28日 平17(行ケ)10274、及び工芸用パンチ事件：知財高判平成19年9月10日 平19(行ケ)10119はそのように述べる〉。一方、侵害判断の場合には、被疑侵害意匠と登録意匠の直接的対比を行う点は同じであるが、登録意匠の「要部」を特定するため、対比する被疑侵害意匠以外に他の公知意匠を参酌する必然性があると考えているのであろう。しかし、出願意匠の「需要者が注意を引く部分」(裁判例のいう「要部」)の認定には審査基準にもあるように、公知意匠あるいは公知意匠群の参酌はいずれもむしろ必須である〈梅澤修「意匠法の問題圏 第24回－意匠の類似と類否判断Ⅱ」(「DESIGN PROTECT」2020年 No.128 Vol.33-4)参照〉。

121 裁判例を含め、公知意匠の参酌と公知意匠の抗弁を区別せずに議論している場合、例えば前掲「取鍋事件」は、「創作性の幅を検討する必要があるため、公知意匠を参酌することの必要性は、意匠法41条によって特許法104条の3が準用されるようになった後においても、完全に失われてはいない」と判示しているが、公知意匠の参酌は原則として常に行う必要がある一方、公知意匠の抗弁は防御方法の一種であってほとんどの場合に不要と解されるため、区別して議論すべきである。

しかし、需要説から公知意匠を参酌すべき理由は、あくまでも従来の意匠と比較して新たな需要を喚起した部分を特定するためである。仮に登録意匠を追随したとみられる他者の意匠が多い場合、その登録意匠は新たな需要を喚起する価値あるものだったことの証左であるため、このような意匠の形状を例えば「ありふれた形状」であるとして要部から除外して保護を縮減することは法の趣旨に悖(もと)るといわなければなるまい。

したがって、出願後に公知となった後発意匠を要部の認定に参酌することは許されないと解する。

〔論点〕関連意匠の参酌による要部認定

関連意匠は本意匠と類似であることを前提として登録を認められるもの（10条１項）であるから、少なくとも審査官は「要部」が共通するという判断をしていると考えられる。そのため、本意匠と関連意匠で共通する部分については「要部」認定の際に参酌することは許されよう[123]。

実際にその旨を述べる裁判例もある。例えば大阪地判平成24年６月21日 平23（ワ）9600では、一般論として「関連意匠の構成は、本意匠の要部ないし類似する範囲を検討するに当たってしん酌し得る」旨を述べている。

もっとも、関連意匠の数珠繋ぎ（類似の類似）が認められるようになっているため（10条４項)、本意匠と非類似の関連意匠の場合には当然のことながらそれらの要部は一致していないことになり得る点は言うまでもなかろう。

---

122 トレーニング機器事件〈大阪高判令和2年7月31日 令2(ネ)211〉では、なお書の中で「ある登録意匠の要部を認定するに当たり、出願後の公知意匠(当該登録意匠を追随したようなものも含まれる。)を観察することによっても、当該登録意匠に含まれる当該形態が、需要者の注意を引くかどうかを判断することができると考える」と述べた。

123 同旨のものとして長沢幸男「意匠の類否について」(『現代裁判法大系(26)知的財産権』2000年 新日本法規出版)299頁では、「登録意匠のうち類似意匠と同一の部分は、要部に当たると解すべきである。この点を明示した判例はないが、下級審裁判例は、これを前提としているものと解される」と述べている。

⑤ 総合的な類否判断

審査基準では、④の個別評価に基づき、「意匠全体として両意匠の全ての共通点及び差異点を総合的に観察した場合に、需要者（取引者を含む）に対して異なる美感を起こさせるか否かを判断する」としている。従来、意匠はあくまで「全体観察」を行うことが通説[124]とされており、様々な裁判例においても全体観察という文言が用いられている。

〔論点〕全体観察と要部観察は矛盾しないか

全体観察に対して要部観察という手法があるが、これらは一見すると相反するようにも見える。しかし、要部観察の内容は、そもそも全体を観察してその中から「需要者の注目を引く部分」がどこかを決めるものである。

全体観察とは、本来の意義としては「個々の要素にとらわれることなく、個々の要素を総合し全体として判断すること[125]」をいう。なぜならば、「ここも違う、ここも違うといって部分的に違う点を挙げていいわけ」したり、反対に「ここも似ている、ここも似ていると部分的に似ている点を挙げて非難したりする[126]」という問題に対応するために使われた用語だからである。

つまり、全体を観察してから個々の要素を考慮して「需要者の注目を引く部分」を特定する要部観察は、むしろ全体観察の具体的方法の一手法であり、全体観察と要部観察は矛盾するものではないと考えるべきである[127]。

しかし、ここでいう「総合的な類否判断」をあたかも一般条項であるかのように広範な裁量を判断者に認める形で類否判断に用いることを許容すべきでないのは当然である。

---

124 高田153頁ほか。なお、全体観察を行うべき法的根拠の一つに一意匠一出願の原則（7条）がある点については既に述べた。

125 高田154頁

126 高田153頁

127 したがって、一部の裁判例に見られるように、本文で述べたような要部観察の後に、さらに全体観察を行うことは要部観察を行った意義を損なうと考える。なお、渋谷615頁では「要部についての判断には、全体観察の結論を先取りしているところがある」旨を述べているが、本書の立場のように要部観察は全体観察の一種であると考えればむしろ当然のことといえる。

したがって、意匠の類否は、あくまで「要部の共通性」により判断すべきであって、ここでいう「総合的な類否判断」というのは、「要部の共通性」という判断基準によっても判断が困難な場合を指すと限定して考えるべきである。

具体的には、要部が「複数」ある場合[128]である。例えば④の個別評価において、「需要者の注意を引く部分」（要部）が複数認められる場合であったとしても、それらの全てが共通点となっている場合には、全体として「類似」することとなる。これが「総合的な類否判断」の典型的なケースであろう。

問題は、「需要者の注意を引く部分」（要部）が複数認められる場合において、ある「要部」は共通点であるものの、他の「要部」は差異点のときである。この場合こそ「総合的な類否判断」の必要があり、結論として全体の美感は共通しないとすべきである。要部は需要者の注意を引く部分であり、そこに差異が認められる以上、全体としても需要を喚起する範囲は一致していないと解されるからである。

すなわち、複数の要部のうち１つでも差異点に該当するときには非類似とすべきである。このように解することで、「要部の共通性」で類否を判断するという基準としての安定性及び一貫性[129]を保つことができよう。

---

128 裁判例において複数の要部を認定することはしばしば見られる。例えば東京地判平成11年11月30日 平10(ワ)24986[判時1705号154頁]、前掲「トレーニング機器事件」等。学説でも要部が1つに限られないことを明言するものとして渋谷613頁を参照されたい。

129 この点、最終的に「共通点から受ける印象が差異点から受ける印象を凌駕するか」否かで判断すべきという考え方がある〈百選58事件(嶋末和秀執筆)119頁〉。これは共通点と差異点のいずれも要部である場合を前提とし、その場合の判断基準を示しているものと考えられる。しかし、要部観察自体がそもそも全体観察の一種であって、需要者の印象の程度(需要者の注意を引く部分か否か)について様々な要素を「評価」した上で「要部」か否かを「認定」している以上、当該「要部」(差異点)に差異が歴然としてある場合には、それをさらに他の要部(共通点)と比較して「印象を凌駕するか」を検討するまでもなく、非類似とすべきである。仮にある要部が他の要部の「印象を凌駕」するのであれば、凌駕されるような部分を「要部」とした認定自体が誤りだったはずである。

5．意匠の同一

新規性の判断や侵害の場面では意匠が「同一」である必要はなく、「類似」であるか否かの判断で同じ法的効果となるため、意匠の「同一」性が問題となる場面はほとんどないといってよい。

しかし、それでもなお意匠の「同一」自体は単なる理論上の問題にとどまらず、解釈する必要のある規定は幾つか[130]あり、実際に裁判でも争われている。典型的には後述するように補正が許されるか否かの基準が「同一」性の範囲とされており、それ以外には出願分割又は出願変更における原出願と後の出願の内容の同一性、そして優先権主張における原出願と日本出願の同一性、先出願による通常実施権（29条の２）の「意匠の範囲」というそれぞれの場面である。

そして一見するとまれな事案と思われるかもしれないが、新規性喪失の例外の適用を申請して証拠として提出した意匠と実際の公知意匠が「同一」といえるか否かが争われた例もある（前掲「コート事件」）。学説では、「意匠において同一というのは、特許や実用新案の場合とは異なって非常に狭いといわれるが、…物理的に同一という意味ではない[131]」というのが従来の通説といえる。

この点に関し、新規性喪失の例外の適用が公知意匠と同一の意匠に限定されていた当時の裁判例ではあるが、「法律上の概念として、単に物理的に形態が完全に一致するものだけでなく、形態において微差があっても、同条の立法趣旨に適した限度において、社会通念上、意匠の表現として同一の範囲と理解されるものをいうと解するのが相当」と同旨を述べたものがある〈端子盤事件：東京高判平成８年２月28日 平７（行ケ）159〉。

従来、意匠の「類似」という概念は、願書及び添付図面等に記載され、特定された一つの意匠を中心とする円状に観念されるのが通常であり、この円内が権利範囲となる。

---

130 このほか、理論的な検討にとどまる可能性もあるが、先願主義(9条)においても問題となり得る。なぜなら同一人による「同一」の意匠の出願が競合する場合には同日であれば協議命令、異日であれば拒絶・無効理由となる一方、同一人による「類似」の意匠の出願の場合には関連意匠として適法となり得るからである。

131 高田139頁

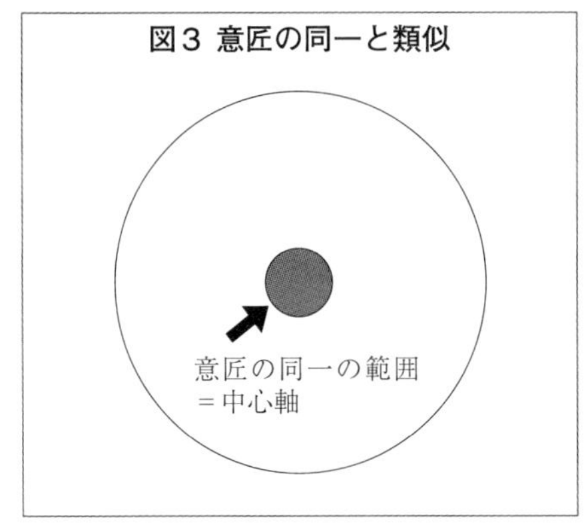

図３ 意匠の同一と類似

仮に中心自体が移動すれば権利範囲が変動することになるため、補正、出願分割・変更等の場面ではその前後においてこの中心が移動していないことが必要となり、これが「同一」という概念といえる。

もっとも、「同一」という言葉は、物理的同一を意味しないのは上述したとおりであり、一定の「幅」がある概念である。そのため、「中心点」のような「幅」のないことを意味する語ではなく、一定の幅（太さ）のある「中心軸」という語を利用して「同一」という概念を理解すべきであろう。

すなわち、願書及び添付図面等で特定された意匠それ自体は「点」として理解されるが、それと微差のある意匠であっても中心「軸」の中にある限り、意匠は同一と解されることとなると考えられる（図３参照）。

〔論点〕意匠の「同一」と「類似」の判断手法の異同

意匠の同一の判断手法は意匠の類似の判断手法と異なるであろうか。この点、意匠の「同一」も類否判断と同様の手法によるべき[132]であるという見解がある。

しかし、そもそも「類似」の判断基準について規定する24条２項は「登録意匠とそれ以外の意匠が類似であるか否かの判断」についてのみであり、「意匠が同一であるか否かの判断」について法は何ら規定していない。しかも同一が問題となるのは、いずれも遡及効を認めることで先願主義に反しないかどうかという場面（補正、分割等）であり、類似が問題となるのは、新たに需要を増大させた範囲内か否か、という場面（新規性、効力等）であって前提となる状況が異なる。

---

132 梅澤修「意匠法の問題圏 第20回－意匠の表現と認定Ｖ」（「DESIGN PROTECT」2019年 No.121 Vol.32-1）12頁では、「意匠の類否判断手法と同様となる」とする。

言い換えれば、同一が問題となる場面というのは、言わば当業者間での公平性が問題となっているので、この問題に需要者は原則として無関係である。

したがって、同一性の判断の主体的基準は当業者と解すべきであり、その意味において類否判断の手法とは全く異なると言わざるを得ない。

この場合、当然のことながら要部認定を行う必要はなく、当業者の視点に立ち、遡及効を与えるべきかどうかという観点から社会通念に基づいて同一性を判断すべきこととなる[133]。

もっとも、出願変更の場合には元の出願が意匠としての出願ではなく、優先権主張の場合には、原出願はあくまで原出願国の記載方法に従っているという点において、当初から意匠法に規定された記載方法を遵守しているという期待可能性が必ずしもないことも考慮すべきであるから、補正や出願分割等の場合よりもやや緩やかに同一性が認められ得ると解すべきであろう[134]。

---

133 なお、仮に需要者の美感の範囲にも影響を与えるような変更の場合には、遡及効を与えることはできないのは当然である。したがって、需要者の美感の範囲に影響を与える場合は常に当業者間の社会通念上の同一を超えているとはいえよう。

134 これらの点は梅澤修「意匠法の問題圏 第20回－意匠の表現と認定Ⅴ」(「DESIGN PROTECT」2019年 No.121 Vol.32-1)が詳しいので参照されたい。ただし、同一性の判断手法についての考えは本書とは異なる。

第6章 意匠登録出願の手続

意匠登録出願（本書では「意匠出願」とも略す。）とは、意匠登録を受けようとする者が願書及び添付図面等を特許庁長官に提出して意匠登録の設定を請求する手続をいう。

意匠の創作をした者には意匠登録を受ける権利が生ずることとされている（３条１項柱書)。意匠登録を受ける権利はそれ自体が財産権の一種であるが、意匠権を得るには特許庁に出願をし、審査を経て設定登録を受けなければならない。しかし、「口頭による説明、又は現物の提出[1]」のみでは独占排他権とされる意匠権を設定すべき主体及び客体の特定は困難[2]であり、法的安定性に欠ける。

そこで、法は書面主義（６条）を採用し、書類の提出を義務付けている。

１．概要

（1）願書

意匠出願は、願書と添付書類等から成る。願書は出願に際しての必須書面であり、その記載事項については６条に法定されている。

「意匠登録出願人の氏名又は名称及び住所又は居所」（１項１号）及び「意匠の創作をした者の氏名及び住所又は居所」（１項２号）を記載する。意匠登録を受ける権利を原始取得した者と出願人を特定するための記載である。

---

1 高田313頁

2 加藤255頁

「意匠に係る物品又は意匠に係る建築物若しくは画像の用途」（１項３号）を記載する。「意匠に係る物品」とは、「意匠を現す具体的な物品[3]」のことをいう。意匠自体は２条１項の定義からも明らかなように、無体物（アイデア）、すなわちデザイン・コンセプトであり、これをいかなる特定の用途・機能を有する物品等と「結合」させるのかという出願人の意思を記載することで物品等の面から審査対象を特定するものと考えることができる。

ただし、この欄は、一意匠一出願の原則（７条）の規定にあるとおり、経済産業省令で定めるところにより記載する必要がある。詳細は一意匠一出願の原則で説明する。

部分意匠の場合であっても願書の記載方法は、通常の全体意匠と基本的に同じ[4]である。したがって、願書の「意匠に係る物品」の欄には、部分意匠の創作のベースとなっている全体の物品名等を記載する。「～の部分」と書いてはならないこととなっている。

建築物の意匠の場合には、建築物の用途を記載し（様式２備考８ロ）、また、画像意匠[5]の場合には、「(～用)[6]画像」（例えば「銀行取引用画像」）のように画像の用途を記載することとされている（様式２備考８ハ）。「物品」は前述したように「有体物のうち、市場で流通し、特定の用途及び機能を有する動産」をいうため、必ず何らかの特定の用途を有するものであり、この用途は需要者の範囲を特定する上で重要であるため、この欄において用途を明らかにするための記載を求めることとしているといえる。

---

3 逐条解説1268頁

4 令和元年5月1日までは願書に「部分意匠」の欄を設けることとなっていたが、現在では不要となっている。

5 なお、物品(機器)の部分に画像を含む意匠の場合はあくまで「物品」の意匠であるので「意匠に係る物品」には従来どおり、当該物品名(例えば「現金自動預払機」)を記載することとなる点に注意する。

6「画像」のみの記載では概念が広範過ぎるためであろう。経緯としてはクリアランス負担の軽減のためとされている〈青木大也「意匠法改正：画像デザイン・空間デザインの保護拡充ほか」(『年報知的財産法2019-2020』2019年 日本評論社)3頁〉。

組物の意匠では、願書の「意匠に係る物品」の欄に別表に掲げる組物の意匠のいずれか（例えば「一組の建築物」）を記載する必要がある（様式２備考９）。また、内装の意匠の場合、用途が明確に把握できるようにするため、「○○の内装」又は「○○用内装」と記載する必要があるとしている（様式２備考10）。

「意匠に係る物品の説明」には「意匠に係る物品」の欄の記載のみでは物品、建築物又は画像の使用の目的、使用の状態等が明らかでないときにその物品、建築物又は画像の使用の目的、使用の状態等、物品、建築物又は画像の理解を助けることができるような説明を記載する（様式２備考39～41）。新規な物品等や多機能な物品等、物品等の「用途」を明確化するためである。内装の意匠も同様に、その内装の意匠の用途を記載する（様式２備考44）。

なお、あくまで物品の理解を助けるための記載であり、例えばこの欄に「意匠に係る物品」とは用途及び機能の異なる非類似物品について記載していても「意匠に係る物品」を拡張することはできない[7]と解される。

「意匠の説明」には、意匠を認識する上で物品の材質又は大きさの理解を必要とする場合、物品の材質又は大きさ[8]を記載する（６条３項、様式２備考42）。

また、形状等が変化する場合、その変化の前後にわたる形状等の意匠登録を受けようとする場合、その旨及び当該機能の説明を記載する（６条４項、様式２備考42）。これは講学上、「動的意匠」といわれてきたものである（詳細後述）。

白色又は黒色のいずれか一色を省略して図を記載した場合は、その旨を記載する（６条５、６項、様式２備考43）。逐条解説1269頁では、例えば「黒色の物品の上に模様が立体的に表現されている場合、全部を黒色にすると模様が現れないことになるので、模様のみを黒で表現し、地の黒色は省略できることとした」と説明されている。

---

7 裁判例（前掲「カラビナ事件」）においては、「意匠に係る物品」の欄に登山用具の名称として「カラビナ」と記載しつつ、「意匠に係る物品の説明」の欄に「キーホルダーやチェーンの部品等の、装飾用としても使用されるものである」と記載されていた登録意匠について、キーホルダーという用途及び機能の異なる非類似物品に意匠権の効力を及ばない旨を判示している。

8 ただし、逐条解説1269頁に記載があるように、画像については「その材質又は大きさを考慮する必要がない」として条文から除かれている。

また、形状等の全部又は一部が透明である場合には、その旨を記載する必要がある（６条７項、様式２備考42）。登録後になって透明か不透明かの争いで類否が分かれる事件[9]が少なからず見受けられる。確かに通常は線図のみの図面からある部分が透明か否かは不明確であるため、この記載の有無は類否判断に与える影響という観点から重要と考えられる。

（２）添付図面等

① 図面

図面は、任意の書類としている特許法とは明確に意義が異なり、意匠法においては原則として必須書類となっている。意匠には美的外観性があり、意匠権の客体となるべき物品等の形態面を特定するためには図面が最も適していると考えられるからである。そのため、図面は「意匠登録に関する手続において最も重要な中核的役割を担う[10]」ともいわれている。

図面は、所定の様式（施規３条、様式６）により作成しなければならない。例えば立体を表す図は、「意匠登録を受けようとする意匠を明確に表すために十分な数[11]の図をもって記載する」（様式６備考８）。

また、平面的なものを表す図面は、「同一縮尺により作成した表面図及び裏面図のうち意匠登録を受けようとする意匠を明確に表すために十分な数の図をもつて記載する」（様式６備考10）とされている。

---

9 例えば電子レンジ蒸し器事件〈東京高判平成8年9月11日 平7(行ケ)207〉では、実質的に蓋が透明か不透明かによって類否が分かれる判断となっており、高気圧酸素カプセル事件〈東京地判平成30年9月21日 平29(ワ)11295〉では、透明であることが需要者に対して強い印象を与える点として考慮された。

10 斎藤209頁

11 以前は、「立体を表す図面は、正投影図法により各図同一縮尺で作成した正面図、背面図、左側面図、右側面図、平面図及び底面図をもつて一組として記載する」として、いわゆる6面図を厳格に要求していた。しかし、令和元年5月1日以降、柔軟で多様な記載方法を認めるという趣旨から、従来は「参考図」で用いられることが多かった等角投影図法（いわゆる斜視図の一種）などによる図面の記載も現在は正式に認められるようになっている。

もっとも、これらの図面でも「その意匠を十分表現することができないときは、展開図、断面図、切断部端面図、拡大図、斜視図、画像図その他の必要な図を加え、そのほか意匠の理解を助けるため必要があるときは、使用の状態を示した図その他の参考図[12]を加える」こととされている（様式６備考15）。

また、全体の形状等が図面に表されていない範囲の形状等については意匠登録を受けようとする部分ではないとして、図面に表された部分の「部分意匠」として取り扱われる[13]。

具体的には、図面で表現されていない部分については「その他の部分」と扱った上で、添付された図面で開示された範囲で意匠登録を受けようとする部分の形状等、物品等の全体における位置、大きさ、範囲等が明確であれば、意匠の明確性に支障がないと判断することとされている。

② 図面の代用

図面に代えて、意匠を現した写真、ひな形又は見本[14]を提出することもできる（６条２項）。出願人の便宜を図ったものと考えられるが、「取扱い又は保存に不便でないもの」等の一定の条件（施規４条、５条）が定められている。

2．動的意匠

動的意匠（変化する意匠[15]）とは、物品の形状、模様若しくは色彩、建築物の形状、模様若しくは色彩又は画像がその物品、建築物又は画像の有する機能に基づいて変化する意匠をいう（６条４項）。

---

12 「使用の状態」を示すための「参考図」は、本来は意匠の理解を助けるための記載にすぎないが、裁判例においてこの参考図を参照して、引用意匠と本願意匠が非類似であると認定したものがある〈輪ゴム事件：知財高判平成21年7月21日 平21（行ケ）10036〉。

13 2019（平成31）年4月26日の審査基準改定後、2019（令和元）年5月1日からの取扱いである。

14 ひな型は意匠の模型、見本は意匠の実物を意味する。

15 現在の審査基準には動的意匠という表現はなく、「変化する意匠」という表現を用いている。

（１）趣旨

意匠の成立要件として、原則的に、特定性以外に形状等について一定の時間は「変化をしないこと」（定形性）も要求され、それが旧法以来の通説であることは既に述べた。

しかし、逐条解説1269頁によれば、「玩具などには形状が変化するものが多く、例えば動物の形状をした玩具では四本足で立っている場合と後二本足で立っている場合とでは形状が違ったものとなることがある」そのため、「四本足の形状について意匠登録を受けていても二本足の形状について他人に意匠登録を受けられるおそれがある」このような場合に、「形状の異なる状態ごとに意匠登録を受けるために出願するのでは煩わしさに耐えない」。そこで、「変化する意匠について一出願で完全な権利が取れることにした」とする。

しかし、「変化態様のそれぞれについて静止状態の権利をも取得できる」という特別な法的効果を付与するものまでではないと解すべきである[16]。動的意匠については６条という出願手続に関する条文の中にのみ記載があることを考慮すべきだからである。

需要説から考えた場合、形状が変化するその変化の前後の外観に需要喚起機能がある場合といえる。一意匠一出願の原則でも述べるが、需要説からは需要者の「購買心への刺激の単一性[17]」が意匠の単位となり、「デザインが統一して一回的に購買心を刺激するなら一意匠[18]」と考えるため、結局のところ動的意匠も実質的には一意匠と捉えることができよう。

なお、建築物や画像の場合には、ここでいう「購買心」（購買意欲）はそれぞれ「利用意欲」あるいは「使用意欲」と置き換えて考えるべきであろう。

通説的見解でも「動的意匠は、刻々に変化する形状、模様、色彩を総合した一体の意匠[19]」としている。

---

16 注解220頁（梅澤修執筆）

17 加藤262頁

18 加藤266頁

19 高田75頁、注解220頁（梅澤修執筆）

（2）動的意匠の成立要件

① 物品等の機能に基づくこと

「機能に基づいて（変化）」というのは、変化させることが当該物品等の「用途（使用目的）」の一つとして存在する。すなわち変化自体が意図・設計された「機能」の一つであることを要求する趣旨と解されるため、自然現象に基づく劣化等による変化は除かれる[20]。また、販売目的の形状は使用目的の一つとは解されないため、「ハンカチを動物の形に折り畳むような場合などシート状の物品を単に変形させて立体物を形成するといったような変形は含まれない[21]」。

建築物意匠の場合、審査基準にあるような「屋根が開閉する競技場」などが該当し得る。画像意匠の場合、表示画像ではアニメーション効果が考えられ、操作画像では、その「機能」に基づいて画像が変化（いわゆる画面遷移）する場合が想定される。審査基準では、「複数の画像が、同一の機能のための画像であると認められなければならない」とする。画像にも、元々特定の用途及び機能が求められていることからすれば、変化全体を「一意匠」として認める制度趣旨から「同一の機能」に限定することには合理性が認められるものと考えられる。具体例として「銀行のATMにおける振込機能のように、初期メニュー画面の対応アイコンから、取引銀行入力、振込宛先入力、振込金額入力、送金に至るまで、それぞれ個別の画像ごとでも、これらすべてを含む振込機能全体の遷移画面としてでも、同一機能のための画像と認められる」としている。

② 変化すること

ここでいう「変化」は、「静止した状態をとらえただけでは、その変化の状態がとらえられないもの[22]」であることを要すると解するのが通説的見解である。

---

20 注解220頁（梅澤修執筆）では、「通常の使用態様から外れた使用方法により、加えられる変形、あるいは、破損による変形等を除くことを意味する」と述べており、おおむね同旨と考えられる。もっとも、予定している設計された変化であって、変化前後の形態が特定できる定形性がある限り、例えば温度に基づく化学的変化であってもよいと解される。

21 コンメ新版312頁（中川裕幸執筆）

22 輸液バッグ事件：東京高判平成16年3月31日 平15（行ケ）358

例えばびっくり箱などはこれに当たる典型例であろう。他方、「ハンドルが動き、車輪が回る」等のような場合、「静止した状態をとらえておけば、動いた状態も想像がつくので、それをとりたてて動的意匠という必要はない[23]」と解される。この点について同旨の裁判例[24]も複数[25]あり、例えば椅子の意匠に関して上下に調整可能かどうかについて、「いかなる程度、内容の変化であろうとも逐一、ことごとく、その旨及びその物品の当該機能の説明を願書に記載しなければならないとまで定めているものではな（い）」旨を述べたものがある。

もっとも、変化について不記載でも許容されるというのは例外的な取扱いであり、変化の前後で形態に相当の差異がある場合、その旨の記載をしない限り動的意匠とは認められないと考えられる。実際の裁判例でも変化前後の状態の説明の記載がないことをもって動的意匠と認定しない旨を述べるもの[26]がある。

③「意匠」の成立要件としての視覚性、特定性及び定形性を有すること

動的意匠もあくまで「意匠」の一種であることから、視覚性、審査対象としての「特定性」及び一定の時間の定形性を要求する「定形性」はいずれも前提として必要となる。したがって、たとえ機能に基づく変化であっても、外観に表れないものは視覚性を欠くため動的意匠とならず、審査対象が特定できない場合にも成立しない。また、動的意匠は「変化する」意匠ではあるが、ここでいう変化は不規則あるいは不定形なものではなく、あくまで「機能に基づいて」意図され、設計された変化に限定されているため、変化の前後の図面等により明確に形態が確認できる場合には「定形性」の要件を満たすものと解される。

したがって、動的意匠は、定形性の要件の完全なる例外という位置付けではないと考える。

---

23 高田74頁

24 いす事件：東京高判昭和56年6月17日 昭55（行ケ）350

25 注解223頁（梅澤修執筆）は、「裁判例の多くは、当該機能及びその変化の前後にわたるその物品の形状等について明らかに認識できる場合は、その記載を省略できる旨判示している」としている。

26 例えば包装用箱事件：東京高判昭和61年6月24日 昭60（行ケ）96[無体裁集18巻2号221頁]、呼吸マスク事件：知財高判平成22年7月7日 平22（行ケ）10079[判時2098号149頁]が挙げられる。

（3）動的意匠の手続

願書については、「意匠の説明」の欄に、動的意匠である旨及び物品の機能の説明を記載する（6条4項)。また、図面については、「動くもの、開くもの等の意匠であって、その動き、開き等の意匠の変化の前後の状態の図面を描かなければその意匠を十分表現することができないものについては、その動き、開き等の意匠の変化の前後の状態が分かるような図面を作成する」とされている（施規3条様式6備考22)。

ここで「前後の状態の図面を描かなければその意匠を十分表現することができないものについては」とあるのは、常識的な動きをするものについては前後の図面は不要であることを示唆するものであり、前述したような通説及び裁判例と同旨と考えられる。

（4）動的意匠の取扱い

審査基準では、「その動き、開きなどの意匠の変化の状態の図面がなければその意匠を十分表現することができない場合において、その図面及びその旨の説明が願書の『意匠の説明』の欄に記載されていない場合」は、3条1項柱書違反となる旨[27]が記載されている。この場合、出願人が補正により拒絶理由を解消できるか否かについて、審査便覧には以下のように記載されている。

「願書の記載及び願書に添付した図面等を総合的に判断しても、形状等が変化する意匠であることを当然に導き出すことができないときに、変化の前後にわたる物品、建築物又は画像の形状等について意匠登録を受けようとする旨又は当該物品、建築物又は画像の機能の説明の記載を補充する補正は、出願当初の意匠の要旨を、その意匠の属する分野における通常の知識に基づいて当然に導き出すことができる同一の範囲を超えて変更するものであることから、要旨を変更するものである。

27 審査基準では「意匠が具体的ではない」と判断する旨が記載されている。前述したように、これは意匠の「特定性」の要件の問題であると考える。

当該意匠に係る物品、建築物又は画像の形状等がその物品、建築物又は画像の有する機能に基づいて変化する旨の記載はないが、願書の記載及び願書に添付した図面等を総合的に判断した場合に、形状等が変化する意匠であることを当然に導き出すことができるときに、その範囲内において、変化の前後にわたる物品、建築物又は画像の形状等について意匠登録を受けようとする旨又はその物品、建築物又は画像の当該機能の説明を補充する補正は、要旨を変更するものではない」

仮に変化の前後の図面等を多数含めていながら動的意匠である旨の説明がない場合には、動的意匠ではなく単なる多意匠と判断される場合もあり得る。この場合にはこの後に論ずる一意匠一出願の原則（７条）の違反となろう。

ところで、ここから明らかなように変化の前後の意匠を含めることが前提ということは、動的意匠として認められる場合は、複数の意匠を含んでいることから、形式的[28]には一意匠一出願の原則の例外の一つであるともいえよう。

次に、動的意匠における類否判断について通説的な見解からは、まず、物品の動的意匠が登録されている場合において、対比する意匠が静的意匠だったときの類否判断については、その静的意匠が「動的意匠の各動作中の基本的な主体をなす姿態と同一又は類似である場合、動的意匠の動作が突飛なものでない限り両者は類似する[29]」とされる。

その理由として挙げられているのは、「動的意匠の基本的な姿態からおよそ推測することができるような動作」（例えば「兎のおもちゃ」なら跳びはねる、「象のおもちゃ」なら鼻を上下にさせる等）であれば、「基本的な姿態をみると誰でもそれをイメージとして頭に思い浮かべるから[30]」であるという。

次に、対比する意匠も動的意匠だった場合の動的意匠相互間の類否判断については、「基本的姿態が同一又は類似であれば多少動作に違いがあってもその動作が特に突飛ではない限り類似する傾向が強くなる」とされている。

---

28 実質的に「一意匠」といえる点については前述した。

29 高田75頁及び201頁

30 高田201頁

なお、建築物や画像の動的意匠の場合、前記「姿態」を「形状等」と置き換えれば基本的に同様の類否判断が可能と考える。例えば画像意匠の場合、各画面遷移に共通の形状等があれば、それが同一又は類似であれば類似し、多少の画面遷移に違いがあっても突飛なものでない限り類似する傾向が強くなろう。

以上、いずれの場合でも「基本的な姿態（形状等）」が原則として需要者の注意を引く「要部」となり、これが共通すれば類似すると考えればよいであろう。

3．一意匠一出願

（1）立法趣旨

意匠法７条は、「意匠登録出願は、経済産業省令で定めるところにより、意匠ごとにしなければならない」旨を規定する。これは一意匠一出願の原則又は一意匠一出願主義[31]と呼ばれている。審査基準では、本原則の立法趣旨について、「一つの意匠について意匠権を一つ発生させることにより、権利内容の明確化及び安定性を確保するとともに、無用な紛争を防止するという、手続[32]上の便宜及び権利侵害紛争上の便宜を考慮したもの」と説明している。

本条に違反した場合、拒絶理由[33]（17条３号）となるが、過誤登録でも無効理由（48条１項）とはならない。拒絶理由と無効理由は一致する場合がほとんどであるが、拒絶理由となっても無効理由とならない登録要件[34]もある。

このような登録要件は、過誤登録であっても無効にするまでではない内容[35]、すなわち本条の趣旨にもあるように、権利内容の明確化と手続上の便宜のための要件というのは、実体的な登録要件ではないと考えられていることになろう。

---

31 高田257頁等

32 ここでいう「手続」は、出願人の手続ではなく出願された意匠の「審査」手続上の便宜を意味すると解される。高田547頁では「意匠の範囲の不明確さから生ずる審査の困難や誤謬をなくす」と述べられており、コンメ新版314頁（峯唯夫執筆）も同旨である。

33 本条の拒絶理由に対する出願人の対応策としては、意見書（準特50条）、補正（60条の24）、分割（10条の2）などが挙げられよう。

34 その他、関連意匠として登録されている意匠が本意匠に非類似であった場合（10条1項）等がある。

35 高田547頁でも「実質的に拒絶すべきものが登録になって」いるものでない限り、一旦登録したものを無効にするには当たらない旨を述べる。

〔応用研究〕一意匠一出願の原則からの派生原理

一意匠一出願の原則は主に審査手続の便宜のための要件であって、実体的要件ではないと考えられている。

しかし、趣旨にある「一つの意匠について意匠権を一つ発生させる」というのは、例えば複数の「部品」（物品）から構成される「完成品」（例えば自転車）の新たな意匠を創作した場合において、部品の一つであるハンドルに独自の特徴があるにもかかわらず、出願人自らの意思で、あえて部品（ハンドル）としての権利請求[36]（出願）を行わず、完成品（自転車）の意匠として出願して権利を得た場合には、後から同じ特徴を持つ「ハンドル」の第三者の実施に対しては権利が及ばない[37]ということを意味しよう。

その意味において、審査段階では手続上の要件である一方、権利化後には、完成品に含まれる複数の個々の意匠については、第三者の意匠との同一又は類似の主張を実質的には禁ずる[38]こととなる。

このように権利の内容を限定するという意味においては一定の実体法上の効果もあるといえるのではなかろうか。これを「一意匠一権利の原則」と呼んでもよいであろう。

他方、例えば被告の実施している意匠（イ号）を特定する場合などにはこのような法的制限がない以上、被告が完成品（例えば自転車）を実施している場合、そこに含まれる複数の個々の意匠（例えばハンドル）は完成品に「包含」され、同時に実施していると考えても差し支えがないことを意味することとなる。この点は「被告意匠の特定」で説明する。

---

36 なお、「陶器」として出願し、審査官から本原則違反を指摘されて「花瓶」に限定する補正を行った場合であっても、補正をするか否かは出願人の意思であるから同様に考えるべきであろう。

37 一意匠一出願の原則は、「そもそもなぜ『意匠』は全体観察すべきなのか？」という観察方法にもつながるものと考えられる。

38 一意匠一出願の原則から導かれる禁反言の法理ともいい得る。本文の例に則していえば、ハンドルのみの需要を喚起することもできたはずであるが、あえてハンドルについては権利請求せず、全体の自転車の意匠についてのみ権利を請求したと理解することとなろう。

（2）概要

①「経済産業省令で定めるところにより」しなければならない

従来（令和元年改正前）は、「『意匠に係る物品』の記載を出願人の自由にまかせて、例えば、『陶器』という記載を認めたのでは、『花瓶』と記載した場合に比べて非常に広汎な意匠の出願を認めたのと同一の結果を生ずる」との観点から「物品の区分により」の文言があったが、令和元年の一部改正において経済産業省令で定める「物品の区分」を廃止した。逐条解説1271頁によれば「急速な技術革新に伴って市場に多様な新製品が流通する中、出願人の便宜の観点から、より柔軟な出願手続を設けることが必要」と判断したとされており、その結果、改正後は「経済産業省令で定めるところにより」のみとなった。

本条にいう経済産業省令に対応する規定の一つは意匠法施行規則７条であり、同条では「意匠法第７条の規定により意匠登録出願をするときは、意匠登録を受けようとする意匠ごとに、意匠に係る物品、意匠に係る建築物若しくは画像の用途、組物又は内装が明確となるように記載する」と規定されている。この規定の趣旨について、審査基準では「一つの意匠権の内容が広範に過ぎるものとならないよう」にするためと説明している。したがって、解釈論としてはこの「明確」な記載とはいかなる場合かという点が問題となる。

審査基準では、「願書の『意匠に係る物品』の欄の記載のみならず、願書のその他の欄の記載及び願書に添付された図面等を総合的に判断し、意匠登録を受けようとする意匠の物品等の用途及び機能を明確に認識できる場合は、この要件を満たしたものと判断する」としている。

まず、願書の「意匠に係る物品」の記載が「明確」でないと認められる場合として、「意匠の属する分野において、日本語（国際意匠登録出願の場合は英語）の一般的な名称として使用されていないもの」がこれに当たるとして、その具体例に「日本語（国際意匠登録出願の場合は英語）以外の言語によるもの、一般的な名称として広く認識されるに至っていない省略名称、商標や商品名等の固有名詞を付したもの」を挙げ、「用途及び機能を何ら認定することができないもの」の具体例として、「物品」「もの」と記載する場合が挙げられている。

次に、願書の記載及び願書に添付した図面等を総合的に判断しても、出願された意匠の物品等の用途及び機能が「明確」でないと認められる場合として、審査基準では、図１や図２のような例が挙げられている。

図１ 意匠に係る物品：産業用部品	図２ 意匠に係る物品：装飾部品
【斜視図】 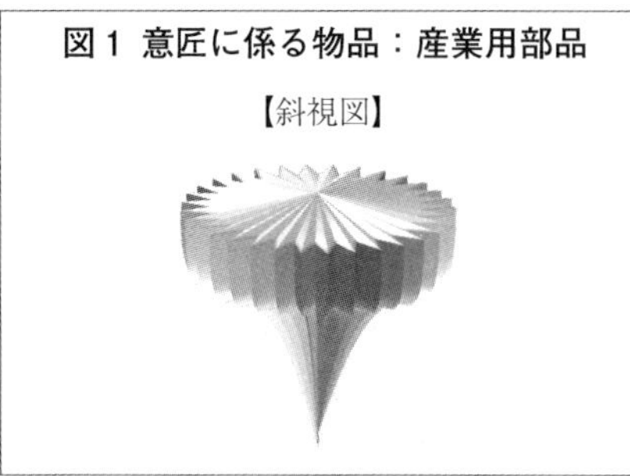	【斜視図】 

本事例では、「意匠に係る物品」の欄の記載が不明確であり、図面の記載を考慮しても、この意匠の意匠に係る物品等の用途及び機能を明確に認定することができない。

図３ 意匠に係る物品：食器

【斜視図】

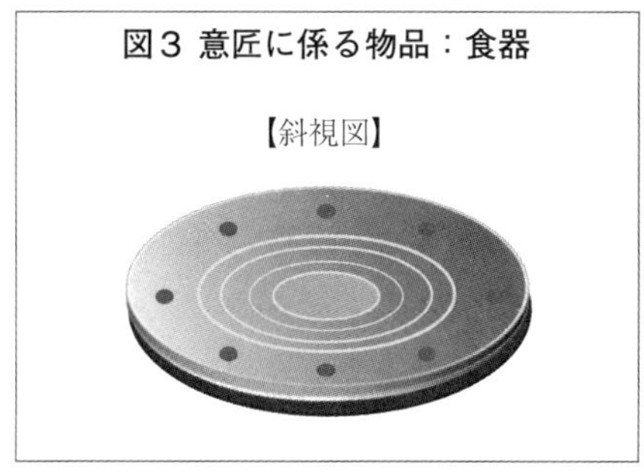

他方、図３の場合、「意匠に係る物品」には、いわゆる総括名称が用いられているものの、「意匠に係る物品の説明」の記載から用途及び機能を明確に認定することができるとして例外的[39]に許されるとしている。

本事例では、「意匠に係る物品」「意匠に係る物品の説明」の各欄の記載と、図面の記載において相互に矛盾が生じておらず、これらの各記載を総合すると、この意匠の意匠に係る物品等の用途及び機能を明確に認定することができる。

〔小論点〕３条１項柱書違反と７条違反

審査基準には「願書の記載及び願書に添付した図面等を総合的に判断したとしても、『意匠に係る物品』の使用の目的、使用の状態等が不明な場合」は法上の意匠に該当していないとして３条１項柱書違反とする旨が記載されている。

---

39 令和元年改正（施行は2021年4月1日）の前までは、「物品の区分」によらないものとして認められていなかった記載である。

一方で、「願書の記載及び願書に添付した図面等を総合的に判断しても、出願された意匠の物品等の用途及び機能が明確でないと認められる場合」には一意匠一出願（7条）違反となるともしている。「使用の目的」と「用途」は同義のはずであり、また、「不明」と「明確でない」もほぼ同義だとすれば、3条1項柱書違反と7条違反がほぼ完全に重なっていることになる。

しかし、3条1項柱書違反は実体上の問題であり、過誤登録されれば無効理由になる一方、7条違反は単なる手続上の問題であり、過誤登録されれば無効理由にはならないとされていることを、どのように理解すべきであろうか。

結論として、記載がやや不完全であっても善解し得る余地がある場合（意見書による主張を審査官が認めた場合を含む。）には手続の問題として7条違反となり、善解し得る余地のない場合（意見書で主張しても審査官の判断が覆らない場合を含む。）には実体上の問題として3条1項柱書違反となると考えられようか。審査基準ではこの点に関し、「意匠に係る物品等の用途及び機能が不明確である際の、意匠法第7条の拒絶理由と、工業上利用することができる意匠ではないとの意匠法第3条本文の拒絶理由の両方に該当する場合は、審査官は第3条本文の拒絶理由を通知する」旨を記載している。

なお、本条の「経済産業省令」には、上述した意匠法施行規則7条以外に同規則2条の2もあり、ここでは複数の意匠に係る出願を一の願書により行う手続（複数意匠一括出願手続）[40]が定められている。この規定の趣旨は逐条解説1271頁において「複数の自社製品に共通の一貫したデザイン・コンセプトを用いることでブランド価値を高める企業が増えている中、同一のコンセプトに基づく形状等を別々の物品に応用したもの等について一括して出願することへのニーズが高まっている状況[41]」を考慮したものとされている。

---

[40] 2以上100以下の意匠登録出願を含めることができるとするものであって、一意匠一出願の原則の例外ではない。したがって、出願ごとに一意匠一出願の原則が適用となる。なお、手数料も意匠登録出願の数だけ必要となるため、費用上のメリットがあるわけではない。

[41] 2021年4月1日から出願できるようになった。

②「意匠ごとに」しなければならない

そうすると、「意匠ごと」とは何か、すなわち「一意匠」をどのように解すべきかが問題となる。物品[42]と形態の「創作説的可分説」からすれば、意匠の本質は「形態」であるから、論理的には一意匠とは物品を不問とした「一形態」を意味することとなろう。他方、不可分説からは、「物品が異なれば意匠は異なる」と考えるため、「一意匠」は一物品の一形態を意味することとなろう。

法文上、物品については「意匠に係る物品」を願書で特定する（６条１項３号）こととされており、他方で、形態は、主に図面等で特定されるように（６条１項柱書）、物品と形態の両面から特定するように規定されていることは不可分説と整合的[43]であるといえよう。

この点、本書の結合説の立場からは、物品と形態の「結合」に意匠の本質があると考える。結論としては物品面と形態面の両方を見るため、不可分説と同様に、一意匠とは「一物品（等）の一形態」を意味することとなる。

この点は結論において同旨の裁判例[44]があり、７条は「意匠登録出願が『物品ごとに』かつ『形態ごとに』行われるべきことを規定したものと解される」と判示している。

また、需要説の立場からは、意匠の本質を需要増大価値にあると考えるため、論理的には需要者の「購買心への刺激の単一性[45]」が意匠の単位となり、「デザインが統一して一回的に購買心を刺激するなら一意匠[46]」と考えることとなる。物理的には分離した複数の物品がある場合には、これらの用途及び機能の考慮に加え、特にデザインの統一性の判断に当たってこの観点を取り入れて判断すべきこととなろう。

---

42 意匠には、物品以外に建築物と画像もあるが、ここでは物品を例として説明する。

43 もっとも、創作説的可分説からは「意匠に係る物品」を記載させるのはサーチの便宜のためと解する余地はある。

44 前掲「容器菓子事件」。ただし、7条の条文が「物品の区分により意匠ごとに」(傍点は著者)と規定されていた当時の解釈である。

45 加藤262頁

46 加藤266頁

〔小論点〕「物品」の種類

法律上の概念として、物は、単一物、合成物、集合物の３種類に分類[47]できると考えられており、従来、単一物は当然としても、合成物も「一意匠」となり得る一方、集合物は原則として「多意匠」と考えられてきた[48]。

ここで、単一物とは、「形態上独立の一体をなし、各構成部分が個性を有しないもの」（例えば「鉛筆、万年筆」）、合成物とは「数個のものが結合して一個の物をなし、構成物が個性を失っているもの」（例えば「トランプ、積み木」）、集合物とは「独立している物の集合であって集合物それ自体としても個性すなわち何らかの経済上の価値をもつとともに、それを構成する各物もまた独立した個性すなわち経済上の価値をもつもの[49]」（例えば「ディナーセット、応接セット」）をいう。

現在の審査基準においても、従来の学説上の整理と原則的には同様の考え方を基礎としていると考えられるが、現実には一意匠とすべきかどうかは微妙なものも多い。詳細は後述する。

審査基準では不可分説を前提に、「一意匠」に該当しない具体例[50]として以下が挙げられている。

① 二以上の物品等を願書の「意匠に係る物品」の欄に並列して記載した場合。

② 図面等において二以上の物品等を表した場合（数個の物品等を配列したものの場合を含む。）ただし、組物の意匠又は内装の意匠の意匠登録出願である場合を除く。

---

47 我妻榮=有泉亨=川井健『民法1 総則・物権法（第2版）』（2005年 勁草書房）106頁

48 高田264頁、斎藤107頁、加藤266頁も基本的に同旨ではあるが、合成物で「デザインの統一のない場合」（例えば各葉の表面に描かれた模様間に何ら関連性がない場合）には一意匠とならないことを指摘している。

49 高田263-264頁

50 部分意匠の場合について、「一つの物品等の中に、物理的に分離した二以上の『意匠登録を受けようとする部分』が含まれている場合」も「一意匠」に該当しない例として挙げられている。

前記①は、「一物品の一形態」のうち、「一物品」とはいえない典型例であり、例えば審査基準には具体例の記載がないが、「乗用自動車、自動車玩具[51]」などと記載されている場合がこれに該当すると考えられる。これは需要説からも明らかに購買心の刺激の単一性が認められない例ともいえよう。

前記②は、「一物品の一形態」のうち、「一形態」とはいえない典型例であり、図4のような例が挙げられている。これらは需要説からもデザインが統一して一回的に購買心を刺激していない事例といえよう。

図4 意匠に係る物品：コップ

【斜視図】

※これら複数のコップが社会通念上一の固有の用途及び機能を果たすために必須のものであるとは認められず、また、これらコップ全てについての造形状、まとまりのある創作がなされているともいい得ないことから、審査官は二以上の物品と判断する。

③ 一意匠かどうかが問題となり得るもの

「一意匠」か否かが裁判で争われた著名な事件として、前掲「容器菓子事件」があり、「当該物品が一物品といえるか否かは、願書における『意匠に係る物品』欄及び『意匠に係る物品の説明』欄の記載を参照した上、① 意匠登録出願に係る物品の内容、製造方法、流通形態及び使用形態、② 意匠登録出願に係る物品の一部分がその外観を保ったまま他の部分から分離することができるか、並びに③ 当該部分が通常の状態で独立して取引の対象となるか等の観点を考慮して、当該物品が一つの特定の用途及び機能を有する一物品といえるか否かを、社会通念に照らして判断すべき」とした上で、「『容器付冷菓』は、社会通念上、一つの特定の用途及び機能を有する一物品」と判示した。

---

51 高田261頁

この判決を契機としてその後に審査基準が改訂され、現在では「二以上の物品等」か否かについてはおおむね以下のような基準で判断されている。

まず、「社会通念上それらすべての構成物が一の特定の用途及び機能を果たすために必須[52]」のものと認められる場合には一物品等とされる。具体例としては、「容器付き固形のり」の例が挙げられている（図５）。

図5 意匠に係る物品：容器付き固形のり

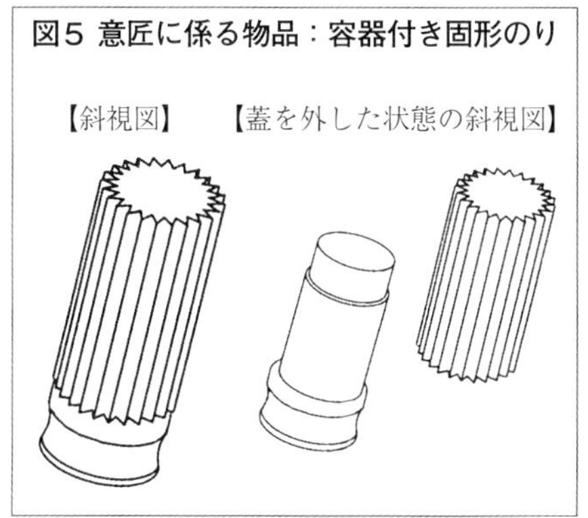

※一般に固形のりを手につかないように塗布したり、乾燥することを避け保管したりするためには容器に入れることが必要であり、社会通念上固形のり及び蓋付き容器は固形のりの用途及び機能を果たすために必須であるものと認められることから、審査官は一の物品と判断する。

他方、各構成物の「結び付きが強固ではない場合」であっても、「全ての構成物が物理的に一かたまりのものである場合」や「形状等において密接な関連性を持って一体的に創作がなされている等、一の形状等としてのまとまりがある場合[53]」又は「社会通念上一体的に実施がなされ得るものである場合」も一意匠とみることとされている。

容器付冷菓事件までは「包装とその中身」（例えば「包装したキャラメル[54]」）は一意匠と扱われていなかったが、図６のような「容器付きゼリー」のような場合には、一意匠として扱われるようになっている。

需要説からも「デザインが統一して一回的に購買心を刺激」しているといえるので是認できる運用といえよう。

---

52 従来、「機能的一体性」（斎藤109頁）といわれてきたものに相当すると考えられ、「靴などの履物、靴下、手袋」など一対をもって機能するものなどがその他の例として挙げられよう。

53 従来、「くしとくしケース」のような「デザイン上からの一物品」（高田267頁）あるいは「形態的一体性」（斎藤109頁）といわれていたものを指すのであろう。

54 高田270頁

図６ 意匠に係る物品：容器付きゼリー

【斜視図】

※容器付きゼリーは、容器から出してゼリーのみを食器等に移すことも可能であるから、一の特定の用途及び機能を果たすために必須とまではいえないが、透明容器とその外方から視認可能な複数色からなるゼリーとが一体的に創作されており、また、社会通念上一体的に製造され、一体的に市場で流通するとともに、食に付すときにおいても一体的であることを補完的に考慮し、審査官は一の物品と判断する。

さらに、従来、「物品の配列」は「物品の寄せ集めの形態」であって「販売上の手段」にすぎない[55]として登録を認めていなかったが、現在では図７の事例のように運用が変更[56]されている。これも需要説からは「デザインが統一して一回的に購買心を刺激」している事例の一つと評価できよう。

図７ 意匠に係る物品：詰め合わせクッキー及び食卓用皿入り包装用容器

【斜視図】

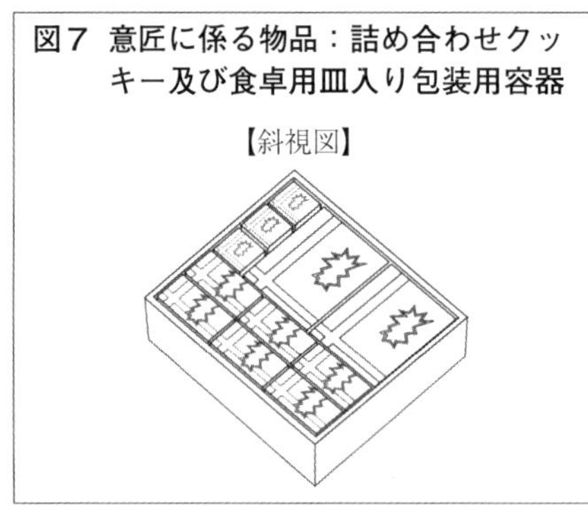

※複数の構成物が表されているが、社会通念上一体的に流通がなされ得るものであり、かつ、全ての構成物が形状等の密接な関連性を持って一体的に創作がなされていることから、審査官は一の物品として取り扱う。

55 高田268頁

56 2020年4月1日に変更された。

4．特徴記載制度

意匠登録を受けようとする者又は意匠登録出願人が、意匠登録を受けようとする意匠又は意匠登録出願に係る意匠の特徴を記載した書面を提出することができるのが本制度である（施規6条）。

（1）趣旨

本制度は厳密に言えば法律上の根拠がある制度ではなく、意匠法施行規則に定められている。平成10年改正意匠法の「意匠審査の運用基準」（及び審査基準）では、本制度の趣旨についておおむね以下のように記載されている。

意匠出願の際には、願書及び添付図面等により、意匠登録を受けようとする意匠を現さなければならない（6条）。

しかし、「従来に見られない新たな意匠等を出願する場合」には、願書及び添付図面等のみでは「創作した意匠の特徴を十分に表現することが困難な場合」もある。このような場合に、創作に関する「出願人の主観的意図を知らせる目的」で特許庁に対して創作の特徴に関する情報の提出を認めれば、「審査における的確なサーチ範囲決定のための参考情報にできる」ことから「審査・審判の迅速化を図る」ことができる。

そこで、意匠の創作の特徴記載制度を導入し、第三者にも特徴記載書の内容を意匠公報で知らせることとしたものである。

本制度は、平成10年に導入されたものであり、令和元年以降においては、特に什器の組合せや配置の創作という的確なサーチに困難性が伴うことが予想される「内装の意匠」の出願の際での活用が推奨されている[57]。

需要説からみれば、本制度の意義は、「創作した意匠の特徴」こそが通常は、新たな需要を喚起する部分と一致しているはずであるため、審査官が需要者の観点で審査する上で参考になることを考慮した制度と理解できよう。

---

57 特許庁「第3部17.4 特徴記載書」（「意匠登録出願の願書及び図面等の記載の手引き」2021年）185-186頁

（2）概要

① 意匠登録を受けようとする者又は意匠登録出願人は、意匠登録を受けようとする意匠又は意匠登録出願に係る意匠の特徴を記載した書面（特徴記載書）を提出することができる（施規６条１項）。文言からも明確ではあるが、あくまで任意の手続である。

② 願書を提出するとき又は事件が審査、審判若しくは再審に係属しているときに提出できる（施規６条１項）。出願時のみならず事件が係属している限りはいつでも提出することができることとされている。

③ 所定の様式（様式９）に従って記載しなければならない（施規６条２項）。

④ 登録意匠の範囲を定める場合においては、特徴記載書の記載を考慮してはならない（施規６条３項）。

様式には、特徴記載書の【意匠の特徴】の欄に、意匠登録を受けようとする意匠又は意匠登録出願に係る意匠の特徴を次の要領で記載するとされている。

イ 意匠の特徴を平易かつ明瞭に記載する。

ロ 文字数は1000字以内とし、簡潔に記載する。

ハ【意匠の特徴】の欄には、文字のみを記載し、図、表等を記載してはならない。

また、【説明図】の欄には、意匠登録を受けようとする意匠又は意匠登録出願に係る意匠の特徴を説明するための図を記載することができるとされている。具体的な記載例は図８のとおりある。

上記④について、審査基準では「権利範囲に対して直接的に何ら影響を与えるものではない」旨が記載されている。しかし、この点については議論があるため、以下で論ずる。なお、特徴記載書中の意匠の特徴及び説明図の記載内容は、出願人が提出したものを、原則としてそのまま意匠公報へ掲載する運用が行われている。

図8 創作性（3条2項関連）に関する記載例

出願の意匠が、自然物並びに有名な著作物及び建造物などをモチーフとして利用しているときに、当該意匠はそのモチーフをほとんどそのまま意匠に係る物品に表したものではなく、美的処理の創作がなされていることを述べる場合。

本願意匠

斜視図

特徴記載書

（平成　年　月　日）

特許庁長官　殿

1．事件の表示　（省略）

2．意匠登録出願人　（省略）

3．代理人　（省略）

4．意匠の特徴

本願意匠は、自然動物であるペンギンをモチーフとして創作されているが、頭部においては、くちばしを半球状にふくらませ、眼の周囲をでデフォルメするなどの造形処理がなされていて、実物のペンギンの頭部の形態をそのまま模したものではない。又、本願意匠の基本構成もペンギン全体のプロポーションから大きく相違し、そのデフォルメに創作があるものである。

5．説明図

〔論点〕特徴記載書で記載した内容は権利範囲に影響を与えないか

審査基準には、意匠法施行規則６条３項の「登録意匠の範囲を定める場合においては、特徴記載書の記載を考慮してはならない」という記載を受けて、前述したように「権利範囲に対して直接的に何ら影響を与えるものではない」旨が記載されている。

しかし、この点については行政法の観点から疑問がある。そもそも意匠法施行規則は法律ではない。しかも６条は法律に基づく法規命令でもないことから、行政法学上の「行政規則」に該当し、私人の権利義務に本来は関係しないものである[58]。

仮にそうだとすれば、「上位行政機関たる経済産業省が特許庁審査官・審判官を名宛人として、出願人から任意に提出された特徴記載書なる書面について、当該意匠登録出願が審査・審判・再審係属時には受理すべきことを命じた、行政機関内部における裁量基準的な性質をもった規範であると解釈」されることとなる。

そのため、あくまで「特許庁審査官・審判官を名宛人として、その拘束力が及ぶ」のみであって、「裁判所が登録意匠の範囲を解釈するに際しては、裁判官を何ら拘束するものではな（い）[59]」と考えられる。すなわち、裁判官には本規則に従う法的義務はないといえる。

実際問題として、例えば創作の特徴をＡと特徴記載書で主張しつつ、侵害訴訟の場では「ＡではなくＢ」という主張をすることは、禁反言の原則に照らしても許容すべきではなかろう。

したがって、特徴記載書の記載は、施行規則の規定の文言と異なり、侵害訴訟の権利主張において影響を与え得るものといえる点に注意を要する。

---

58 塩野宏『行政法Ｉ（第6版）』（2015年 有斐閣）111頁、藤田宙靖『行政法総論』（2013年 青林書院）301頁、宇賀克也『行政法概説Ｉ（第5版）』（2013年 有斐閣）285頁等

59 今井久美子「意匠登録出願における『特徴記載書』に関する調査研究」（「知財研紀要」2008年）4頁

5．審査と査定

意匠登録出願の審査とは、「特定の意匠登録出願につき意匠登録をすべきか否かの判断をするため審査官がなす審理[60]」をいう。

一方、査定とは、審査官が行う審査の最終判断となる行政処分をいう。

（1）概要

意匠登録出願があったときは、「特許庁長官は、審査官に意匠登録出願を審査させなければならない」（16条）。

審査には方式審査と実体審査があり、方式審査を経た出願書類が実体審査のために審査官の下に送付される。

方式審査とは出願の形式にのっとったものかどうかを審査することをいい、実体審査とは出願された意匠の内容が意匠の登録要件を満たすものかどうかを審査すること[61]をいう。手続の流れについては次頁の図９を参照されたい。

特許法との比較における審査及び査定の相違点は、意匠法には出願審査請求制度がなく、原則として全てが審査される点、権利付与後の異議申立制度がない点、前置審査制度がない点等が挙げられるが、それ以外はおおむね同様となっている。拒絶理由の有無については、17条各号に規定された拒絶理由に該当するものか否かについて検討する。

なお、審査基準においては、「出願された意匠の属する分野を特定することができないときは、先行意匠等の調査に先立ち、工業上利用することができる意匠に該当するかどうか（３条第１項柱書）、二つ以上の意匠が包含されていないかどうか（７条）、組物の意匠の場合は、組物の意匠と認められる要件を満たしているかどうか（８条）、内装の意匠として認められる要件を満たしているかどうか（８条の２）について検討」するとしている。

60 光石286頁
61 高田411頁

図９ 出願から権利消滅まで

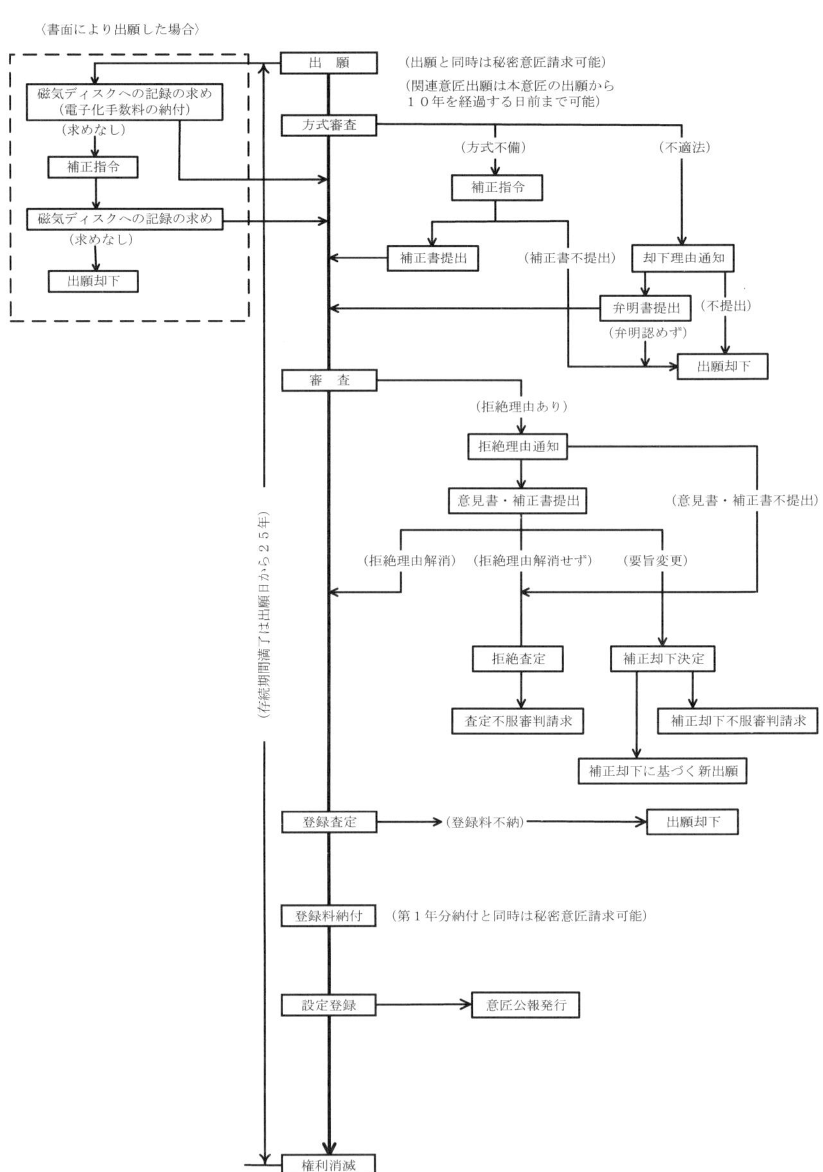

（2）拒絶理由を発見した場合

拒絶理由を発見した場合には、出願人に対して拒絶理由を通知し、相当の期間を指定して意見書の提出の機会を与える（19条において準用する特50条）。

なお、意匠法には特許法のような最初の拒絶理由通知、最後の拒絶理由通知の区別は設けられていない。

意見書又は補正書が提出された場合、審査基準においては、「意見書を精読し、意見書の内容を十分に理解した上で、意見書において主張されている各事項について検討を行い、また、手続補正書の内容を十分に検討し、先に示した拒絶理由が解消されたかどうかを判断」するが、「拒絶理由の通知に対する意見書及び手続補正書によっても、拒絶理由が解消しない場合は、すみやかに拒絶査定をする（17条）」とされている。

拒絶査定がなされた場合、特許庁長官により拒絶査定の謄本が出願人に送達される（19条で準用する特52条２項）。出願人は不服があるときは３か月以内に拒絶査定不服審判を請求できる（46条１項）。拒絶査定不服審判を請求しなければ拒絶査定が確定する。

（3）補正却下の決定が行われた場合

「願書又は図面等に対してなされた補正が、出願当初の願書の記載又は願書に添付した図面等の要旨を変更するものと認められる場合」には、「当該補正を決定をもって却下する（17条の２）」とされている。

補正却下の決定が行われた場合、補正却下の決定に対し、出願人には幾つかの対応が認められている。

まず、補正却下の決定に対して不服がある場合には、謄本送達があった日から３か月以内に補正却下決定不服の審判（47条１項）を請求することができる（本審判については後述する。）。

あるいは補正却下の決定には承服しつつ、それでも補正後の意匠について権利を得たい場合には、補正後の意匠についての新出願（17条の３第１項）を行うこともできる（本制度についても後述する。）。

（4）拒絶理由を発見しない場合

査定について審査基準では、「拒絶理由を発見しない場合は登録査定をする。また、意見書又は手続補正書の提出により拒絶理由が解消され、他に拒絶理由を発見しない場合は登録査定をする（18条）」とされている。

登録査定がなされた場合、特許庁長官により登録査定の謄本が出願人に送達される（19条で準用する特52条２項）。出願人は謄本の送達のあった日から30日以内に登録料を納付しなければならない（43条１項、42条１項１号）。納付があれば設定登録がなされ（20条２項）、意匠権が発生し（20条１項）、意匠公報への掲載（20条３項）、及び意匠登録証の交付が行われる（62条１項）。期間内に納付がなければ出願が却下される（68条２項で準用する特18条１項）。

６．補正

補正とは出願人が出願書類の記載について補充又は訂正[62]を行うことをいう。

（1）補正が認められる理由

審査基準では「手続の円滑迅速な進行を図るためには、出願人が初めから完全な内容の書類を提出することが最も望ましい。しかしながら、先願主義の下では出願を急ぐ必要があること等により、実際には完全なものを望み得ない場合がある」ため補正が認められるとしている。一方、「補正は、書類等が出願当初から補正後の状態で提出されたものとして取り扱われるという効果を生ずる[63]ものであることから、出願当初に記載されていた内容を自由に補正できるとすると、先願主義の趣旨に反し、第三者に不測の不利益を与えることとなる。そこで、補正には内容的な制限、及び時間的な制限」を課したとしている。

このような補正が認められる理由については学説上でも争いは見られない。

---

62 審査基準では、より詳しく「出願に関する書類等について法律又は所定の様式に照らして誤記や不明瞭な記載などの記載不備がある場合に、出願人が自発的に、あるいは特許庁長官又は審判長の命令に基づいて、その記載不備を治癒するために出願後に当該出願書類等を訂正又は補充する手続行為」と定義している。

（2）補正[64]の内容的制限

意匠法17条の２第１項は、「願書の記載又は願書に添付した図面、写真、ひな形若しくは見本についてした補正がこれらの要旨を変更するものであるときは、審査官は、決定をもつてその補正を却下しなければならない」旨を規定する。すなわち、「要旨を変更」しない範囲でなければ補正が許されないことを意味する。そこで、「要旨」及び「要旨を変更」の解釈が問題となる。

①「要旨」

審査基準において、意匠の「要旨」は、出願された「意匠の属する分野における通常の知識に基づいて、願書の記載及び願書に添付した図面等から直接的に導き出される具体的な意匠の内容」と定義し、その理由として「願書の記載及び願書に添付した図面等は、登録意匠の範囲を定める基礎となる美的創作として出願された意匠の内容を表して」いることを挙げている。

理由とされた内容は意匠の本質としての美的外観性を直截に説明したものと理解できる。

ここで「願書の記載事項」の意義は９条の２括弧書に規定があり、６条１項３号、６条３項～７項に関する記載事項、具体的には「意匠に係る物品」欄、「意匠に係る物品の説明」欄、「意匠の説明」欄の記載事項を指す。

②「要旨を変更」（いわゆる要旨変更）

審査基準では、「要旨を変更」する場合として３つの類型が示されている。

１つ目は「その意匠の属する分野における通常の知識に基づいて当然に導き出すことができる同一の範囲を超えて変更するものと認められる場合」である。

---

63 この点、知財高判平成20年4月14日 平19(行ケ)10321では、「適法な手続補正がされれば、意匠登録出願の内容がその出願時にさかのぼって当該手続補正の内容のとおり変更されることは、意匠法9条の2、17条の2第1項及び17条の3の各規定から当然に導かれる解釈である」としている。

64 補正には実体上の内容に関わる「実体補正」と手続面に関わる「方式補正」(例えば出願人の住所の記載不備の補正)の2種類があり、本文では原則として実体補正について説明している。

要旨変更に該当する補正か否かは「意匠の同一性が失われるか否か[65]」であるとする解釈が通説であり、同一性[66]の判断については、いわゆる当業者を基準とする旨を示したものといえる。補正の制限は先願主義の趣旨に基づいており、先願主義は、あくまで当業者の出願が競合する場合の調整基準であるため、このような解釈は正当といえよう。

ところで、意匠の「同一」をどのように解すべきかという一般論（中心軸論）については前述したとおりであり、この観点に立てば、「同一性を失わせる補正」すなわち要旨変更となる補正は、「中心軸」自体を拡大するもの、補正後の中心点が元の中心軸からはみ出すものである場合となろう。したがって、中心軸を縮小させるもの、補正後の中心点が中心軸内にとどまるものは要旨変更とはならないこととなる。

２つ目は「出願当初不明であった意匠の要旨を明確なものとするものと認められる場合」である。すなわち「出願当初の願書の記載及び願書に添付した図面等を総合的に判断しても意匠法第３条第１項柱書に規定する工業上利用することができる意匠に該当せず、意匠の要旨を特定することができないものを、工業上利用することができる意匠とする補正」を挙げている。

出願された内容が「意匠」である場合というのが１つ目の類型では前提となっており、その「意匠の同一性」を害するときを想定しているが、これは出願された内容が３条１項柱書違反であって、２条１項の「意匠」の定義に該当するものではない、あるいは意匠を特定できない場合（「特定性」の要件を欠く場合[67]）が想定されている。

言い換えれば、「意匠」でないもの[68]を「意匠」とする[69]ような補正を禁ずるものといえよう。このような補正を認めれば先願主義に反することは明らかであるから、１つ目の類型とは別の意味で「要旨を変更」するものといえよう。

よって、このような解釈は正当である。

---

65 高田438頁のほか、加藤325頁、茶園127頁等

66 審査基準では念のための記述と思われるが、「同一の範囲とは、意匠の要旨についての同一の範囲を指すものであって、類似の概念を含まない」とも記載している。

３つ目は、「意匠登録を受けようとする範囲を変更する場合」である。例えば破線部分だった箇所を実線に変更するなどが想定される。全体意匠の場合には意匠登録を受けようとする範囲は全体であることが明らかであるが、部分意匠の場合には自らが意匠登録を受けようとする範囲を特定することから、出願当初とは位置、大きさ、範囲の異なる部分を破線から実線[70]にする補正は、先願主義に反する[71]ため、このような補正も制限すべきことは当然であろう。

③ 要旨変更の具体例

(A)「意匠に係る物品」の補正

出願当初に記載された物品と異なる物品に変更する補正は原則として要旨変更となる[72]。また、同様に、「同一性の範囲」とはいえない類似物品[73]への変更、完成品から部品への変更も原則として要旨変更である。

ただし、例外的に要旨変更にならない場合もある。このような例として審査便覧に記載されているのは、「家具」と上位概念の物品名が記載されているが図面等から総合的に判断した場合に用途及び機能が明確な名称である「椅子」と当然に導き出すことができるときに下位概念の「椅子」とする[74]場合である。

---

67 審査基準では「意匠が具体的でない」場合と表現している。

68 したがって、実務的には、要旨変更をしないでこの拒絶理由を解消するためには、補正前の記載から合理的に善解することで、「意匠」と認められること、あるいは意匠が特定できることを意見書で主張しつつ、軽微な記載不備について補充又は訂正する方法で対応することとなろう。

69 当初の出願において中心軸が存在しない状態から中心軸を創造することとなるため、当然に許されない補正と考えることができる。特許法の事案であるが要旨が不明だったものを明確にした場合について「いわば無を有に変更したもの」として「同一性を欠く」とした裁判例がある〈流体接手事件：東京高判昭和38年4月25日 昭34(行ナ)28［取消集昭38-39年167頁］〉。

70 部分意匠の場合、実線部分が中心軸となるため、実線部分の変更は中心軸の変更にほかならない。

71 ただし、類型1の一種で「同一性」が失われる場合と考えられなくもない。

72 物品と形態の不可分説からは当然の結論であり、結合説からも同様となる。創作説的可分説からは必ずしも要旨変更にならないのが論理的である。

73 類似物品であっても中心軸が「移動」することになるため、要旨変更である。

74 このような場合は、上位概念を下位概念にするものであるため、特許法でいうところの「減縮」に相当する内容であり、中心軸が移動することなく、上位概念として太かった軸を下位概念として言わば細い軸とする補正であるから、類似範囲が出願当初より拡大することがないため先願主義に反することもなく要旨変更となる補正ではないと解することができる。

また、二以上の物品等を並列して記載したものを、一の意匠に特定する補正[75]も要旨変更にならない例とされている。

（B）「意匠に係る物品の説明」の欄の補正

「意匠に係る物品の説明」の欄は、施行規則[76]において「【意匠に係る物品】の欄の記載のみでは物品、建築物又は画像の使用の目的、使用の状態等が明らかでないときは、【意匠に係る物品の説明】の欄にその物品、建築物又は画像の使用の目的、使用の状態等、物品、建築物又は画像の理解を助けることができるような説明を記載する」とされている。

このように「物品等」に関する「理解を助けるため」の補助的な欄となる。したがって、本欄の補正は、要旨変更にならない場合が多いであろう。審査便覧では、伸縮状態を表す図はないが、図面等を総合的に判断した場合に「伸縮する機能を有する物品」であることを当然に導き出すことができるとき、「意匠に係る物品の説明」の欄に「この○○は、上下に伸縮するものである」旨の記載を補充する補正は、要旨を変更するものではない旨が書かれている。

（C）「意匠の説明」の欄の補正

「意匠の説明」については、施行規則[77]において、６条３項（材質・大きさ）、４項（動的意匠）、５項及び６項（色彩の省略）、７項（透明）の規定により、それぞれ記載すべき事項を記載することとされている。「意匠に係る物品の説明」の欄が「物品等」に関する「理解を助けるため」であったのに対し、本欄は、「形態」（形状、模様、色彩等）を特定するための記載である。したがって、本欄の補正は原則として要旨を変更するものとなろう。

---

75 この場合は、2以上の意匠が出願されていて、言わば中心軸が2つ記載されていたというのであるから、その軸の1つを削除することは明らかに権利範囲を縮小していると考えられるため要旨変更には当たらないと解することができよう。

76 意匠法施行規則様式第2備考39

77 意匠法施行規則様式第2備考42及び43

78 審査便覧には、蓋を透過して内部が見えている図面が示されている。

ただし、審査便覧には、出願当初の「意匠の説明」に「蓋は透明である」旨の記載がなくても、図面等[78]を総合的に判断したとき、当該部分が透明であることを当然に導き出すことができると認められる場合、蓋部が透明である旨の記載を補充する補正は、要旨変更にはならないとして例示されている。

（D）添付図面等の補正

添付図面等は､物品等を「形態」の面から特定するものである。物品等は「意匠に係る物品」の欄において「文字」で（例えば「自動車」などのように）概念的に特定するものであるため､特許請求の範囲と同様の「幅」がある。一方、形態を特定する添付図面等は、言わば「意匠の内容を表す本体[79]」ともいえることから、この内容を変更する補正は原則として要旨変更となると考えられる。

ただし、審査便覧では、各図の縮尺に僅かな相違が見られるが、総合的に判断した場合に、記載不備のない具体的な形状を当然に導き出せるときは、各図同一縮尺の図とした図面に訂正する補正は要旨を変更しないものとしている。

〔論点〕形状のみの意匠に色彩を付する補正

形状のみの意匠について、色彩を付する補正が要旨変更となるか否かについては以前より争いがある。否定説は、色彩を付しても要旨変更にならないとする考え方であり、無限定であった色彩を一色に限定するとみるものである。論理的に無限定説からはこの説を導きやすいものと考えられる。

これに対し、肯定説は、出願意匠は「同一又は類似の幅の中心点を定める作用を果たすものである」のに、この補正を許すとその「中心点が動くことになる」として要旨変更になるとする考え方である[80]。この考え方は伝統的な特許庁の取扱いであると説明されている。

---

[79] 高田437頁。なお、創作説的可分説からは最も重要な書類となることは当然であるが、美的外観性の観点から不可分説及び結合説においても重要性は異ならない。

[80] 高田145頁では、これが伝統的多数説であり、意匠課の運営もこれによっているとしている。また、加藤326頁も結論として要旨変更であるとしている。

思うに、通常の「形状のみの意匠」に一色[81]への着色の限定を行うことは、(実益が考えにくいものの）無限定説からは文字通り、無限定を限定するのであるから理論的には要旨変更にはならない[82]と解される。なお、通常はこのような補正をする利点がないために実際上問題となることは考えにくいものの、考え得る場面としては、形状のみの複数の物品からなる「組物」の意匠の出願について、全体としての統一性が認められないという拒絶理由通知に対し、全物品に同じ色彩を付することで統一性を主張する場合であろうか。

しかし、この場合には、色彩を付することで統一性を付与することは、多物品の中心軸がなかったところに中心軸を新たに追加するに等しい結果となろう。したがって、このように色彩を新たな中心軸として設定する補正は例外的に要旨変更に該当すると解する。

〔小論点〕「二以上の意匠」の一つを削除する補正は要旨変更か

審査便覧では、「図面等に二以上の物品、建築物又は画像が表され、二以上の意匠を包含していると認められる意匠登録出願について意匠ごとに分割する際に、もとの意匠登録出願について、分割した新たな意匠登録出願に係る意匠を表す各図を削除する補正は、要旨を変更するものではない」としている。

これについて、本来的には要旨変更の概念に該当するものの、その例外として許容されるという見方[83]もあるようであるが、この場合、「二以上の意匠」がある以上、意匠の要旨、すなわち中心軸も２つ以上あると考えればよい。したがって、分割した意匠を削除することで中心軸が１つに「限定」されるとみることができよう。よって、もとより要旨変更にならない補正と解すべきである。

---

81 場所によって異なった着色をした場合は当然のことながら別論であり、この場合には要旨変更となるのは当然である。透明部分について部分によって異なった着色をした補正を要旨変更と認定した裁判例として、回転警告灯事件〈東京高判平成5年7月15日 平4(行ケ)227〉がある。

82 高田145頁

83 二以上の意匠(A and B)から一つの意匠(例えばA)を削除して権利範囲を「拡張」するものと理解しているためと考えられるが、それは元の出願が「一意匠」であることを前提とするに等しいため妥当でなかろう。茶園128頁の注20では、先願主義の趣旨を没却するものではない等、便宜上要旨を変更するものではないとして差し支えないからであると解することもできる旨が述べられている。

〔小論点〕補正後に分割する際の対象は出願当初の内容か補正後の内容か

補正によって「二以上の意匠」の一つを削除した後、その削除した内容について分割出願ができるか否かが争われた事例〈前掲「平19（行ケ）10321」〉では、「本件原出願における意匠登録を受けようとする意匠から除外されたことにより放棄[84]されたものと認めるのが相当」と判示している。

（3）補正[85]の時期的制限

「事件が審査、審判又は再審に係属」している場合に限り、その補正をすることができることとされている（60条の24)。「審査」に「係属」とは、出願時から審査官の査定[86]までの間であると解される。

なぜならば、査定という最終処分が行われた以上、確定の有無にかかわらず「係属」を離れたものと理解すべきだからである。したがって、出願直後から補正は可能であり、査定があった後の補正は許されないと解する。また、「審判」に「係属」とは、審判請求時から審決までの間であると解される。同様に「再審に係属」とは、再審請求時から審決までの間であると解される[87]。

（4）補正が要旨変更[88]の場合の取扱い

① 査定前に要旨変更と認定された場合

補正が要旨変更と認められた場合、審査官による決定をもって却下される（17条の２)。この場合、出願人は、当該却下の決定に不服がある場合[89]、補正

84 禁反言の法理に近いが、本裁判では補正の遡及効も認めていることから、単純に分割出願の要件の問題として、分割の出願時における出願書類の内容が対象となるとしてもよかったと思われる。

85 特許庁長官の補正命令に基づく「方式補正」の場合、指定期間内にする必要がある（準特17条3項)。

86 斎藤253頁、コンメ新版962頁（鹿又弘子＝安立卓司執筆)。高田434頁は、登録査定の場合は謄本送達時に確定するとしている。

87 斎藤253頁を参照されたい。

88 方式補正が不適法な場合には手続が却下される（準特18条)。

89 実務的には却下の判断に承服するのであれば、決定に対してはそのまま放置し、補正前の出願内容で権利を得る方法があるほか、補正後の内容で権利を得たい場合には、現在の（不備のある）出願を取り下げて補正後の内容を改めて出願し直す方法等がある。

却下決定不服の審判の請求が可能である（47条）。あるいは、却下の決定自体には不服を申し立てずに承服しつつ、補正後の内容で権利を得たい場合には、補正後の意匠の新出願（17条の３第１項）をすることも可能である。

なお、補正却下決定不服の審判と補正後の意匠についての新出願は実質的には二者択一の制度として設計されている。先に審判請求をした後に新出願をすれば元の出願は取下擬制され（17条の３第２項）、先に新出願をすれば後に審判請求することはできないとされているからである（47条１項ただし書）。

補正却下後の新出願（補正後の意匠の新出願）制度[90]は、「意匠登録出願人が前条第１項の規定による却下の決定の謄本の送達があつた日から３月以内にその補正後の意匠について新たな意匠登録出願をしたときは、その意匠登録出願は、その補正について手続補正書を提出した時にした」とみなす（17条の３）。

すなわち、補正後の意匠について新出願をした場合、元の出願は取下擬制される（17条の３第２項）が、新出願については、実際の新出願の日ではなく、補正書提出時まで遡及する（17条の３第１項）。

この理由、そして本条の趣旨として逐条解説1304頁では、「補正をしてから期間が経過した後に要旨変更であると認定される場合も生じ得るものであり、しかもその却下された補正後の意匠について新たな意匠登録出願をした場合に、その意匠登録出願の時点が補正をしたときから期間が経過したままの時点であるというのは、意匠登録出願人に苛酷である」ためと説明している。

本条の新出願の利点は、少なくとも手続補正書の提出時までは出願日を遡及させることができる点であるが、本条の新出願をすると原出願は取り下げたものとみなされてしまう（取下擬制／17条の３第２項）。

したがって、仮に補正後の新出願と補正前の原出願とを並存させたい場合には、本条の制度を利用（補正後の意匠の新出願）することなく、補正後の意匠の内容については、遡及効は得られないものの通常の出願をすることとなろう。

---

90 補正却下後の新出願の制度は、過去には特許法にも存在したが、審査迅速化の要請と国内優先権制度の導入により要旨変更となるような補正は安全確実に所期の目的を達成できる等の観点から昭和60年の改正において特許法では廃止となった。

この方法の利点は元の出願が取下擬制されない点である。特に補正が早い段階でなされ、かつ、却下も早くなされた場合には選択し得るであろう。なお、その他の実務的な選択肢としては、補正却下の決定に承服して放置することで、これ以上の費用をかけないという方法もあろう。

② 登録後に要旨変更と認定された場合

設定登録後に要旨変更が認定された場合には、出願時が補正書提出時まで繰り下げられる（9条の2）。

逐条解説1277頁ではこの取扱い理由を「意匠法においては、特許法における訂正審判制度に相当する制度が設けられていないため、不適法な補正であることが登録後に判明した場合に、当該補正を無効理由とすると、権利者には、何らの防御手段がなく、酷である」からとしている。

出願の時点が繰り下がった結果、仮に原出願時から補正書提出時の間に新規性を喪失する事由が発生した場合等は、無効理由を有することとなる。

なお、逐条解説1278頁では、「本条の規定により要旨の変更であるべき旨の認定をするのは、審判官又は裁判官」であるとし、「意匠登録無効審判において要旨変更と認定されたため意匠登録出願の時点が繰り下がった結果、意匠登録を無効にされた場合はともかく、その他の場合においては、一つの事件（例えば侵害訴訟）における要旨変更であるとの認定は他の事件（別の侵害訴訟）の裁判官の認定を何ら拘束するものではない」旨を述べている。

7．出願の分割

意匠登録出願の分割とは、二以上の意匠を包含する意匠登録出願の一部を一又は二以上の新たな意匠登録出願とすることをいう（10条の2）。

（1）趣旨

出願の分割を認める趣旨については後述するような争いがあるが、通説的見解からは次のように考えられている。

法は、審査手続上の便宜及び権利侵害紛争上の便宜を考慮し、一意匠一出願の原則（７条）を採用し、違反した出願については拒絶されることとなる。

しかし、先願主義（９条）の下では、出願を急ぐあまり出願人に完全を期待し得ず、「一意匠か二意匠か判断に苦しむ場合も存する[91]」。しかも一意匠一出願の原則は手続上の要請であって、その違反は形式的瑕疵にすぎない。この要件のみで拒絶することは、「取引の増大を期待できる意匠の保護を拒むこと[92]」になり、法の目的にも反する結果となる。

そこで、「一意匠一出願の原則に反し、誤って二以上の意匠を一出願に包含させたまま意匠登録出願をした場合に、出願人の救済を図った」のが本制度である、というのが審査基準の説明であり、通説的見解でもある。もっとも、分割制度はこれだけの趣旨にとどまるものではないと解する。詳細は後述する。

（2）概要

① 出願の分割の要件

（A）原出願が「二以上の意匠を包含」していること（10条の２）

審査基準では「二以上の意匠を包含」とは願書の記載及び願書に添付した図面等に二以上の意匠が表されている場合をいうとしており、同旨の判例[93]もある。ただし、分割の対象となる原出願の意匠は、原出願の当初の願書等に記載されているのみならず、分割出願時にも記載されていることを要する[94]。補正により削除された場合にはその遡及効により当該意匠は出願当初より存在しなかったこととなるためである。

ここで「参考図」に記載された意匠が対象となるか否かが問題となるが、分割の対象は「意匠登録を受けようとする意匠」（６条）に限られるとして否定した裁判例[95]がある。

---

91 高田391頁

92 加藤311頁

93 額縁事件〈最一小判平成3年9月23日 平元(行ツ)82〉において、「願書に記載された意匠に係る物品に2以上の物品が指定されている場合、及び添付図面に記載された意匠が2以上の意匠を構成する場合、のいずれか又は双方に該当する場合を指す」旨を述べている。

審査基準では、「二以上の意匠を包含」している具体例として、「願書の『意匠に係る物品』の欄に二以上の物品を並列して記載した場合、あるいは願書に添付した図面等に二以上の形状等を表している場合などや、一つの物品等の部分について意匠登録を受けようとする意匠の意匠に係る物品の中に、形状等の一体性あるいは機能的な一体性が認められない物理的に分離した二以上の『意匠登録を受けようとする部分』が包含されている場合が該当する」としている。

これは一意匠一出願の原則の説明で述べた内容と合致しており、「一意匠」に該当しない具体例として述べたものと同様である。例えば意匠に係る物品に「乗用自動車、自動車玩具」と並列で記載したような場合がその典型である。

さらに、審査基準が示唆しているものとして、組物の意匠（８条）の要件が欠ける結果、「一意匠」と判断できない場合、内装の意匠（８条の２）の統一的な美感が欠ける結果、「一意匠」と判断できない場合も「二以上の意匠を包含」していることとなるため、本要件に該当し得ることとなる。

例えば「組物」でない多物品を「組物」として出願した場合はもちろん、「一組の飲食容器セット」にその概念に入らない異種の物品（例えばナイフとフォーク）が追加されているような場合が挙げられる。また、「組物」を構成する各物品に統一性が認められない場合も同様であろう。

審査基準では「二以上の意匠を包含」するものではなく、適法な分割と認められないものを以下のように列挙している。

---

94 茶園132頁

95 前掲「ピアノ補助ペダル事件」では、本判決のいう分割の対象となる意匠がそもそも「意匠登録を受けようとする意匠」に限定されると判示している。6条1項柱書の文言を根拠としているようであるが、6条1項は、①所定の事項を記載した「願書」に②「意匠登録を受けようとする意匠」を記載した「図面」を添付すべきとするものであって、文理上、「意匠登録を受けようとする意匠」の文言は「図面」にのみ係る言葉にすぎない。また、特許法70条が「特許請求の範囲」に基づいて技術的範囲を定める旨を定め、意匠法24条が願書及び図面により登録意匠の範囲を定める旨を規定している点を比較して、特許法は特許請求の範囲以外の図面等に記載された発明を想定できるとしているが、これらの条文は「特許請求の範囲」に相当するものが意匠法では「願書及び図面」に相当することをいっているのであって実質的な差異はなく、そもそも特許法上では図面は必須ではなく、任意の提出書類にすぎない。その意味で意匠法の「参考図」と同等である。したがって、判決の論理は疑問である。

◇意匠ごとに出願され、意匠法第７条に規定する要件を満たしている意匠登録出願を、その物品を構成する部品ごとに分割した場合〈これは完成品から部品への分割を否定したものである（後述)〉。

◇意匠法第８条に規定する要件を満たしている組物の意匠の意匠登録出願を、構成物品等ごとに分割した場合〈これは組物（８条）の要件を満たす「一意匠」になるからと考えられる〉。

◇意匠法第８条の２に規定する要件を満たしている内装の意匠の意匠登録出願を、構成物品等ごとに分割した場合〈これも内装の意匠（８条の２）の要件を満たす「一意匠」になるからと考えられる〉。

◇一意匠と認められる全体意匠あるいは一意匠と取り扱われる物品等の部分について意匠登録を受けようとする意匠の意匠登録出願を一又は二以上の新たな物品等の部分について意匠登録を受けようとする意匠の意匠登録出願に分割した場合〈これは全体意匠として「一意匠」から部分意匠の分割を否定し、また、部分意匠として「一意匠」からの部分意匠の分割を否定するものである（後述)〉。

（B）分割出願に係る意匠が原出願に包含された二以上の意匠のいずれかと同一であること（10条の２）

要件を満たす分割出願には遡及効が与えられるため、元の出願に包含された意匠との同一性が求められることになるのは当然であろう。ここで意匠の「同一」の概念については既に述べたとおりである。

なお、分割出願は「補正」の一種と考えるのが通説的見解であり、同旨を述べる裁判例として前掲「ピアノ補助ペダル事件」がある。本事件では、「分割出願には、出願日遡及効が認められている（10条の２第２項）のであるから、原出願について補正のできる範囲内で行うことができるのでなければ、本来許されない補正が、分割出願の方法を用いることによって実質的に可能になるという、不当な結果を招く」と判示されている。

そのため、審査基準でも、分割した「出願に表された意匠がもとの意匠登録出願に包含されていた二以上の意匠のいずれからみても要旨を変更するものである場合」には不適法となる旨が述べられている。

しかし、分割を補正の一種として考える点については疑問がある。この点は完成品から部品又は部分を分割できるのかという議論のところで論ずる。

（C）原出願が審査、審判又は再審に係属していること（10条の２）

すなわち、補正のできる時期に限られる。この点も分割出願は補正の一種であると考える通説的見解の根拠となっている。

（D）所定の様式に従って、原出願人が新たな出願をすること（10条の２）

あくまで原出願の分割である以上､原出願人が行うべきなのは当然であるが、新たな出願をする必要がある。

もっとも、原出願における提出書類の省略は認められている（10条の２第３項)。なお、分割が認められるための要件ではないが、原出願の一意匠一出願の原則違反を解消するための補正は、原則として分割の出願と同時に行うことが求められている（準特施規30条)。

② 出願の分割の効果

分割の要件を満たす場合、新たな出願は、もとの出願の時にしたものとみなされる（10条の２第２項本文)。他方、分割の要件を満たさない場合、このこと自体は拒絶理由とはなっていないものの、分割出願につき遡及効は認められず、分割出願の時点を基準に登録要件（３条、９条等）が判断されることになる。

〔論点〕完成品の意匠から部品又は部分を分割することはできるか

通説・裁判例そして特許庁の審査基準においては完成品の意匠から部品又は部分の分割は認められていない（分割否定説)。

その根拠として挙げられてきたのは、以下の①～⑤などである。

① 出願の分割を認める趣旨はあくまで一意匠一出願の原則違反の救済のみということである[96]。② 特許法では二以上の発明の存在を前提としている規定（123条等）があるが意匠法にはない[97]。したがって、③ 完成品の意匠は「一意匠」である。④ 完成品から部品への補正は要旨変更となるので補正として許されないものの分割を認めるべきでない[98]。⑤肯定説によれば、「全体意匠から全体意匠（全体→構成部品等）、全体意匠から部分意匠として、極めて多様な『意匠』を原出願後に融通無碍に観念して『切り出す』ことによって、分割出願として出願日を繰り上げる法的効果がえられる[99]」ことになるため妥当でない。

しかしながら、これらの理由にはそれぞれ以下のように反論できる。すなわち、① 出願の分割を認める趣旨は一意匠一出願の原則違反の救済以外[100]に、特許法において認められている発明の詳細な説明等からの分割と同様、「明確かつ具体的に記載されている場合には、その意匠ももとの意匠登録出願の中に潜在的な権利請求の対象として含まれていると解することができる」[101]はずであり、法文上も「二以上の意匠を包含する」場合というのみである。

また、② 意匠法でも部分意匠制度（２条１項括弧書）自体が、元々全体意匠中に存在する別の意匠の存在を認める制度であり、３条の２の規定における先願の「意匠の一部」という文言や26条の「利用」の規定も、言わば意匠の中に意匠がある（完成品の意匠の中に部品の意匠がある。）という「意匠の重畳性」を前提として認めている。

---

96 高田391頁、加藤311頁、コンメ新版415頁（峯唯夫執筆）、茶園130頁、斎藤242頁等
97 高田396頁
98 高田397頁、古城春実「出願の分割・変更」（『特許・意匠・商標の基礎知識』2003年 青林書院）298頁
99 百選第2版64事件131頁（平嶋竜太執筆）
100 光石272頁は「一意匠一出願の原則に反する場合に限るものでもない」とする。
101 古沢博「複数の意匠を包含する意匠登録出願」（「特許管理」1991年 41巻 6号）755-764頁参照。石原勝「意匠法における部分品についての一考察」（「特許管理」1986年 36巻 10号）1221頁もおおむね同旨を述べている。

したがって、③ 完成品は一意匠として捉えるだけでなく、部品の意匠を同時に「包含」しているとみることができるはずであり、実際、新規性の判断において完成品の意匠が公知になった場合（例えばスマートウォッチ）には、単に完成品という「一意匠」が公知になったとみているのではなく、その一部に存在する部品（時計側）の意匠や部分意匠（画像）も全て公知になったと運用上も取り扱っている。

さらに、④ 分割を補正の一種とみなければならないとする法的根拠は普遍的なものではなく、例えば同じ創作法の特許法では分割のできる時期と補正のできる時期は異なる[102]、⑤ 特許法と異なり、意匠は全件の審査が行われ、審査期間はおおむね半年程度であり、拒絶あるいは登録されて確定すれば、もはや分割ができないことから与えられた期間は短いこと、また、自由に様々な分割ができることは特許法でも同様であって、しかも無料で行うことのできる補正手続とは異なり、新たな出願手続として分割出願の数だけ出願料の支払を要するのであるから問題視する必要がないはずである[103]。

しかも、「一意匠」と認められる場合には一意匠一出願違反がないから分割は認めないという立場を貫けば、例えば集合物である「背広上衣とズボン」のように元々は多意匠ではあるが「一意匠」としても従来から認められているものについて、出願人が別々に出願できるにもかかわらず誤って一出願とした場合には肝心の救済すらされなくなる[104]。

同様に、組物の意匠や内装の意匠として多意匠を含むもので全体として統一又は統一性のある「適法」な出願をした後に、それらがあくまで全体で「一意匠」としてしか保護されないものであると気が付いた場合であっても救済されず、かえって統一感のない「不適法」な多意匠を組物や内装の意匠として出願した場合には救済されることとなる結果を招来する。

---

102 平成18年改正で分割出願できる時期は補正できる時期よりも緩和された。

103 出願人からすればそもそも分割出願は手数料も必要な完全な出願手続であり、補正は無料でできる手続であるから、分割出願を補正と同列に扱うのは不当であるという考えもあろう。

104 注解284頁（古沢博執筆）

さらに、出願形式を誤って特許出願したという大きな過誤の場合、意匠出願への変更が認められるが、その場合には元の特許出願の書類から完成品、部品あるいは部分の意匠を正に融通無碍に観念して「切り出す」ことによる出願の変更が許され、遡及効が与えられている。このように大きな過誤ほど広く救済されるというのでは平仄が合わないのではなかろうか。

したがって、「出願分割制度は広く出願人の手続上の便宜のため認められるもの[105]」とすべきであり、完成品から部品又は部分の分割も認められるべきと解する（分割肯定説）。もっとも、この場合であっても原出願には分割の対象となる意匠が「包含」されている必要があることは当然であり、その判断方法は、３条の２の「意匠の一部」及び26条の「利用」[106]における判断と同様に解すべきである。具体例に則していえば、図10と図11は、先願が原出願、後願が分割出願に係る意匠とみることになるが、いずれも分割が認められる態様であり、他方で次頁の図12は分割が認められない態様となる。

なお、完成品の中に部品が包含されているとみる以上、組物の意匠及び内装の意匠の場合にそこには複数の意匠が包含されているとみることは当然であるため、これらの分割も認められるべきこととなる。

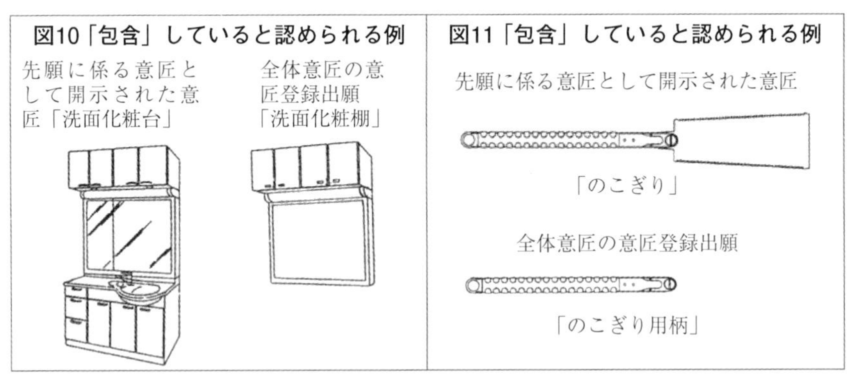

105 光石272頁

106 この場合、分割出願する意匠（部品）を原出願の意匠（完成品）が「利用」する関係になっていることを要するので、通常の「利用」関係の場合とは時系列が逆になる。

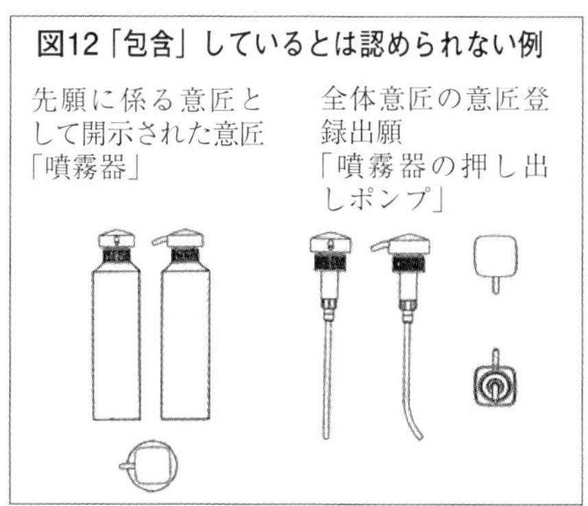

図12「包含」しているとは認められない例

8．出願の変更

意匠法における出願の変更とは、出願内容の同一性を害することなく[107]、特許出願[108]又は実用新案登録出願から意匠登録出願へ出願形式を変更することをいう（13条）。

（1）趣旨

出願の変更の趣旨自体については出願の分割とは異なり、大きな学説上の争いはなく、おおむね次のように理解されている。特許法、実用新案法、意匠法はそれぞれ別の保護対象を定める別の制度であるが、「特許出願及び実用新案出願はともに技術的思想の創作に関するものであり、意匠出願は意匠の創作に関するもの」であるため、「その創作が物品に関するものである限り、同じ創作を異なった方向からながめているにすぎない場合が少なくない」。

先願主義（９条）の下では出願人は出願を急ぐ必要があるため「特許や実用新案に出願する方がよいか、意匠に出願する方がよいかは、なかなか判断が困難」であり、「一度出願すればもう変更できないというのでは酷な場合も多い[109]」。

107 加藤316頁、光石276頁

108 国際特許出願を原出願とした意匠出願への変更も可能であるが、我が国において手続的に確定した後でなければできないこととされている（13条の2参照）。

109 以上、高田399頁を参照されたい。

そこで､｢出願人が出願形式（意匠登録出願､特許出願又は実用新案登録出願）の選択を誤ったり、また、例えばある新しい形状の発明をし、それが技術的に効果があるものと考えて特許出願をしたところ拒絶されたので、その形状の美的な面について意匠登録を受けようとする場合等において、出願人の救済[110]」を図ったのが出願変更制度といえる。

（２）概要

① 出願の変更の要件

（A）原出願[111]が意匠を包含していること[112]（13条）

本要件について明文はないが､出願「形式」の変更を認める制度であるから、出願内容の同一性を保持していることは当然の前提と考えられる。審査基準では、この点について「もとの特許出願又は実用新案登録出願の最初の明細書及び図面中に、変更による新たな意匠登録出願の意匠が明確に認識し得るように具体的に記載されていること」としている。

ただし、変更の対象となる原出願の意匠は、原出願の当初の願書等に記載されているのみならず、変更出願時にも記載されていることを要する[113]。補正により削除された場合にはその遡及効により当該意匠は出願当初より存在しなかったこととなるためである。

問題は、例えば原出願に「複数の意匠」が包含されている場合、「出願内容の同一性」を厳格に保持するために「複数の意匠」を包含したまま意匠出願に変更しなければならないのか否かという点である。

この点について審査便覧（18. 11）では､｢意匠法において対象となる客体のすべてが保護されるものであり、その客体たる意匠が複数存在している場合、

---

110 審査基準及び逐条解説も同旨を述べている。

111 商標登録出願を原出願とする出願変更の制度は予定されていない。本制度の趣旨が、あくまで創作を保護する法律（創作法）の中での判断の困難性に鑑みたものだからであろう。

112 茶園134頁

113 茶園135頁

分割の手続を経過するまでもなく可能であると解するか、変更すると同時に分割が行われた（分割の手続を省略した）と解するかに相違があるとしても、結果的には二以上の意匠登録出願とすることができる」としている。すなわち、端的に言えば、1つの原出願から2つ以上の変更出願を行うことを認めている。

次の問題は、原出願の特許出願に記載されているものがいわゆる「完成品」の意匠であってもそこに「部分意匠」を包含しているといえるかどうかである。

そもそも出願変更の場合には元の出願が意匠としての出願ではないため、当初から意匠法に規定された記載方法を遵守しているという期待可能性は存在しない。また、特に禁止する明文規定がない以上、完成品の記載から部分意匠への変更を否定する根拠はないものと考える。この点、先の審査便覧では「意匠法において対象となる客体のすべてが保護される」と変更出願が部分意匠でも許容するかのように記載しており、実際の登録例（意匠登録第1174461号、第1556874号等）及び審決例（2016-2281等）がある[114]。そのため、少なくとも実務上は既に認められている[115]。

とすれば、完成品に部分の意匠は包含されるが、部品の意匠は包含されないという論理は成り立たない（例えば3条の2の「意匠の一部」には部分も部品も含まれると解されている。)。

そのため、結論として、原出願の特許出願に完成品が記載されている場合においては、その完成品に包含されている「部品」の意匠も「切り出し」て出願変更できると解されることになる。

このように解する限り、変更の要件としての「包含」についても出願の分割において述べたことと同様に、3条の2の「意匠の一部」及び26条の「利用」と同様の判断基準でよいこととなろう。

---

114 コンメ新版426頁（中川裕幸執筆）

115 粕川敏夫「特許出願から意匠出願への出願変更の動向と問題点について」(「日本大学知財ジャーナル」2018年 Vol.11)48頁は、「実務的には、意匠登録出願を行うよりも、多くの図面を含んだ特許出願を行い、そこから分割出願を利用しながら、必要に応じて意匠登録出願へ出願変更することで、タイムリーに必要な部分意匠を抜き出して登録意匠として権利化することが可能」になると指摘する。

（B）出願変更に係る意匠が原出願に包含された意匠と同一であること（13条）

この点についても明文はないが、要件を満たす変更出願には遡及効が与えられるため、元の出願に包含された意匠との同一性が求められることになるのは当然であろう。また、「複数の意匠」が含まれている場合には、そのいずれかと同一であればよいこととなる。ここで意匠の「同一」の概念については「意匠の同一」の説明で既に述べたとおりである。

なお、審査基準では、この「同一性」の点は、変更が適法と認められない場合の例として記載しており、「変更による新たな意匠登録出願の意匠が、もとの特許出願又は実用新案登録出願の最初の明細書及び図面に明確に認識し得るような具体的な記載により表された意匠と同一でないと認められる場合」と「変更による新たな意匠登録出願の意匠が、もとの特許出願又は実用新案登録出願の最初の明細書及び図面の記載以外のものを付加した場合」を挙げている。

（C）原出願が係属していること（13条１項本文、２項）

出願形式の変更の手続である以上、変更する対象としての原出願が存在していなければならないのは当然であろう[116]。

したがって、原出願が実用新案登録出願の場合には、実用新案登録出願が登録されるまで（実14条２項）、又は手続却下処分（実２条の３）が行われるまで可能である。ただし、原出願が特許出願の場合には、さらに原出願の最初の拒絶査定謄本送達の日から３月を経過するまでに限られている（13条１項ただし書）。拒絶査定不服審判の請求と出願変更を二者択一とするためである[117]。

（D）所定の様式に従って、原出願人が新たな出願をすること（13条）

あくまで原出願の変更である以上、原出願人が行うべきなのは当然であるが、新たな出願をする必要がある。

---

116 茶園134頁も同旨である。

117 茶園134頁

もっとも、原出願における提出書類の省略は認められている（13条６項で準用する10条の２第３項）。

（E）原出願の特許出願に仮専用実施権者がいる場合にはその承諾を得ること（13条５項）

原出願は以下で述べるように取り下げたものとみなされることから、「将来の実施権者としての地位を失うこととなると、甚大な不利益を被るおそれがある[118]」ために制限したものといえる。

② 出願の変更の効果

変更の要件を満たす場合、新たな出願は、もとの出願の時にしたものとみなされる（13条６項で準用する10条の２第２項本文）。さらに、原出願は取り下げたものとみなされる（13条４項）。出願形式の変更を認める救済制度である以上、原出願との併存を認める必要がないからである。他方、変更の要件を満たさない場合、変更出願につき遡及効は認められず、変更出願の時点を基準に登録要件（３条、９条等）が判断されることになる。なお、この場合であっても原出願は取下擬制されたままとなり、復活することは予定されていない[119]。

9．ハーグ協定のジュネーブ改正に基づく特例

意匠の国際登録に関するハーグ協定は、世界知的所有権機関（WIPO）の国際事務局が管理する意匠登録手続の簡素化と経費節減を目的とした国際条約であり、意匠について１つの国際出願手続により国際登録簿に国際登録を受けることによって､複数の指定締約国における保護を一括で可能とするものである。

ハーグ協定のジュネーブ改正協定（以下、改正協定）の概要は次のとおりである。

---

118 特許庁平成20年改正35頁

119 コンメ新版429頁（中川裕幸執筆）

１つの国際出願手続をすることで国際登録簿にその内容が記録され（国際登録）、国際登録された意匠は、その後、所定期間が経過すると公表される（国際公表）。国際出願はWIPO国際事務局に対して直接行うことも、自国の官庁を経由して行うこともできる。

国際登録の名義人は、国際出願時に指定した締約国の官庁が国際公表から原則として６か月以内に拒絶の通報をしない限り、その指定国において意匠の保護を確保することができるというものである。

我が国はこの改正協定に2015年に加入しており、それに伴い、意匠法の第６章の２に特例の規定群が置かれた[120]。

主なものを取り上げれば、まず、改正協定では「複数意匠一括出願」が認められているが、我が国では意匠ごとにされた意匠登録出願とみなされ（60条の６第２項）、設定登録前に「国際公表」が行われることによる模倣リスクに対応するため、特許法に倣った補償金請求権[121]（出願人が、公開後、設定登録までの間に実施料相当額の支払を請求できる権利）が認められている（60条の12）と同時に、秘密意匠制度の適用がないこととされている（60条の９）。

[120] 60条の6から60条の23まで規定されており、詳細は逐条解説の該当頁を参照されたい。
[121] 中山229-233頁等の特許法の基本書を参照されたい。

第７章
特別な意匠登録制度

1．部分意匠制度

部分意匠とは、「物品の部分」の形状、模様若しくは色彩若しくはこれらの結合（以下「形状等」という。）、「建築物の部分」の形状等又は「画像の部分」であつて、視覚を通じて美感を起こさせるものをいう。

（1）趣旨と概要

趣旨については既に51頁で詳述したが、簡潔に言えば、ある全体意匠の「要部」となり得る独創的な「部分」がある場合、その「部分」を明確化するとともに当該物品等の「要部」を直接的に保護が請求できるようにしたものである。

① 部分意匠の成立

部分意匠も２条１項の「意匠」の一種であるから、「物品の部分」及び「建築物の部分」の意匠の場合、「物品」の場合と同様、いわゆる「形態性」「視覚性」「美感性」の要件が必要とされる。また、特定性や定形性が必要な点も前述したとおりである。なお、これらの部分意匠の成立要件を満たさなければ法上の「意匠」ではなく、３条１項柱書違反として拒絶されることとなる（17条１号）。

② 部分意匠の登録要件の判断

成立要件を満たすものであっても、部分意匠として登録を受けるためには、新規性、創作非容易性等の登録要件を満たす必要があることは当然である。

まず、出願された部分意匠の新規性及び創作非容易性を判断する場合の基礎資料は、先願又は公知の部分意匠のみならず、先願あるいは公知の全体意匠も対象となる。この点について、審査基準では、公知意匠が全体意匠の場合、出願意匠の「意匠登録を受けようとする部分」と、公知意匠における「意匠登録を受けようとする部分」に相当する部分を対比して判断するとしている。

例えば公知意匠が操作画像の表示されたスマートウォッチである場合、「公知意匠となり新規性を喪失する意匠」には「スマートウォッチや操作画像の部分について意匠登録を受けようとする意匠として考えられるものも含まれる」旨を述べている。これは「新規性」で前述したように、先願が完成品（スマートウォッチ）の意匠の場合、重畳的に「画像」の意匠等も同時に存在し、「包含」しているという「意匠の重畳性」を認めたものといえる。部分意匠の類否判断の基準は、「意匠の同一又は類似」のところで既に述べたとおりである。

なお、３条の２については、元々は部分意匠制度と同時に導入されたものであるため、先願の全体意匠の「一部」と出願意匠を対比して審査することは当然の前提となっている。また、５条３号は、部分意匠制度と同時にその弊害を防止するために導入されたものであるため、必然的形状及び準必然的形状のみからなる部分意匠の出願は拒絶される。

次に、一意匠一出願の原則の判断も全体意匠の場合と基本的には同様であるが、例えば審査基準では「意匠登録を受けようとする部分が物理的に多数分離し、他の意匠と対比する際に対比の対象となり得る一の意匠としてのまとまりがないものについては、審査官は一意匠として取り扱わない」旨を述べている。

先願主義（９条）については、前述したように部分意匠同士の出願が競合した場合のみならず、全体意匠と部分意匠の出願同士が相前後した場合にも先願主義が適用される場合[1]がある。なぜなら、全体意匠と部分意匠であっても両者が実質的に類似する場合があるからである。

---

[1] 令和元年5月1日より前は、全体意匠と部分意匠の出願同士は「意匠登録を受けようとする方法・対象が異なる」という理由で先後願関係には立たないと解釈されて運用されていた。

③ 部分意匠の手続

部分意匠の出願をする場合であったとしても、通常の全体意匠と基本的に同じ[2]である。したがって、願書の「意匠に係る物品」の欄には、部分意匠の創作のベースとなっている全体の物品名等を記載する。「～の部分」と書いてはならないこととなっている。

また、図面においては「意匠登録を受けようとする部分」を実線、「その他の部分」を破線で書き分ける方法が一般的[3]である。図面の記載のみでは意匠登録を受けようとする部分が特定できない場合には、当該部分の特定方法を「意匠の説明」の欄に記載する。

④ 部分意匠の意匠権

部分意匠の「類似」については既に述べた（121頁以降参照）。部分意匠の「利用」については「利用」のところで後述する。

2．関連意匠制度

関連意匠制度とは、自己の出願又は登録意匠のうちから選択した一の意匠に類似する意匠について意匠登録を認める制度をいう（10条）。

（1）立法趣旨

先願主義（9条）の建前の下では、同一又は類似の意匠の出願が競合した場合、仮にそれが同一人であったとしても重複した登録を排除するために登録を認めないことが原則となる。

また、出願した意匠が、公知意匠と同一又は類似の場合、仮にそれが同一人の公知意匠であったとしても新たな需要を喚起するものでないため新規性がないとして登録を認めないことも原則である。

---

[2] 令和元年5月1日までは願書に「部分意匠」の欄を設けることとなっていたが、現在では不要となっている。

[3] コンメ新版109頁（野村慎一執筆）

しかし、現在の関連意匠制度は、これら先願主義及び新規性喪失の「例外」と位置付けられる。特許庁令和元年改正106頁及び逐条解説1281-1284頁には本制度の趣旨についておおむね次のように述べられている。先願主義により重複した登録を排除することが原則ではあるが、「デザイン開発においては、一つのデザイン・コンセプトから多くのデザイン・バリエーションに係る意匠が同時期に創作されることが多い」とされており、「先願主義を貫徹すれば、デザイン・バリエーションの一つについては意匠登録が可能であるが、その他の類似する意匠については意匠権で保護することができないこととなる」。

元々「バリエーションの意匠群は、創作の観点からは同等の価値を有する」はずであり、その一つしか登録できないとすれば意匠を的確に保護することは困難である。そこで、「デザイン開発の過程で、一のデザイン・コンセプトから創作されたバリエーションの意匠」には「創作の観点からは同等の価値」がある、という仮定の下で、先願主義の例外として相互に類似する意匠についてもそれぞれ「独自の効力」を認めて保護することとして平成10年改正で導入されたのが関連意匠制度である。

本制度導入当初はこのようなバリエーションの意匠群について先願主義の例外であることから「同日」に出願することを要求していたものの、「デザイン重視の商品開発においては、製品投入後に需要動向を見ながら追加的にデザイン・バリエーションを開発する等、デザイン戦略がより機動化・多様化」していることを考慮し、平成18年改正では意匠「公報の発行日」まで関連意匠の出願を可能とした。

その後、「自社製品に共通の一貫したデザイン・コンセプトを用いることで独自の世界観を築き上げ、製品の付加価値を高める動きが加速」している近年の状況を踏まえ、このような「一貫したデザイン・コンセプトによるブランド構築を支援」する観点から、「長期的な市場動向等に応じて製品デザインを保護」するためには「類似する意匠を連鎖的に保護」する必要があるとし、令和元年改正において、従来は認めていなかったいわゆる「類似の連鎖」を認めるとともに「出願日から10年」までの間、出願を可能とした。

もっとも、このように出願期間が延長されても、「本意匠の意匠公報発行後に関連意匠について出願した場合、関連意匠の出願時には本意匠が意匠公報発行や自己実施などにより公知となっている[4]」という事態が想定される。この点を手当てするため、本制度は先願主義の例外であるにとどまらず、新たに新規性喪失の例外規定ともなった。これにより、「一貫したデザインコンセプトによって創作された後発のデザインについて、最初に出願されたデザインが公開された後であっても意匠登録をすることができる[5]」ようになった。

図１ マツダの「魂動デザイン」

具体的には、図１[6]の自動車のように、デザインが初めて市場投入されてから少しずつデザインが変わり（いわゆるモデルチェンジ）、最終的には初期のデザインとは非類似のものになった場合であっても、それぞれの変化の前後のデザイン同士に一定の共通性（一貫したデザイン・コンセプト）がある限り保護される。

では、需要説からこの関連意匠制度をどのように理解すべきであろうか。

まず、上述した立法関係者の説明は、おおむね需要説と矛盾しないが、本制度の導入時の立法関係者はバリエーションの意匠群の個別の意匠それぞれについて「創作の観点からは同等の価値」があると考えていた点については疑問がある。なぜならば、例えばＡという意匠の価値とその類似範囲に包含されてしまうＡ’という意匠の価値が同じとは考え難いためである。

4 久保田大輔「令和元年改正意匠法～イノベーション創出やブランド構築の促進を目指して」(「特技懇」2020年 299号) 9頁

5 産業競争力とデザインを考える研究会「産業競争力の強化に資する今後の意匠の在り方」(2018年5月23日) 別紙3頁

6 特許庁のWebサイト (「特許・意匠・商標制度の見直し」2020年5月) より引用

すなわち、Aの類似の意匠であるＡ’は、新たな需要を喚起する「新しい意匠」か否かという意味において、Ａと比較した場合には全く新たな意匠の創作とまではいえない[7]以上、少なくともバリエーションの意匠それぞれ（Ａ及びＡ’）に同等の価値があるとは言い難い[8]といえる（傍点は著者）。

むしろ物品等の美的外観であって、模倣容易性があるという意匠の特性を考慮し、ある程度はバリエーション全体が保護できるように各バリエーションにもそれぞれ「独自の効力」を政策的[9]に付与することで保護を強化したのが関連意匠制度の本来的な導入趣旨とみるべきではなかろうか。また、令和元年の改正については前述したように「需要動向を見ながら追加的にデザイン・バリエーションを開発するデザイン戦略[10]」を行う出願人の「ブランド構築」[11]の便宜を図るという産業政策上の要請[12]に基づくものとみるべきであろう。

（2）概要

登録要件を分説すると以下のとおりである。

① 本意匠と同一の意匠登録出願人による意匠登録出願であること（10条１項）

「一のデザイン・コンセプトから創作されたバリエーションの意匠」を保護することが趣旨であることから当然に導かれる要件であろう。

---

[7] 他人の出願であれば先願主義や新規性等(9条、3条1項3号等)で拒絶される対象となる。

[8]「同等の価値」があるのであれば基礎意匠と非類似の関連意匠の意匠権の存続期間を基礎意匠に従属させる理由が不明となる。同旨を指摘しているものとして青木大也「意匠法改正をめぐる諸問題(1)」(「知的財産法政策学研究」2020年 55号)239頁を参照されたい。

[9] 需要増大機能の点では独自の効力を認める価値があるかどうかは疑問であっても、原則として通常の登録要件を要求しているため許容性があるといえよう。

[10] 田村378頁では「基本的な形状等は固定しつつ、微細な変更を重ねることで、モデルチェンジを果たし、継続的に需要者を引きつけつつ新鮮な印象を与えて購買意欲を誘うというデザイン政策を採用しているところが少なくない」としているが、おおむね同旨と考えられる。

[11] 改正関係者による久保田大輔(前掲注4)でも、「一貫したデザイン・コンセプトによるブランド構築を支援するため」関連意匠制度の「見直し」を行ったと説明している。

[12] 吉岡(小林)・第1章前掲注29の24頁では、マーケティング論(特にブランド論)の研究成果とも整合的な制度であると評価している。

ここでは「創作者」の同一性は問われないこととなる。「互いに類似する意匠を開発する企業の意匠政策を保護しようとするものである半面、同一人に意匠権が帰属するのであれば、別々の者から権利行使されるという公衆の不利益も生じない[13]」からである。

②「関連意匠」が自己の「本意匠」と類似していること（10条1項）

これも、先願主義の例外として保護する趣旨から当然の要件であり、逆に類似していなければ先願主義は元々適用にならないため通常の出願として審査を受ければよい[14]からである。ここで「本意匠」とは、自己の意匠登録出願に係る意匠[15]又は自己の登録意匠のうちから選択した一の意匠をいい、「関連意匠」とは本意匠に類似する意匠をいう。

ただし、令和元年改正により、本意匠に類似しない場合であっても、関連意匠にさえ類似する意匠（関連意匠にのみ類似する意匠）であれば、「長期的な市場動向等に応じて製品デザインを保護」する趣旨から連鎖的に意匠登録を受けることができるようになっている（10条4項）。

③ 関連意匠が他人の意匠等との関係で新規性及び創作非容易性等の通常の登録要件（3条、3条の2等）を満たしていること

これは上述したように関連意匠といえどもそれぞれ「独自の効力」が付与されているために必要とされる要件といえる。もっとも、既に述べたように本制度は先願主義の例外であり、本意匠の出願の日から10年間にわたり、本意匠と関連意匠との間で先願主義の規定の適用が除外されている（10条1項）。

---

13 田村380頁

14 この場合について、後述するように、審査便覧(44.05)では、願書の「本意匠の表示」欄を削除する補正を行ったときは、通常の意匠登録出願として審査する旨が記載されている。

15 ただし、本意匠が出願中の意匠の場合であって、本意匠にのみ拒絶理由があるときには、関連意匠は本意匠より先に登録を受けることはできず、本意匠の結果を待つこととなる。仮に出願人が本意匠と関連意匠とを入れ替えて拒絶査定をすべき理由のない出願を本意匠とする補正をした場合には、手続後の本意匠について登録をすべき旨の査定をする取扱いとなっている(審査便覧44.05)。

また、最初に本意匠として選択した一の意匠を「基礎意匠」と定義し、基礎意匠の関連意匠及びその関連意匠に連鎖する段階的な関連意匠をまとめて「基礎意匠に係る関連意匠」とした上で、一貫したコンセプトに基づき開発された意匠を連鎖的に保護できるようにするため、「基礎意匠に係る関連意匠」同士にあっても先願主義の規定の適用を除外している（10条７項）。

これにより、「基礎意匠を中心とした一つのグループとしての意匠群を保護することを可能にしている[16]」といえる。さらに、本制度は新規性喪失の例外でもあり、本意匠と同一又は類似[17]する公知の「自己の意匠」と関連意匠との間では新規性喪失の例外とする旨が規定されている（10条２項）。また、基礎意匠に係る関連意匠と同一又は類似する公知の「自己の意匠」と関連意匠との間でも新規性喪失の例外とする旨を規定している（10条８項）。

すなわち、「自己の意匠」が公知となっていても（例えば本意匠の登録公報[18]への掲載はもちろん、自らの販売等による場合等）、それが本意匠あるいは基礎意匠に係る関連意匠と同一又は類似である限り、関連意匠の出願審査においては新規性及び創作非容易性の判断の基礎となる資料から除外される。

これにより、一貫したデザイン・コンセプトのバリエーションを継続的に使用しても、それが引例となって自己の関連意匠の出願が拒絶されることが回避できるようになったといえる。審査基準では、「自己の意匠」とは、「関連意匠の意匠登録出願人自らが意匠権を有する[19]意匠、又は意匠登録を受ける権利を

---

16 青木大也「意匠法改正をめぐる諸問題(1)」(「知的財産法政策学研究」2020年 55号)233頁

17 公知の「自己の意匠」は本意匠と「同一又は類似」である必要があるので、自己の意匠と非類似物品(で同一形態)の意匠の場合には適用がない。梅澤修ほか「新しい関連意匠制度の概要と実務上の留意事項」(「パテント」2020年 73巻 11号)52頁では、本意匠が「乗用自動車」であるが、公知となったのが自動車玩具だった場合の例が示されている。

18 このほか、梅澤・前掲注17では、特許・実用新案の公報、商標公報も該当し得るとしている。

19 青木大也「意匠法改正をめぐる諸問題(1)」(「知的財産法政策学研究」2020年 55号)241頁は「他人であるデザイナーの創作した意匠について、(公知になる前に)その意匠登録を受ける権利や意匠権を取得し、それを活用して一連の意匠グループを展開していくことも考えられることからすれば、権利譲渡等で他人の権利を取得した場合でも、『自己の意匠』該当性を肯定してよい」としている。ブランド構築の支援という本条の趣旨に沿う解釈といえよう。

有している意匠」をいうと定義しており、他人が意匠権を有する意匠、又は意匠登録を受ける権利を有している意匠を含まないとする。

その上で、例えば公知意匠に示されている標章等が当業者の一般的な知識から出願人の標章等であることが明らかな場合（図２）、共同出願である場合には、公知意匠の実施者がそのうちの一人であるとき、公知意匠が、関連意匠の意匠登録出願の出願人から意匠権の実施の許諾を受けて実施していることが推測できる場合、意匠権の移転があり、移転される前の意匠権者と公知意匠の公開者が一致する場合は、いずれも「自己の意匠」と扱うとする。

図２ 審査基準の一例

まとめて便利に収納！キッチンセット

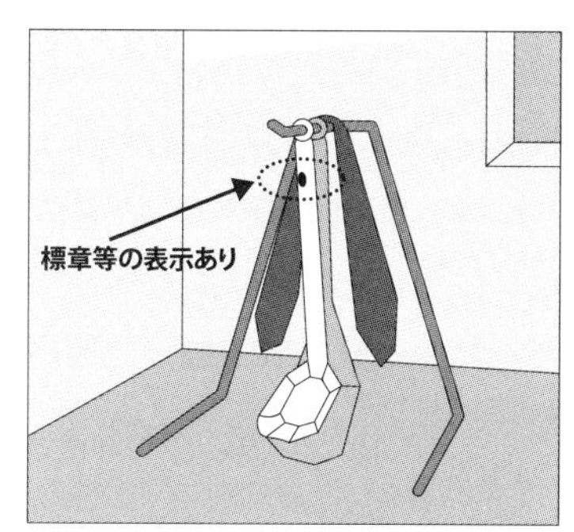

意匠の今シーズンの新製品はレードル、ヘラ、トングと収納スタンドのセット。全国の特許ストアで販売中。

〔論点〕「自己の意匠」（10条２項、８項）の解釈

令和元年の関連意匠制度の改正は、「需要動向を見ながら追加的にデザイン・バリエーションを開発するデザイン戦略」を行う出願人の「ブランド構築」の便宜を図るという産業政策に基づくものであるから、「自己の意匠」という解釈に際し、このような産業政策を考慮すべきであることは言うまでもないが、「あくまで自らの本意匠との関係について先後願の判断に加えて、新規性や創作非容易性の例外を設ける制度であることから、本意匠の権利者の実施行為によって関連意匠の登録を妨げないとする場合であっても、他人が登録した意匠や他人が実施して公知となっている意匠等については、現行制度と同様、引き続き、新規性や創作非容易性の判断において考慮[20]」する必要がある。

[20] 産業構造審議会知的財産分科会意匠制度小委員会「産業競争力の強化に資する意匠制度の見直しについて」(2019年2月)8頁

すなわち、あくまで一私人のブランド構築を支援するという産業政策的理由に基づく例外的な取扱いである以上、第三者の利益を害しない範囲内でのみ許容されるべきであるといえる。ここで問題となるのが、公知となった自己の意匠に、自己の他のもの又は他人が創作したものが加えられている場合であっても「自己の意匠」として例外の適用を受け得るのかである。

この点について審査基準は、「自己の意匠を区別して認識できる場合は、審査官は、付加された自己の他のもの又は他人が創作したものを除い」て「自己の意匠」を把握し、それを判断の基礎資料から除外する旨を述べている（図３）。

図3 審査基準の図

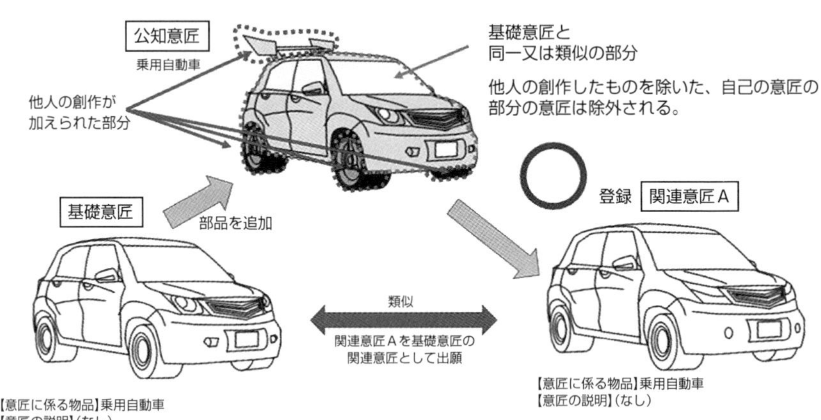

学説においても「本意匠の意匠権者が当該意匠に係る物品を販売し、ユーザーにおいてパーツの追加や交換があると、そのような意匠は全体として『自己の意匠』ではなくなり、それに類似する意匠やそれから創作容易である意匠は関連意匠として登録を受けられないものとされると、本改正の趣旨に悖る」として、このような場合でも「『自己の意匠』に他人の意匠が加えられて公知になった場合において自己の創作に係る意匠のみが区別して認識される箇所があるのであれば、当該箇所を以って『自己の意匠』と解釈」[21] し得るという結論において審査基準と同様の指摘が既になされている。

[21] 青木大也「意匠法改正をめぐる諸問題(1)」(「知的財産法政策学研究」2020年 55号)246頁

そもそも一意匠一出願（７条）との関係から、審査対象あるいは権利内容として見る意匠は、必ず「一意匠」として捉える必要がある一方、観察方法にそのような制約のない場合については、意匠が重畳的に存在するのを認めることに法的な支障はなく、実際上も前述したように新規性の判断、３条の２等において既に意匠が重畳的に存在することを認めた運用がなされている。

したがって、「自己の意匠」の解釈においても、第三者の意匠中に、重畳的に「自己の意匠」が「包含」されていると捉え、そのような「自己の意匠」部分のみを審査資料から除外することも当該第三者の利益を害しない限り、許されると考えることに問題はなかろう。

この場合、当該第三者の意匠を引例として扱う場合の具体的な除外方法としては、「包含」されている部分を除いた部分が「部品」として認識できる場合には「部品」としてか、あるいは「包含」されている部分をあたかも破線部分、他人が創作した部分のみを実線とする一種の「部分意匠」としてか[22]、いずれかの審査資料として扱うことになろう。

したがって、このような場合以外、例えば第三者が公知にした意匠が「自己の意匠」と類似するものの「自己の意匠」を「包含」しているとは認められない場合には、原則どおり、第三者の意匠は通常の審査資料として扱われる[23]ことになろう。

④ 本意匠の意匠権について専用実施権が設定されていないこと（10条６項）

「専用実施権の設定を認めてしまうと、専用実施権の重複部分について二以上の者に排他権が成立することから適当ではない[24]」ことが理由とされている。

---

22 前掲注21では「ありふれた形状等を仮想的に認定することになろうか」と述べているが、結論としては同旨であろう。

23 青木大也「意匠法改正をめぐる諸問題(1)」(「知的財産法政策学研究」2020年 55号)244頁も同旨を述べている。ただし、当該第三者の意匠は、元々本意匠を基礎としたものであって完全に「新しい意匠の創作」とは必ずしもいえないものであるため、「自己の意匠」と解釈した上で、事後的に権利範囲に包摂される第三者との利害調整は消尽論、「業として」の実施ではない、あるいは先使用権等で手当てするという考え方も価値判断としてはあり得よう。

24 特許庁令和元年改正117頁

⑤ 本意匠の意匠権が消滅等していないこと（10条１項ただし書）

逐条解説1283頁において「一度本意匠の消滅によりパブリック・ドメインとなった意匠が、後に登録された関連意匠の権利範囲に含まれてしまい、第三者を害するおそれがあるため」と説明されている。

⑥ 基礎意匠の出願から10年経過する日前に出願すること（10条１項・５項）

基礎意匠の出願日から10年としたのは、連鎖している関連意匠の直前の「本意匠の出願から10年としてしまうと、関連意匠の連鎖によって一つの意匠群が永続的に保護されることになり、不適切[25]」だからとされている。

なお、本意匠が秘密意匠の場合、何ら条文上の手当てをしない場合、最初の公報発行から秘密解除までの期間に関連意匠を出願した場合、その期間の前後[26]であれば登録を受け得るのにもかかわらず、３条の２の規定が働いて拒絶されてしまう。この不合理を避けるための読替規定（10条３項）を設けている[27]。

⑦「関連意匠」として意匠登録出願をすること（６条）

関連意匠の願書に「本意匠の表示」の欄を設け、本意匠を特定する。

以上のうち、10条１項あるいは４項（前記②の要件）に違反した出願は拒絶理由となる（17条１号）。もっとも、「非類似[28]」という理由で違反する場合は、他の登録要件を具備する限りは、願書の「本意匠の表示」欄を削除する補正[29]を行うことで、通常の意匠登録出願として登録を受けることができる。

---

25 久保田大輔「令和元年改正意匠法～イノベーション創出やブランド構築の促進を目指して」(「特技懇」2020年 299号)10頁

26 当該期間の前(公報発行前)であれば3条の2ただし書の適用､後であれば公報発行による公知の「自己の意匠」としていずれの場合でも関連意匠の出願は登録を受け得る。

27 青木大也「意匠法改正をめぐる諸問題(1)」(「知的財産法政策学研究」2020年 55号)236頁を参照されたい。

28 なお､「同一」であるという理由で違反する場合には、拒絶になるほかなかろう。

29 審査便覧44.05

ただし、非類似であるにもかかわらず、誤って「類似」と判断されて登録されても無効理由とはされていない(48条)。「通常の意匠として登録し得た以上、関連意匠として登録されたということは、本人に分離移転の禁止の制約がかかる等の不利益がかかるだけで、公衆の負担とはなっていない[30]」からである。

他方、10条６項（専用実施権が設定されていないこと）に違反した出願は拒絶理由であり、かつ、無効理由であるとされている（17条１号、48条１項１号）。

（３）登録の効果

設定登録により関連意匠の意匠権が発生する（20条）。関連意匠の意匠権は通常の意匠権と同様、前述したように産業政策的な理由によって独自の効力を与えられている（23条）。そのため関連意匠は別個独立に無効審判に服する。

もっとも、このような独立性を有する半面、先願主義の例外規定であることから、以下のような一定の従属的な扱いもある。

① 存続期間の制限

関連意匠の意匠権の存続期間は、基礎意匠の意匠登録出願の日から25年をもって終了する（21条２項）。基礎意匠と関連意匠は相互に類似するため、必然的に「重複部分」を有する。仮に基礎意匠の意匠権が存続期間満了により消滅した場合でも関連意匠の意匠権が存続するとすれば、当該重複部分は25年を超えて保護されることとなり、実質的に存続期間の延長を行うに等しい。そこで、権利の重複部分に関して実質的な延長が生じないようにしたものである。

なお、これ以外、意匠権の放棄、登録料の不納、無効審決の確定等によって基礎意匠の意匠権が消滅しても、関連意匠の意匠権は消滅しない。この理由について、逐条解説1311頁では「本意匠と関連意匠の整理が便宜的なものであり、各々の意匠が同等の創作的価値を有することを踏まえ、関連意匠同士の関連性は維持しつつ、関連意匠の意匠権は存続するものとした」としている。

---

[30] 田村381頁

しかし、「同等の創作的価値」を有するというのであれば、むしろ基礎意匠の存続期間に従属させることは不合理である。したがって、存続期間満了以外の基礎意匠の意匠権の消滅事由によって消滅しないのは端的に、権利の重複部分に関して実質的な延長という弊害が生じないためであるといえよう。

② 分離移転の禁止

基礎意匠及びその関連意匠の意匠権は、分離して移転することができない(22条１項)。この理由として、逐条解説1313頁では、「基礎意匠とその関連意匠の意匠権の重複部分について二以上の者に排他権が成立することになり、同一意匠権者の下でのみ権利の重複を認める関連意匠制度の制度趣旨に反するものとなるからである」と説明している[31]。本制度は先願主義の例外であるため、先願主義が防止しようとした独占権の併存の排除という趣旨に反しない範囲にとどめるためともいえよう。

③ 専用実施権の設定の制限

専用実施権の設定については、基礎意匠及び全ての関連意匠の意匠権について、同一の者に対して同時に設定する場合に限り設定することができる（27条１項)。逐条解説1323頁では、「基礎意匠及びその関連意匠の意匠権の一部に専用実施権が設定された場合や別々の者に専用実施権が設定された場合に、専用実施権の重複部分について二以上の者に排他権が成立することになり、関連意匠制度の趣旨に反することとなるため」と説明している。

分離移転の禁止と同様の趣旨であり、これも先願主義の趣旨である独占権の併存を防止するためのものといえよう。

なお、存続期間の満了、相続人不存在以外の理由で基礎意匠の意匠権が消滅した場合であっても、設定された状態は維持される。

---

[31] 田村380頁ではより具体的に「相互に類似する意匠権が別々の者に帰属すると、公衆は重複して権利行使されるという不利益を被る」ことを指摘している。

この点について逐条解説1323頁は、「一度設定された権利関係の安定性を図るために、関連意匠の意匠権についての専用実施権は同一の者に対して同時に設定し、その設定された状態を維持しなければならない」と説明している。

3．組物の意匠制度

組物の意匠制度は、同時に使用される二以上の物品等であって経済産業省令で定めるものを構成する物品等に係る意匠について全体として統一があるときは、一意匠として出願をして登録を受けることができる制度である（8条）。

（1）趣旨

平成10年改正の解説書では本制度の意義についておおむね以下のように説明している。一意匠一出願の原則（7条）の下で、一意匠について一物品等（以下「等」を省略する。）の一形態を意味すると解するならば、一意匠一出願の原則は「一つの物品について一つの意匠が成立するという『一物品一意匠』の原則を規定」していることになろう。

しかし、「デザインの分野では、二以上の物品について全体的な統一感を持たせた創作が行われる場面も多い」のが現状である。そこで、「物品一組（組物）全体として統一があるときは、一物品一意匠の例外として、組物の意匠として一つの意匠権を付与」することとした、とのことである。

学説からは、「創作者が物品の意匠の創作をし、また、需要者がこれら物品を市場で選択する際に、全体として統一した美感を有する複数の物品をまとめた状態で行うことがある」。この場合、一意匠一出願の原則により、「本来はそれぞれの物品ごとに出願し、登録を得る必要があるが、それでは全体としての統一感が表現されず、構成物品の組み合わせに存在する美感が保護されないことになる[32]」ために本制度があると明解に説明するものがある。

---

[32] コンメ新版326頁（中川裕幸＝峯唯夫執筆）

需要説では意匠の本質が購買者への需要増大価値にあると考えるため、一意匠一出願の原則で述べたように、論理的には需要者の「購買心への刺激の単一性[33]」が意匠の単位となり、「デザインが統一して一回的に購買心を刺激するなら一意匠[34]」と考えることとなる。

この観点から、「二以上の物品について全体的な統一感を持たせた創作」は、「一回的に購買心を刺激」する限りは、本来、実質的に一意匠の要件を満たすものといえるため、そのような「全体として一つの需要を喚起する創作的価値のある意匠[35]」を保護するのが組物の意匠制度であると理解することになろう。

（２）組物の意匠の登録要件

①「意匠に係る物品」が「組物」を構成すること

「組物」については条文に定義があり、同時に使用される二以上の物品[36]であって経済産業省令で定めるものをいう（８条）。

以下、要件については学説上において大きな争いがあるわけではないため、原則として審査基準に記載された解釈に沿って説明する。

まず、「同時に使用される」か否かについて、本条違反が無効理由とまではされていない手続上の問題であることを理由に「厳格に判断することがないように留意」するとした上で、「現実に同一の時刻に全ての構成物品が使用されるものである必要」はなく、「各構成物品等が、出願された組物の意匠の用途及び機能や使用の目的等に則してなされる一連の使用の範囲内[37]で用いられるものである場合」に加え、「各構成物品等が、社会通念上一体的に流通がなされるものである場合」には本要件を満たしていると判断するとのことである。

---

[33] 加藤262頁

[34] 加藤266頁

[35] 茶園170頁では「全体としての統一感に創作的な価値」が認められるとしている。

[36] 平成10年改正前は、「慣習上組物として販売され」という要件があったが、保護対象を機動的に見直し、拡大できるようにするために、この要件は削除された(特許庁平成10年改正47頁)。

[37] 高田376頁では、コーヒー椀と牛乳入れのような「相互に1つを使用するときは他の使用が観念的に予想される関係」という説明がなされていた。

例えば「一組の事務用品セット」を構成するシャープペンシルとボールペン[38]は、筆記する際の同一の時刻には相互に選択的に使用されるものであるが、一連の使用の範囲内としてこの要件を満たすと解してよいであろう[39]。また、これは物品同士や建築物同士という組合せに限らず、例えば「建築物の意匠と画像の意匠、建築物の意匠と物品の意匠、物品の意匠と画像の意匠などのように、それらを複数組み合わせたものである場合」であってもよいとしている。

「二以上の物品」とあり、「二種以上の物品[40]」ではないので、多物品であることを前提とするが、それらが同種物品であってもよい。例えば複数の椅子（一組の家具セット）という「同種物品により構成させるシステムデザイン[41]」が全体として一つの需要を喚起する場合もあるからである。

「経済産業省令[42]で定めるもの」としたのは、「同時に使用される二以上の物品」か否かという「要件の認定はなかなか困難を伴う」ことから規定したものとされており、その趣旨からすれば経済産業省令に記載された組合せであれば、「同時に使用される二以上の物品」であるという事実上の推定が働くものと考えられる。

② 組物全体として統一があること

全体として一つの需要を喚起する創作的価値のある意匠を保護するのが本制度の趣旨と解されるため、当然に必要な条件といえよう。

---

38 本具体例はコンメ第2版242頁（中川裕幸執筆）による（ただし、改訂版のコンメ新版327頁ではこの具体例は削除されている。）。

39 この場合には相互に使用する関係というよりもギフトなどで「一体的に流通」することが考慮されている可能性があろう。

40 平成10年改正前にはこのように規定されていた。なお、特許庁平成10年改正46頁によれば、システムデザインとは「特定目的のために供される複数の物品群について、それらの自由な組み合わせを可能としつつ、全体的に統一感をもたせるように個々の物品のデザインを行う」ものを指す。

41 特許庁平成10年改正47頁

42「経済産業省令」は具体的には意匠法施行規則8条の別表（本書218頁参照）となり、本書の執筆時点（2023年1月1日）では43品目となっている。

この点について審査基準では、例示として、各構成物品等の形状、模様若しくは色彩又はこれらの結合が、「同じような造形処理[43]で表されている場合[44]」(図4参照)、各構成物品等により「組物全体として一つのまとまった形状又は模様が表されている場合」(図5参照)、各構成物品等の形状、模様若しくは色彩又はこれらの結合によって、「物語性など組物全体として観念的に関連がある印象を与えるものである場合[45]」(図6参照) に統一があると判断する旨が記載されている。

これらはいずれもデザインが統一して一回的に購買心を刺激する場合、組物に該当すると解される。

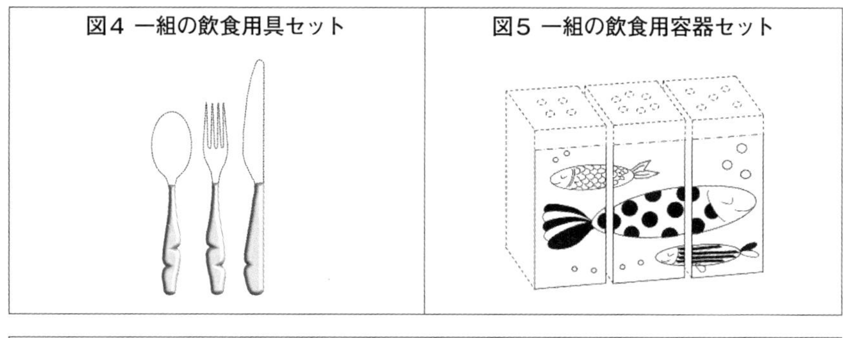

図4 一組の飲食用具セット

図5 一組の飲食用容器セット

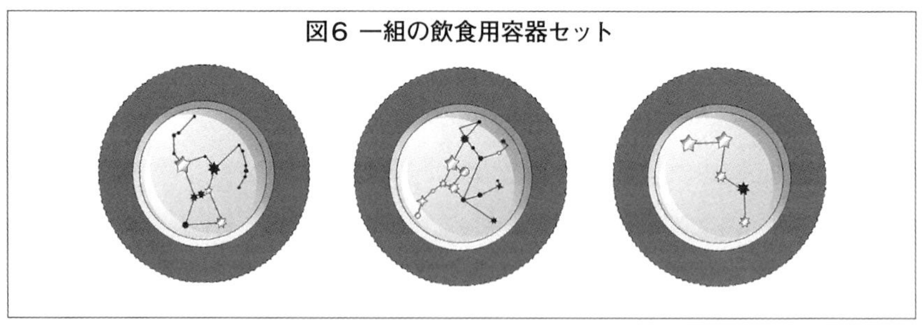

図6 一組の飲食用容器セット

[43] 具体的には、形状による統一、模様による統一、色彩による統一などが挙げられている。

[44] 高田379頁では、「例えばディナーセットの各構成物品の形状に特殊な形状上の特徴を与えて統一をはかる場合」を挙げている。

[45] 高田379頁では、「桃太郎の物語などにでてくる人物や景色を分解して組物の各構成物品に別々に表現」し、組物全体として見れば「桃太郎物語になっている如き場合」という例を挙げている。

③ 組物全体として一般的登録要件（3条、3条の2、5条、9条）を満たすこと

全体として一つの需要を喚起する創作的価値のある意匠を保護するという制度であるから、「組物全体」として新規性（3条1項各号）、創作非容易性（3条2項）、3条の2、先願主義（9条）等の要件を満たすことが必要となる。逆に言えば、各構成物品単位では登録要件[46]を満たす必要はないことになる。

ただし、3条（不登録意匠）の1号（公序良俗違反）及び2号（出所混同）は、構成物品の1つでも該当するものが含まれていれば各号が防止しようとする弊害が生じ得るため、結果的に「全体として」1号又は2号に該当するものと解される[47]。

④ 組物の意匠の出願をすること

願書の「意匠に係る物品」の欄に経済産業省令に定める施行規則別表（8条関係）の組物の意匠のいずれか（例えば「一組の建築物」）を記載して意匠出願する必要がある。

図面は「各物品等の個々の形状等を表せば、組物の意匠を十分表すことができる場合は、組物を構成する各物品等について、それぞれ6面図等を記載」し、各物品等を組み合わせた状態で統一感を有する場合は、各物品の図に加え、「全構成物品等が組み合わせた状態の形状等について、十分表現されるよう必要な図」も記載する[48]こととされている。

---

[46] 平成10年改正前は各構成物品にも登録要件を要求していたが、同要件は削除された。この理由について逐条解説1272頁では、「『組物の意匠』が、権利行使の際には、『組物の意匠』全体として権利行使できるのみで、当該組物を構成する個々の物品ごとには権利行使することができないものとなっていることから、『組物の意匠』の登録要件とその権利行使の態様との不整合を解消」したと説明している。

[47] 田村383頁及び注解246頁（吉田親司執筆）も同旨である。

[48] 特許庁「意匠登録出願の願書及び図面等の記載の手引き」の記載による。

別表（8条関係）

1	一組の食品セット	23	一組の運動競技用品セット
2	一組の嗜好品セット	24	一組の楽器セット
3	一組の衣服セット	25	一組の教習具セット
4	一組の身の回り品セット	26	一組の事務用品セット
5	一組の美容用具セット	27	一組の販売用品セット
6	一組の繊維製品セット	28	一組の運搬機器セット
7	一組の室内装飾品セット	29	一組の運輸機器セット
8	一組の清掃用具セット	30	一組の電気・電子機器セット
9	一組の洗濯用具セット	31	一組の電子情報処理機器セット
10	一組の保健衛生用品セット	32	一組の測定機器セット
11	一組の飲食用容器セット	33	一組の光学機器セット
12	一組の調理器具セット	34	一組の事務用機器セット
13	一組の飲食用具セット	35	一組の販売用機器セット
14	一組の慶弔用品セット	36	一組の保安機器セット
15	一組の照明機器セット	37	一組の医療用機器セット
16	一組の空調機器セット	38	一組の利器、工具セット
17	一組の厨房設備用品セット	39	一組の産業用機械器具セット
18	一組の衛生設備用品セット	40	一組の土木建築用品セット
19	一組の整理用品セット	41	一組の基礎製品セット
20	一組の家具セット	42	一組の建築物
21	一組のペット用品セット	43	一組の画像セット
22	一組の遊戯娯楽用品セット		

（3）組物の意匠の登録要件を満たしている場合

組物全体を「一意匠」とする意匠権が発生する（一意匠一権利の原則）。逆に言えば構成物品ごとには権利が発生しないため、仮に第三者が無断で構成物品の1つを実施したとしても原則として権利の効力は及ばないこととなる。

例えば「組物」の登録意匠の構成物品がナイフ、フォーク、スプーンであった場合において、ナイフのみを販売する第三者がいるときである。「全体としての統一感」を保護するものである以上、少なくとも単品の場合に侵害の成立を認めることはできないと考えられる。

判断が困難となるのは、これ以外に、例えば構成物品の一部を欠く組合せとしてナイフ、フォークのセットを販売した場合、あるいは構成物品を一部入れ替えてナイフ、フォーク、箸であった場合[49]などが考えられる。これらの場合であっても「全体としての統一感」を要部と考え、その要部が共通する場合[50]には「類似」する意匠として侵害となり得ると解する。

一方、前述したナイフのみのような単品について販売する場合において、間接侵害が成立し得るか否かについては議論がある。この点は間接侵害のところで説明する。

また、1つの意匠権であるため、「登録になった後は個々の物品に権利を分割したり個々の物品ごとに移転または消滅させることはできない[51]」。

ところで、組物の意匠の登録要件を満たす出願について出願分割が認められると解すべきかどうかについては「出願の分割」における解説で既に説明した。

（4）組物の意匠の登録要件を満たしていない場合

① 審査段階の取扱い

「意匠に係る物品」の欄に省令で定める組物ではない物品名を記載した場合には、組物の意匠出願と認められず、8条違反として出願の拒絶理由となる（17条1号）。

また、全体として統一性がないと判断された場合も8条違反として出願の拒絶理由となる。この場合には、出願の分割（10条の2）によって構成物品ごとの権利化による救済手段が認められている。

---

49 コンメ新版332頁（中川裕幸＝峯唯夫執筆）における仮想事例を参考にした。侵害となり得るとする点においても賛同する。

50 田村384頁でも「物品を超えたデザイン・コンセプトを保護する」のが組物の意匠登録の趣旨であるから「多少の出し入れはあろうとも、侵害が肯定されるべき」としているため同旨と考えられる。また、注解247頁（吉田親司執筆）では一つの基準として「構成する半数以上の物品」の場合に侵害となり得ると述べている。

51 高田384頁

② 過誤登録の取扱い

一般的登録要件に違反していることが登録後に認められた場合には、原則として無効理由となる。ただし、８条の要件に該当しないと登録後に認められた場合には、手続上の問題にすぎないとして無効理由とはならない（48条）。

〔小論点〕「組物」の部分意匠

令和元年改正前までは、「組物の意匠」の保護価値はその「全体の組合せが有する美感にある」という理由から、「組物」の部分意匠の出願は認められていなかったが、「商品の多様化が進み、商品の基幹部分は同一であるが、その細部について多様な形状等をあしらう商品群が増加してきた」ことを背景に現在では組物の部分意匠の出願も認められるようになっている。

もっとも、組物を構成する物品の１つを言わば抜き出す形で実線とし、他の構成物品を破線にして「部分」意匠として出願することは、「全体として統一」があるかどうかの確認ができないため、認められることはないと解される。

４．内装の意匠制度

内装の意匠制度は、内装を構成する意匠について、全体として統一的な美感を起こさせるものである場合に一意匠として登録を認め、保護する制度である（８条の２）。

（１）趣旨

本制度は令和元年改正によって「建築物」を保護対象として規定することと同時に導入された制度である。その背景について、最も明解に記載されているのは「産業競争力の強化に資する意匠制度の見直しについて[52]」であるため、以下、この内容を基礎に説明する。

52 産業構造審議会知的財産分科会意匠制度小委員会（2019年2月）

まず、一意匠一出願の原則（７条）の下では、複数の物品等を出願できる例外として「組物の意匠」（８条）の出願制度を設けている。

しかし、「家具や什器の組合わせや配置、建築物の一部（壁、天井、床等）の装飾等により構成される内装」は、複数の物品等ではあるが、当該内装を構成する什器等の組合せが多数あり、しかも空間における各物品等の「配置」を考慮する点で、組物の意匠とは性格を異にする。

また、建築物の外観及びその内装のような「空間デザインは、著作権法で保護することも考えられるが、同法で保護される建築物はいわゆる建築芸術が主である。また、周知性や著名性があれば、不正競争防止法による保護を受けることができるが、独創的な空間デザインを生かしたブランド構築の取組を早い段階から保護する観点からは、周知性や著名性が生じる前から保護するニーズが高まっている」とも指摘されている。

さらに、特許庁令和元年改正においては、「企業が店舗等のデザイン、特に内装のデザインに特徴的な工夫を凝らしてブランド価値を創出し、サービスの提供や製品の販売を行う事例が増えている」とし、また、「近年、オフィス家具・関連機器を扱う企業が、自社の製品を用いつつ、特徴的なオフィスデザインを設計し、顧客に提供する事例が生じている」としている。そこで、「建築物」自体を保護対象とするのと同時に、その「内装」についても一意匠一出願の原則（７条）の例外として、本条を新設した旨が記載されている。

以上の点について、逐条解説1273頁では、より簡潔に「店舗等の内装に特徴的な工夫を凝らしてブランド価値を創出した上で、サービスの提供や製品の販売を行う企業が増加」していることを受け、内装デザインを意匠で保護できるよう、本条を新設した旨を述べている。

では、需要説からは「内装」の意匠についてどのように考えるべきであろうか。まず、「建築物」とその「内装」の美的外観を保護すべき理由はおおむね同様であるといえる。そもそも「内装」の需要者としては、例えば店舗やオフィス等の事業用の施設の場合には注文者、建売住宅・マンション等の個人用の内装の場合にはさらに当該建築物の購入者や賃借人が想定される。

また、建築物の取引者として、それらを仲介あるいは販売する不動産業者等が考えられるほか、さらに店舗やオフィス等の事業用の施設の場合には当該施設の利用者等が想定される。

しかし、建築物の場合、その内部において人が一定時間を過ごすことが通常であることから、その「内装」の美的外観は、特に「利用」意欲という観点において、「建築物」の外観よりも重要な可能性が高い。このように考えると、建築物の「内装」の美的外観も、建築物自体の外観以上に需要説が説くところの需要増大機能を発揮し得る[53]と考えられる。具体的には事業用の施設であれば、注文者の注文意欲はもちろん、施設利用者の利用意欲も増進し、また、個人用の建築物であれば、購入意欲や賃借意欲を増進するであろう。

以上のように、令和元年改正では「建築物」が保護対象となると同時に「内装」についても保護できるようになったことから、本改正は、建築物を保護対象としたことと併せて、言わば建築物「内外[54]」について広く「空間デザイン」として保護を認めたものと整理できよう。

（２）内装の意匠の登録要件

①「店舗、事務所その他の施設の内部の設備及び装飾」であること

「その他」ではなく、「その他の」とされていることより、「施設」が最も大きい概念となり、店舗、事務所はそれに包含される例示となることは明らかである。審査基準はこの解釈に沿い、「主に店舗のインテリアデザインやディスプレイデザイン、オフィススペースのデザイン等を対象とするものであるが、それらに限られない」とし、「その他の施設」には、「例えば、宿泊施設、医療施設、教育施設、興行場、住宅など、産業上のあらゆる施設が広く含まれる」としている。

---

[53] いわゆるリフォームという事業は、建築物の外観よりも「内装」に特化したものといえよう。

[54] ただし、建築物が「外部」で、内装が「内部」という単純なものではない。例えばある一つの部屋の美的外観については、建築物の部分意匠として保護し得るからである。建築物と内装の意匠との違いは、前者は意匠が1つであるのに対し、後述するように後者は複数の意匠の包含を前提とする点である。

具体的には、「その内部において人が一定時間を過ごすためのものである場合」はこの要件に該当すると判断するとしている。この判断基準に照らせば、ここでいう「施設」のほとんどは「建築物」であることが想定される。しかし、「物品」の定義に該当するものの中にもこの要件に該当するものがあり、その場合を排除する必要はなかろう。そのため、審査基準では、「組立式の簡易店舗や事務所、各種の車両や旅客機、客船」など、従来は「動産」すなわち「物品」とされてきたものについても「施設」に該当し得るとしている。

次に、「内部の」という文言は、「設備及び装飾」を修飾[55]する言葉であり、ここでは元々立法の経緯として「空間デザイン」を保護しようとした背景があることから、内部空間のデザイン、いわゆる内装を意味するものと解される。審査基準では「床、壁、天井」のいずれか一つ以上が図面に示されている必要があるとしている。内部空間であることを担保するためであろう。

先に述べたように、令和元年改正において建築物の「内外」の美的外観を広く保護しようとしており、「建築物」の「外装」はもちろん、例えば建築物内部の一部屋の美的外観であっても、それが一意匠である限りは「建築物」の部分意匠として保護が可能であるから、ここでいう「内装」は「建築物」の意匠としては保護し得ない複数の意匠の組合せの美的外観の場合と理解されることになる。したがって、「内部」であることを厳格に要求されるわけではない。内部が主たる要素である限り、外部がある程度含まれても「内装」の意匠として保護し得ると解すべきであろう。

この点について、審査基準では、「店舗正面のファサードやディスプレイデザインを含む創作や、内外の境をあえて曖昧にした創作など、施設外部とのつながりを考慮した内装の創作がある。これらの創作実態があることをふまえ、審査官は上記判断をするにあたり、原則として施設の内部空間全体が完全に閉じているか否かを厳格に検討する必要はない。

55 文法的に「の」は連体修飾語である。

施設の内部が施設の開口部及び施設の外部に連続している場合等には、施設の内部に付随する施設の外部が含まれていてもよい」としており、同趣旨であろう。

なお、「内部」とはいっても、そのデザインを保護する実質的な理由は、それが施設利用者の利用意欲を増進する点に経済的価値があるからであり、また、内装自体も「意匠」の一種であることは法文上も明らかであるから、「視覚性」が要求される。もっとも、ここで「外部から見える」か否かというのは、当該施設の用途及び機能に照らした通常の使用状態において、施設の利用者が肉眼によって通常は視認することがない範囲は入らないと解される。審査基準もこの点について指摘するとともに具体例として「施設の保守等の目的でしか入らない天井裏や床下、壁裏、パイプスペースなど」を挙げている。

② 内装を構成する物品、建築物又は画像に係る意匠であること

「構成」とは幾つかの要素の組立てを意味する[56]ので、物品、建築物又は画像の意匠が複数包含されていることを要する。実際問題として建築物の「内部」についての一意匠であれば、建築物の部分意匠として出願し得る[57]ので、あえて「内装」の意匠とする必要はない。したがって、複数の意匠[58]が包含されていないと認められる場合には本条の要件を満たさない。

また、「意匠」が包含されていることを要する。意匠でないものを複数包含していてもこの要件を満たさない。ここでいう「意匠」は２条１項の意匠と同義である。審査基準では、本条でいう「意匠」に該当しない例として、「人間、犬、猫、観賞魚などの動物[59]」そして「植物（ただし、造花は意匠法上の物品の意

---

[56] 組物の意匠(8条)にも「構成」という文言が用いられている。

[57] 審査基準にも同旨が述べられている。

[58] もっとも、建築物(船舶等の場合は物品)という「意匠」の内部空間であることは「床、壁、天井」のいずれか1つ以上が図面にある限り明白であるため、あとは少なくとも什器(意匠)が1つある限り、複数の意匠となってこの要件は満たすと解される。審査基準も同様の解釈のようである。

[59] 人間はともかく、「動物」は「動産」であることから、物品性の問題ではなく、むしろ自由に移動してしまう可能性があるため、特定性あるいは定形性の要件の問題であろう。

匠に該当する。)」「蒸気、煙、砂塵、火炎、水（ただし、保形性のある容器に入ったものは除く。）などの不定形のもの」、さらに「香りや音など、視覚以外で内装空間を演出するもの」「自然の地形そのもの」を挙げている。

③ 内装全体として統一的な美感を起こさせるものであること

逐条解説1273頁では、「内装意匠の本質は、家具や什器の組合せや配置、壁や床の装飾等によって統一的な美感が醸成される点にある」としている。

一意匠一出願の原則の例外として複数の意匠の組合せを「一意匠」として認める以上、一意匠という単位を満たしているといえる必要がある。一意匠一出願の原則で前述したように、需要説からは、需要者の「購買心への刺激の単一性 」が意匠の単位となり、「デザインが統一して一回的に購買心を刺激するなら一意匠 」と考えるのが原則である。この「購買心」は施設の「利用意欲」と置き換えられよう。当該施設を利用したくなるかどうかというのは通常は施設内部の設備や装飾を全体で判断し、その統一的な美感が利用意欲を刺激する場合と考えられたものと理解できる。

ここで「全体として統一的な美感を起こさせるとき」とは何を意味するかが問題となる。特に複数の意匠を包含しているという意味では同じはずの組物の意匠では「全体として統一があるとき」という異なる文言が使用されている[60]からである。

組物の意匠の場合には、システムデザインのように、ある特定のデザイン・コンセプトに基づいて個々の物品それぞれについてデザインを行うことが通常であるのに対し、内装の意匠の場合には、ある特定のデザイン・コンセプトに基づく点は同様であるが、個々の物品等は創作する代わりに、個々の物品等の選定と配置に創作性が認められる場合が多いと考えられる。

60 麻生典「新法解説 意匠法改正：デザイン保護の拡大」(「法学教室」2019年 469号)68頁でも組物の意匠との文言の違いを述べている。

しかも、組物の「統一」と内装の「統一的」を比較すると「的」というのは「その方面に関わる、それらしい」というニュアンスを有する語であり、厳格なものを表す言葉ではない。

したがって、内装の意匠の「全体として統一的な美感を起こさせるとき」というのは、組物の意匠の「全体として統一がある場合」よりも緩やかに解し、選定に一定の共通性があって配置にもある程度のまとまりがあると認められる限り、統一的[61]と解すべきである。

この点については、審査基準もおおむね同旨と考えられ、ここでいう組合せは、組物の意匠の場合と異なり、「内装の意匠を構成するものは多岐にわたり、それらすべてに同様の形状等の処理がなされることはまれである」とし、「各々の構成物品等のすべてについて統一的な形状等の処理がなされているか否かは不問とする」としている。また、本要件に該当し得るものとして、以下のように組物の意匠よりも幅広く「統一的」な例を示している。

① 構成物等に共通の形状等の処理がされているもの。

② 構成物等が全体として一つのまとまった形状又は模様を表しているもの（図７参照）。

③ 構成物等に観念上の共通性があるもの。

④ 構成物等を統一的な秩序に基づいて配置したもの（図８参照）。

⑤ 内装の意匠全体が一つの意匠としての統一的な創作思想に基づき創作されており、全体の形状等が視覚的に一つのまとまりある美感を起こさせるもの。

[61] コンメ新版341頁（谷口登執筆）が同旨である。もっとも、田村善之「画像デザインと空間デザインが意匠登録の対象となることの影響」（「ビジネスロー・ジャーナル」2019年 10月号）19頁では、「しっかりとした創作過程を経たものだけを保護する形にしないと現実的ではない」旨を述べている。

図7 図書館用図書室の内装

【意匠の特徴】本願意匠は、図書館における、植物に関連する書籍を集めた図書室の内装であって、壁、天井及び各什器を木目調で統一し、上方から空間全体を見渡した際に一輪の花のように見えるよう、各什器が配置されている。

図8 オフィスの執務室の内装

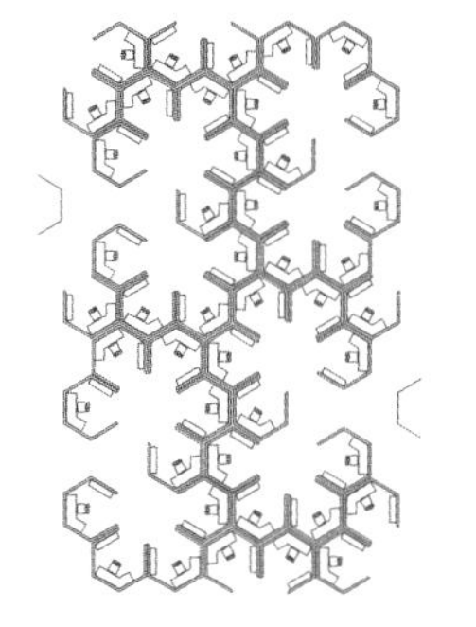

【意匠の特徴】本願意匠は、個々のチームが一体感を保ちながらも、従業者一人一人がそれぞれの作業に…集中できるよう、個人のユニットを六角形にし、蜂の巣状に配置するとともに、必要に応じて他のチームメンバーも議論できるよう、平面視左上と右下の台形部を、少人数で集まって議論するためのスタンディングデスクとしている点に特徴がある。

なお、内装の意匠も組物の意匠と同様に、部分意匠の出願を排除する規定はないため、可能であるとされている。しかし、内装の意匠の場合、「内装全体として統一的な美感」を要するため、例えば床面のみ、壁面のみ、天井のみ等の意匠の場合には「内装全体として統一的な美感」を有するかどうかということ自体が確認できない以上、認められない[62]と解すべきである。

62 青木大也「空間デザインの保護：建築物の意匠と内装の意匠に関する若干の検討」(「日本工業所有権法学会年報」2019年 43号)96頁の注37が同旨を述べている。なお、茶園発言「空間デザインの保護」(『年報知的財産法2019-2020』2019年 日本評論社)45頁では、そもそも内装の意匠について部分意匠を認めること自体に否定的である。

また、組物の意匠の場合と同様、内装を構成する物品の１つを言わば抜き出す形で実線とし、他の部分を破線にして内装の意匠の「部分」意匠として出願することも「全体として統一」しているかどうかの確認ができないため、当然に認められるべきではないと解される。

④ 内装全体として一般的登録要件（３条、３条の２、５条、９条）を満たすこと

全体として一つの意匠を保護するという制度という点では組物と同様であり、「内装全体」として新規性（３条１項各号）、創作非容易性（３条２項）、３条の２、先願主義（９条）等の要件を満たすことが必要となる。

逆に言えば、各構成物品等の単位では登録要件を満たすことは不要である。ただし、組物の意匠の場合と同様に、５条（不登録意匠）の１号（公序良俗違反）及び２号（出所混同）は、内装を構成する意匠中に１つでも該当するものが含まれていれば、各号が防止しようとする弊害が生じ得るため、結果的に「全体として」１号又は２号に該当するものと解される。

⑤ 内装の意匠の出願をすること

願書の「意匠に係る物品」は、創作したデザイン・コンセプトをいかなる物品等と「結合」させるのかという出願人の意思を記載することで物品等の面から審査対象を特定するものである。また、内装の用途は需要者層（利用者層）を特定し、類否判断する場合の基準となることから、用途が明確に把握できるようにすべきであろう。審査基準も「○○用内装」又は「○○の内装」と記載する必要があるとしている。

図面には、「施設の内部であることを示す床、壁、天井のいずれか一つ以上」を開示する必要があり、内装の意匠という特質上、施設内部の形状等のみが開示されていればよいので、原則として「空間の内側から見たものが基本」となる旨が審査基準に示されている。

（3）内装の意匠の登録要件を満たしている場合

登録要件を満たしていれば内装全体を「一意匠」とする意匠権が発生するが（一意匠一権利の原則）、構成物品ごとには権利が発生しないため、仮に第三者が無断で構成物品等の１つを実施したとしても原則として権利の効力は及ばない[63]。例えばカーテン、カーペット、ソファ、ローテーブル、チェストから構成される内装であった場合において、カーペットのみを「物品」として販売する第三者がいるときである。

もっとも、組物の意匠との最も大きな違いは、配置（物品等の位置）が内装の意匠の構成要素として存在している点[64]となる。したがって、組物の意匠の場合と異なり、仮にカーテン、カーペット、ソファ、ローテーブル、チェストを構成物品セットとして販売する第三者がいたとしても、配置関係は決まっていないため権利の効力は及ばないと解される。言い換えれば、この場合は組物としても権利を取得しておくべきだったということになる。

他方、「内装」の意匠として販売している限り、構成物品の一部を欠く組合せとしてカーテン、カーペット、ソファ、ローテーブルまでが同じでチェストがない場合、あるいは逆に一部入れ替えてカーテンの代わりにロールスクリーンの場合などであっても、内装の意匠の要部は配置関係を含めた「内装全体としての統一的な美感」となると解されるため、当該要部が共通する限り、侵害となり得ると解する。

また、１つの意匠権であるため、個々の物品ごとに権利を分割したり、移転又は消滅させたりすることができない点も組物の意匠と同じである。

内装の意匠の登録要件を満たす出願について出願分割が認められると解すべきか否かについては既に出願分割で説明した。

---

63 茶園デザイン158頁も同旨を述べている。

64 田村善之「画像デザインと空間デザインが意匠登録の対象となることの影響」（「ビジネスロー・ジャーナル」2019年 10月号）19頁では什器について「固定されていないことが一般的」であり、そのため並べ替えによって権利侵害が成立し得る可能性が指摘されている。逆に並べ替えによって容易に権利侵害を回避し得る可能性も指摘されており、今後の検討課題といえよう〈茶園、高林発言「空間デザインの保護」（『年報知的財産法2019-2020』 2019年 日本評論社）55-56頁〉。

（4）内装の意匠の登録要件を満たしていない場合

① 審査段階の取扱い

「店舗、事務所その他の施設の内部」でない場合、複数の意匠法上の物品等により構成されていない場合、「内装全体として統一的な美感を起こさせるもの」でない場合は、８条の２違反として出願の拒絶理由となる（17条１号)。

この場合には、出願の分割（10条の２）によって救済される場合がある。

② 過誤登録の取扱い

一般的登録要件に違反していることが登録後に認められた場合には、原則として無効理由となる。ただし、登録後に８条の２の要件に該当しないと認められた場合には、手続上の問題にすぎないとして無効理由とはならない（48条)。

5．秘密意匠制度

意匠登録出願人の請求により意匠権の設定登録の日から一定期間に限り、その登録意匠の内容を秘密にしておくことができる制度である（14条１項)。

（1）趣旨

本制度の趣旨については学説上の争いはなく、おおむね以下のとおりである。

まず、意匠権は独占排他権であるため、権利が発生した意匠の内容は、社会一般に公示されるのが原則である（20条３項)。しかし、意匠には美的外観性と模倣容易性という特質がある。すなわち、「意匠はそれが物品の外観であって見ればすぐ真似ることができる性質のものであるため公表から得られる利益よりも、模倣のソースを与えるという不利益が大きい[65]」。

また、意匠の流行性という性質から、企業のデザイン戦略として、「将来のデザイン傾向を予測して数年先に製造に着手するデザインをあらかじめ作ってストックしておく」ことも普通に行われている。

---

[65] 高田385頁及び田村385頁でも「模倣を誘発」するとしている。

このように「ある意匠を創作したがその実施化にまだ取りかからないというような場合には、まず先願としての出願を確保しておく必要がある」。なぜなら「出願した意匠について意匠登録を受け、それが意匠公報に掲載されると、その出願をした業者の将来の意匠の傾向を他の業者に知られ、また、その意匠を基としてそれを転用したような意匠を作り出されるおそれがあるからである」（逐条解説1294頁）。

このように意匠は秘密にしておく必要性が高い一方、私益性が強く、「技術の上に技術を積み重ねるという構成をとる特許法及び実用新案法においては、独占権の対象を一般に秘密にしておくことは許されないが、意匠法は同じく産業の発達を目的とするにもかかわらず、美的観点からその目的を達成しようとするものである」（逐条解説1294頁）ため、秘密意匠制度のような例外を許容し得るものと考えられる。

需要説から本制度の趣旨は「意匠の実施化前における公開は意匠の美感を通じての需要増長機能を毀損せしめ財産的価値を低減せしめる結果を招来する[66]」ためと説明できる。需要説の別の論者からは、このような出願人の利益にとどまらず、「意匠は、物品の外観によって需要者に与える感覚的刺激であって、その刺激の強さは公表後、時とともに失われるので、物品の購買心を刺激し物品取引の活発化を促進するためには、出願人の事情を考慮して公表時期を定めるとした方が、より意匠法の目的達成に沿う[67]」という説明もある。

いずれにしても通説的見解からは主に「模倣の誘発防止」という専ら当業者との関係で本制度を理解するのに対し、需要説からは主に需要者の購買意欲[68]との関係から本制度を理解する点に相違がある。

---

66 光石122頁

67 加藤280頁

68 このような見解に対し、「権利の公示であって、一般需要者に向けられたものではないから、このように説明することは困難であろう」とする批判がある（斎藤235頁）が、公報を参考にして当業者が模倣することによって、結果として新たな需要を「横取り」されることを問題視しているのであるからこの批判は当たらない。特にソーシャルメディアの発達した昨今では公報の情報であっても容易に拡散し得るため、より直接的に需要増大機能を低減させる可能性もあるであろう。

（2）秘密意匠の要件

① 意匠権の設定登録の日から３年以内の期間であること（14条１項）

「３年以内」としたのは、「余りに長い期間を認めるのは権利者に過度の保護を与えることになるから[69]」であり、「３年あれば、ストック意匠の保護もある程度達成できるし、まして流行性の強い意匠または短期間だけ使用される意匠には十分である[70]」と一般的には説明されている。

ただし、３年以内であれば権利付与の前後を問わず、請求した期間の延長又は短縮を請求することができる（同条３項）。デザイン戦略上、実施の時期が変更になることを想定し、意匠登録出願人又は意匠権者の便宜を図ったものであろう。

② 出願と同時又は設定登録料の納付と同時に手続すること（14条２項）

出願と同時のみならず、設定登録料の納付と同時にも手続することができることとされている。これは、「審査が出願時の予想よりも早期に終了」した結果、「商品の販売前にもかかわらず、意匠公報の発行によって意匠が公開されることがあり、商品の広告・販売戦略等に支障が出る」ことを考慮したもの[71]と説明されている。いずれの場合にも手数料の納付とともに所定の事項を記載した書面を特許庁長官に提出する必要がある（14条２項）。

（3）秘密意匠の効果

① 本質的効果

意匠権の設定登録の日から請求期間の満了の日まで、願書及び添付図面等の内容（20条３項４号）が秘密にされる（20条４項）。

---

[69] 逐条解説1295頁

[70] 高田387頁

[71] 逐条解説1295頁には、「審査の早期化に伴い、審査が出願時の予想よりも早期に終了した結果、秘密意匠の請求の必要が生じたような事態に対処できるようにするため」に出願と同時以外に審査終了後にも請求できるようにしたとする平成18年改正の説明がある。

意匠公報には意匠権者の氏名等、書誌的事項のみが掲載され、意匠の内容は秘密のままとなる（20条3項）。なお、意匠の内容（願書及び添付図面等）自体は指定した期間の経過後遅滞なく意匠公報に掲載される（20条4項）。

② 副次的効果

秘密意匠に係る証明等の請求、書類の閲覧等の請求は原則としてできない(63条)。これは秘密意匠制度の趣旨から当然に導かれる効果である。ただし、特許庁長官は所定の場合には、意匠権者以外の者に、秘密を請求された意匠の内容を示さなければならないこととされている（14条4項）。

具体的には、以下のとおりである。

① 意匠権者の承諾を得たとき（1号）

② 意匠の類否判断を必要とする審査、審判、再審又は訴訟の当事者又は参加人から請求があったとき（2号）

③ 裁判所から請求があったとき（3号）

④ 利害関係人が所定の書面を特許庁長官に提出して請求したとき（4号）

逐条解説1295頁では、②は「例えば秘密意匠の後願であるとの理由により出願を拒絶された場合の出願人から請求があったとき」を指し、③は「出願人が『拒絶をすべき旨の審決に不服で』裁判所に出訴した場合に、審理の必要上裁判所が請求するときなど」がこれに該当するとし、④は「意匠権侵害であるとしてその警告を受けた者が秘密意匠の詳細を知ることができるようにするため」としている。

（4）秘密意匠の意匠権

秘密期間中であっても意匠権は成立しているため、通常の意匠権と同様の効力を有し、侵害に対しても同様の措置を講ずることができる（37条、69条、69条の2、民709条等）。しかし、意匠の内容が公示されていないことから、その行使に際しては以下のような制限がある。

① 差止請求権の制限

差止請求権（37条１項）を行使するためには、事前の所定の警告が要件とされる（同条３項）。この規定の趣旨について、逐条解説1338頁では、「秘密意匠の内容は一般公衆には公示されていないので（20条４項）、秘密意匠と同一又は類似の意匠を善意で実施している者に対して、いきなり差止請求を行うことができるとしたのでは苛酷に過ぎる」からと説明されている。

また、「この警告を受けた者は秘密意匠の存在、内容等について更に詳細を調査するため秘密意匠の閲覧を請求できる」（14条４項）としつつ、「警告後もなお実施を継続するときは悪意の侵害者となり、侵害行為の停止又は予防のみならず、損害賠償を請求されることになる」とも記載している。

② 損害賠償請求権の制限

損害賠償請求権（民709条）を行使する際には、侵害者の過失が推定されない（40条ただし書）。

この規定の趣旨について、逐条解説1347頁では、「秘密意匠は意匠権が発生しても直ちにその内容が公告されない関係上（20条４項）、その間に意匠権を侵害した者に過失があったと推定するのは酷であり、秘密意匠の場合は例外とした」とした上で、「したがって、民法の一般原則によって権利者が過失を立証することになる」と説明している。

秘密意匠について過失を立証できる場合はまれであると考えられるが、警告後もなお実施を継続するときには「故意又は過失」を立証することは容易であろう。

第8章 審判等及び審決等取消訴訟

1．審判等

（1）概説

意匠法の審判には、拒絶査定不服の審判（46条）、補正の却下の決定に対する審判（47条）、意匠登録の無効の審判（48条）の３種類が規定されている。

なお、意匠法には特許法にない補正の却下の決定に対する審判が存在する。かつて（平成５年改正前まで）は特許法にも補正の却下の決定に対する審判が存在していたが、特許法で同審判が廃止された際、以下の２つの理由から意匠法には存置された旨が逐条解説1360-1361頁に記載されている。

１つ目の理由は「特許法で認められているように広範な補正を行うこと（一部改正前特41条）が認められていないため、補正がなされることによる権利付与の遅延等の弊害も生じていないこと」である。

２つ目の理由は「願書の記載及び図面等が意匠の内容となることから、願書の記載又は図面等に本質的な変更を加える補正は、要旨変更に該当する場合がほとんどであるため、補正がなされた場合であっても、要旨変更か否かの判断を行うに当たり、解釈が入り込む余地が余り多くなく、客観的な判断が可能であるため、補正却下処分について争いがある場合も、その審理にさほどの時間を要することはないため、迅速な権利付与の障害とならないこと」である。

一方、意匠法には特許法に存在する訂正審判の制度が設けられていない。

理由については既に述べたとおり意匠の特質の美的外観性であり、「書類には贅肉は少しもついておらず」「添付図面には減縮補正という観念は存在せず、減縮だか拡張だかわからないもの[1]」と考えられてきたからである。

なお、審判の構成、手続における職権主義、審理方式（口頭審理･書類審理）、審判請求書、審決等については52条で特許法における審判の規定が準用されており、基本的に特許法と同様であって意匠法に特有の事項はないので、詳細については特許法の解説を参照されたい[2]。

（2）拒絶査定不服の審判（46条）

拒絶査定がなされた場合、不服がある出願人は、３か月以内に拒絶査定不服審判を請求できる（46条１項）。基本的に特許法と同様であり、意匠法に特有の議論はない。ただし、意匠法においては前述したように審査前置制度が採用されていない。

なぜならば、意匠は美的外観性があるため、初見の審判官であっても意匠の出願内容であれば容易に把握できると考えられたためであろう。

（3）補正の却下の決定に対する不服の審判（47条）

補正却下の決定に対して不服がある場合には、謄本送達があった日から３か月以内に補正却下決定不服の審判（47条１項）を請求することができる。ただし、先に述べたように、本審判請求は補正後の意匠についての新出願を行う場合には請求ができないこととされている（47条１項ただし書）。

本審判の請求がなされた場合、その審決が確定するまで審査が中止される（17条の２第４項）。

決定取消審決がなされた場合、審査官はその審決の判断に拘束され、当該補正を再び却下することはできない（51条）。無際限に同じ処分を繰り返すことを禁止し、審決を実効あらしめるものといえる。

---

[1] 高田437-438頁。ただし、「意匠に係る物品」の欄については言葉で特定するため、特許法と同様に減縮等を観念できる点は余り取り上げられることがない。

[2] 中山260-320頁、田村234-235頁

[3] 田村381頁

（4）意匠登録の無効審判（48条）

意匠登録の無効審判とは、審査官の過誤又は後発的に意匠登録に無効理由が存在する場合に、当該意匠登録が初めからなかったものとすることを請求できる審判をいう。手続に関しては基本的に特許法と同様であり、意匠法に特有の議論はない。無効理由は、原則として拒絶理由と共通であるが、部分的に拒絶理由ではあるが無効理由ではないものがある。以下、説明する。

① 一意匠一出願（7条）

過誤登録であっても無効にするまでのことはない内容、すなわち本条の趣旨とされている権利内容の明確化と手続上の便宜のための要件というのは、実体的な登録要件ではないと考えられているため、無効理由とはならない。

② 組物の意匠（8条）

組物の意匠の要件を満たしてなかった場合、例えば「統一」性が欠如していたなどの場合には、多意匠となって結果的に一意匠一出願違反となるが、上記①で述べたとおり、一意匠一出願違反は無効理由にはならない。

③ 内装の意匠（8条の2）

組物の意匠と同様であるが、内装の意匠の要件を満たしてなかった場合、例えば「統一的」でなかった場合には、多意匠となって結果的に一意匠一出願違反となるが、上記①のとおり、一意匠一出願違反は無効理由にはならない。

④ 本意匠に類似しない関連意匠（10条1項、4項）

本意匠と非類似であるにもかかわらず、誤って「類似」と判断されて関連意匠として登録されても無効理由にはならない（48条）。先に述べたように「通常の意匠として登録し得た以上、関連意匠として登録されたということは、本人に分離移転の禁止の制約がかかる等の不利益がかかるだけで、公衆の負担とはなっていない[3]」からである。

なお、参考として特許行政年次報告書2022年版における意匠に関する審判のデータを掲げておく。

	意匠			
	請求件数	審判部最終処分件数		
		請求成立	請求不成立（含却下）	取下・放棄
2012年	396	272	152	3
2013年	363	252	129	3
2014年	389	182	119	3
2015年	391	268	176	4
2016年	384	247	210	5
2017年	400	257	125	6
2018年	293	245	122	0
2019年	389	183	84	1
2020年	367	303	106	2
2021年	314	286	70	0

表１　拒絶査定不服審判

	意匠			
	請求件数	審判部最終処分件数		
		請求成立	請求不成立（含却下）	取下・放棄
2012年	2	0	0	0
2013年	3	0	5	0
2014年	4	0	1	0
2015年	4	3	4	0
2016年	5	1	0	0
2017年	5	0	4	0
2018年	6	4	4	0
2019年	6	3	5	0
2020年	6	0	1	0
2021年	2	0	6	0

表２　補正却下決定不服審判

	意匠			
	請求件数	審判部最終処分件数		
		請求成立	請求不成立（含却下）	取下・放棄
2012年	14	11	7	3
2013年	20	0	4	1
2014年	19	6	9	2
2015年	11	4	5	3
2016年	26	13	11	5
2017年	14	4	15	5
2018年	15	4	7	0
2019年	6	1	9	3
2020年	8	3	5	0
2021年	15	3	8	1

表３ 無効審判

（5）再審

再審とは、確定した審決に対して重大な瑕疵のある場合に限り、審決の取消しを求めることができる非常の不服申立方法をいう(58条で準用する特174条)。上記審判とは別の制度であるが、審判の規定を準用している。再審については特許法と同様であり、意匠法に特有の議論はない。

（6）判定

判定は、請求により、特許庁が対象とする意匠が登録意匠の範囲に属するか否かを判断する制度である(25条１項)。登録意匠の範囲の争いがある場合には、権利者と第三者の双方が共に不安定な地位に置かれる。この問題は最終的には裁判で決着すべきものであるが、専門官庁である特許庁に公平な解釈をしてもらえれば有益であることから本制度が設けられた。

判定の法的拘束力の有無、請求の際の利害関係の必要性、制度の存在意義等についての争いはあるが、全て特許法において既に議論[4]されている。

---

4 中山298-301頁及び田村258頁を参照されたい。

手続等は特許法と同様であり、意匠法に特有の議論はない。したがって、特許法の解説を参照されたい。なお、参考として特許行政年次報告書2022年版における意匠に関する判定のデータを掲げておく。

	意匠			
	請求件数	審判部最終処分件数		
		請求成立	請求不成立（含却下）	取下・放棄
2012年	15	9	6	0
2013年	14	8	6	2
2014年	14	8	3	0
2015年	6	4	8	3
2016年	7	2	3	0
2017年	11	1	10	0
2018年	5	3	7	0
2019年	14	2	6	0
2020年	6	8	2	0
2021年	7	2	3	1

表4 判定

2．審決等取消訴訟

審決等取消訴訟は司法機関である裁判所が、特許庁という行政機関がなした審決等の行政処分の違法性を判断する訴訟手続である（59条）。

審判等は法律上の争訟であるため、行政機関は終審としての裁判を行うことができず（憲法76条２項２文）、審決等に関して裁判を受ける権利が保障されている（憲法32条）。

このような審決等の行政処分に対して不服がある場合、裁判所へ訴訟を提起する場合の手続等について定める一般法として行政事件訴訟法が存在する。

この行政事件訴訟法に対する特別法として位置付けられているのが審決等取消訴訟に関する意匠法の規定である。したがって、まず、意匠法の審決等取消訴訟の規定が優先的に適用され（行政事件訴訟法１条）、次に、行政事件訴訟法が適用され、最後に行政事件訴訟法に規定のない事項について民事訴訟法が適用される（行政事件訴訟法７条）。

以下に本訴訟の対象となる審決等を列挙する。

① 拒絶査定不服審判の請求不成立の審決（いわゆる拒絶審決）（46条）

② 補正却下決定不服審判の請求不成立の審決（47条）

③ 意匠登録無効審判の審決（48条）

④ 拒絶査定不服審判における補正却下決定（50条１項、17条の２）

⑤ 再審手続における補正却下決定（57条１項、17条の２）

⑥ 審判又は再審の請求書の却下決定（59条１項）

特許法と比較すると、意匠法では補正却下の決定に対して独立して不服を申し立てることができる関係から、上記②、④、⑤が意匠法に特有といえる。

もっとも、審決等取消訴訟の手続等は特許法を準用（59条２項）しており、同様である。また、共有に係る意匠登録を受ける権利や意匠権の場合の単独提訴の可否、審理範囲等に関して議論はあるが、意匠法に特有とはいえない。

したがって、これらの議論については特許法の議論を参照[5]されたい。

なお、特許行政年次報告書2022年版における審決等取消訴訟（判決結果）のデータは以下のとおりである。

	査定系の審判		当事者系の審判	
	意匠		意匠	
	請求棄却	審決取消	請求棄却	審決取消
2012年	9	7	0	0
2013年	2	0	1	0
2014年	13	1	0	0
2015年	4	0	1	0
2016年	1	13	3	0
2017年	4	4	3	0
2018年	4	0	5	0
2019年	4	0	2	0
2020年	0	0	0	0
2021年	1	0	0	0

表５ 審決取消訴訟

[5] 中山302-320頁、田村236-238頁

第9章 意匠権の変動

1．意匠権の発生と移転

（1）発生

意匠権は、設定の登録により発生する（20条１項）。ただし、設定の登録には前提条件として登録料の納付が必要であり（20条２項）、登録料の納付には前提条件として登録査定の謄本送達が必要である（19条で準用する特52条２項）。

また、登録査定は拒絶理由を発見しない場合が前提となる（18条）。したがって、例えば登録査定がなされないまま誤って設定の登録がなされたとしても重大かつ明白な瑕疵がある行政処分[1]であって無効[2]となるため、この場合には意匠権は発生しないものと解される。

設定登録がなされると独占排他権として意匠権の存在を第三者へ公示するために意匠公報へ掲載される（20条３項）。有体物と異なり、目に見えない無体物に対する物権類似の権利を設定するため、かかる権利は権利の存否をできるだけ明らかにする必要がある。

逆に言えば、そのことによって物権類似の効力が正当化されるものと考えられる（可及的公示の原理[3]）。

他方、意匠権者には意匠登録証の交付が行われる（62条１項）。

---

[1] 最三小判昭和36年3月7日 昭35(オ)759［民集15巻3号381頁］

[2] 光石136頁も同旨である。

[3] 杉光一成「規制立法としての知的財産法：デザイン保護における意匠法の役割に関する試論」(「NBL」2014年 1020号)38頁

（2）移転

発生した意匠権は特許権と同様に財産権[4]の一種であり、移転性[5]を有する。したがって、売買、贈与、交換、遺贈、相続などの原因によって移転する[6]。

移転には大別して特定の物等を対象とする特定承継と相続・合併等による包括的な移転となる一般承継があるが、特定承継の場合には意匠原簿への登録が効力発生要件となっている。「権利関係を明確にして取引の安全を図る[7]」ためである。

なお、これらの点については財産権として同質の特許権と同様の構成となっている。したがって、共有の場合の移転の規制（36条で準用する特73条１項）も原則として同様である。

ただし、特許権の移転の場合にはない意匠法特有の移転の制限がある。それは関連意匠の意匠権の移転に関するものである。

具体的には、既に述べたとおり、基礎意匠及びその関連意匠の意匠権は、分離して移転することができない（22条１項）。この理由についても先に述べたとおりであり、分離して移転した場合には、重複部分について二以上の者に排他権が成立することになり、同一意匠権者の下でのみ権利の重複を認める関連意匠制度の制度趣旨に反するからである。

（3）担保権

意匠権は財産権であるから、特許権と同様、担保権の目的とすることができる。意匠法では質権について規定されている（35条）。

もっとも、意匠権に特有の議論はないため、特許法の議論を参照されたい[8]。

---

4 産業財産権とも呼ばれている（中山2頁）。

5 旧法には移転することができる旨の規定（旧法25条で準用する旧特44条1項）があったが、現行法においては、権利の性質上、財産権であって当然に移転できると考えられている。

6 光石221頁

7 中山528頁

8 中山529-531頁及び田村345-346頁等を参照されたい。

2．意匠権の消滅（存続期間等）

（1）総説

意匠権の消滅事由には狭義と広義があり、狭義の消滅事由としては存続期間の満了、権利の放棄、登録料の不納、相続人の不存在があり、広義の消滅事由には無効審判により無効とされた場合がある。狭義の消滅事由は、将来に向かってのみ効力が消滅し、広義の消滅事由は遡及的に効力が消滅する点で異なることになる[9]。

なお、特許法には異議申立てに基づく取消決定による消滅（特114条３項）があるが、意匠法には異議申立制度が存在しないため、この消滅事由はない。また、特許法には独占禁止法による特許権の取消しによる消滅（独占禁止法100条３項）があるが、意匠法に存在しない点でも異なる。意匠の美的外観性と私益性を考慮したものと考えられる。

以下、それぞれの消滅事由について説明する。

（2）存続期間の満了

意匠権の存続期間については、意匠登録出願の日から25年をもって終了する旨が規定されている（21条）。これはあくまで存続期間の終期の起算点を示したものであって、始期は、当然のことながら設定登録時となる（20条１項）。

意匠権の25年という存続期間に関し、逐条解説1310頁では、「意匠には流行によって移り変わっていくライフサイクルが非常に短いものもあるが、輸出用の食器類などには長い間世界各国の人々に愛好されているものも少なくなく、取引業界においても存続期間の延長の要請は強い」として長期に保護する必要性について述べている。

その一方、「意匠は発明や考案の場合と異なり、長期間の独占権を与えても技術開発を阻害するというような事態は生じない」として弊害が少ない点、すなわち許容性について述べている。

---

[9] 光石237頁。なお、高田478頁では、この点を「失効」と「無効」に分けている。

従来（令和元年改正前)、意匠の存続期間の起算日は「設定登録の日」であった。特許法は「出願の日」を起算点としていたが、その理由は、「設定登録の日」を起算点とする場合、審査期間が長引くことで「特許出願後20年以上も経過し、社会の技術水準からみてさほど高くもなくなった発明についてなお引き続き独占権が行使されることになり、本来社会の技術進歩のための制度であるべき特許制度が技術進歩の障害となりかねない」（逐条解説254頁）と考えていたのであろう。

しかし、令和元年改正により意匠権の存続期間の起算点も特許と同じ「出願の日」に変更された。

その背景について、改正解説では、「変更出願が増加[10]する中、特許で出願して先願の地位を確保し、その後に審査を受けながら、査定が出される直前で意匠登録出願に変更した場合、当該出願が意匠として審査されて登録された後から、実際の意匠権としての権利期間が開始されるため、一つの発明（意匠）の保護期間の終期が不当に引き延ばされる」という弊害が指摘されている[11]。すなわち、特許法で想定されてきた弊害とは異なる別の弊害が理由となっているものの、弊害防止の観点から結果的に同じ起算点となったといえよう。

また、令和元年改正によって従来は20年だった存続期間が25年に変更された点について、逐条解説1311頁では「企業特有のデザイン・コンセプトの開発を支援し、ブランド価値の向上を促進する観点からは、より長い意匠権の存続期間を設定することが望ましいため」と説明している。

これは関連意匠制度について長期間の出願を可能としてブランド価値を向上できるようにした改正と合わせたものと考えられよう。

---

10 特許庁令和元年改正138頁によれば、「年間約100件から、多い年には180件に上がっている」とされている。

11 逐条解説1311頁には、もう一つの改正の理由として「意匠登録出願と特許出願の変更出願が増加する中、存続期間の終期の起算日が、意匠権では設定登録時、特許権では出願時などと異なることに起因して、知的財産権の管理上不便が生ずるおそれがある」ことが挙げられている。

（3）権利の放棄

財産権である以上、特許権と同様に放棄も当然に行うことができる。ただし、意匠権者の不利益にとどまらない場合、すなわち専用実施権者や質権者があるときは、これらの者の承諾が必要となる（36条で準用する特97条1項）。

また、放棄の効力が生ずるためには登録が必要となる（36条で準用する特98条1項1号）。これは権利関係を明確にする意味と考えられ、この点においては特許法と異なるところはない。

（4）登録料の不納

意匠権の存続期間中は、登録料を毎年期限までに納付する必要がある（42条、43条2項）。もっとも、納付期限後6か月間は追納が認められており、納付期限後6か月は意匠権が消滅しないまま存在し、追納がない場合に遡って消滅することとなる（44条）。以上の点については特許法と同様となっている。

（5）相続人の不存在

民法では、相続人が不存在の財産権は国庫に帰属するのが原則であるが、特許権と同様、意匠権も民法の原則の例外として権利が消滅することとされている（36条で準用する特76条）。意匠権の場合、その私益性から一般に開放する意義は特許法と比較すれば大きくはないと考えられる一方、国庫に帰属させたとしても活用が困難[12]であるため、権利を消滅させたものと考えられる。

（6）登録無効審判による無効審決の確定

登録無効審判において無効にすべき旨の審決（無効審決）が確定した場合、意匠権は初めからなかったものとみなされる（49条）。無効審決の効果としては特許法と異なるところはない。これまでの消滅事由と異なるのは、前述したように、遡及効を伴う消滅である点である。

---

[12] 中山607頁

第10章
意匠権の効力

1．意匠権の効力

意匠権の効力については、23条に「意匠権者は、業として登録意匠及びこれに類似する意匠の実施をする権利を専有する」と規定されている。

本規定は、意匠権の「積極的効力」と「消極的効力」を定めている[1]と解するのが一般的である。積極的効力とは、登録意匠及びそれに類似する意匠を独占的に実施[2]し得ることをいう。

また、消極的効力とは他人が登録意匠及びそれに類似する意匠を実施することを禁止し得ることをいう。例えば具体的には、差止請求権、損害賠償請求権、不当利得返還請求権等が認められている。

もっとも、他人の意匠権等を侵害しない限り、意匠権を持たなくても意匠を実施すること自体は自由にできるため、意匠権の本質は消極的効力（排他権）にあると解すべきである[3]。消極的効力があるため、その反射的効果によって独占的に意匠を実施できることになる。

---

[1] 光石140頁、加藤337頁

[2] 加藤337頁では、意匠権を物権類似の権利と捉えて「支配」する権利であるとする。「支配」とは「使用、収益及び処分」をいうとし、意匠権者は実施(2条3項)、実施権・質権の設定、移転及び放棄が可能であるとしている。

[3] 特許権に関する記述ではあるが、中山337頁では「知的財産権の本質は排他権にある」と述べている。田村241頁も参照されたい。茶園246頁でもこれを「排他権説」として説明しており、それが通説であるとする。これに対し、積極的効力を本質とみる見解(専用権説)として逐条解説〈意匠法23条の解説(1313-1314頁)〉及び手袋事件〈東京地判昭和54年3月12日 昭46(ワ)9319[無体裁集11巻1号134頁]〉がある。

（1）業として

「業として」という要件があるのは、意匠権の効力が及ぶ対象を「事業者」に限定する趣旨である。

これは意匠法が無形の情報を対象として他人の行為を制限するという規制立法の性質を有するために必要最小限の範囲に限定したものと理解することができ、意匠法が経済活動を行う事業者にとって重要な行為規範であること、すなわち「事業行為規範性」[4]を示すものである。

「業として」の解釈については特許法と同様である。通説的な見解[5]からは、営利を目的とすることは必ずしも必要とされず、反復継続して行う意図があれば、1回だけ行った場合でも本要件に該当すると考えられている。したがって、個人的又は家庭的に1回限り実施する場合には該当しない。

（2）登録意匠及びこれに類似する意匠

登録意匠とは意匠登録を受けている意匠をいう（2条3項）。

「登録意匠及びこれに類似する意匠」を認定する際の基礎資料に関し、「願書の記載及び願書に添附した図面に記載され又は願書に添附した写真、ひな形若しくは見本により現わされた意匠に基いて定めなければならない」旨が法定されている（24条1項）。

①　1項について

ここで「願書の記載」とは、逐条解説1315頁によれば、主に6条に規定された記載事項、すなわち「意匠に係る物品、意匠に係る物品の説明及び意匠の説明の欄」を意味するとされている。

---

[4] 杉光一成「規制立法としての知的財産法：デザイン保護における意匠法の役割に関する試論」（「NBL」2014年 1020号）40頁ではこれを「事業行為規範性」と呼んでいる。なお、この点からも、例えば関連意匠制度で「ブランド構築を支援」するためという産業政策上の理由による制度設計を正当化できると考えられる。

[5] 中山338-339頁、高田460頁、光石142頁、斎藤297頁、茶園221頁

したがって、ここに記載すべきとされている事項を記載しなかった場合はもちろん、図面を含む本条の基礎資料に記載されていない事項は、登録意匠の範囲の基礎資料から除外されることを意味する。例えば裁判例では、願書に透明である旨を記載（６条７項）しなかったことにより、「不透明なものとしてその意匠が設定登録されたことが明らか」と判示しているもの、本条（24条）を示して「色彩、光沢、質感についての開示」がないため、審決が色彩等について考慮せずに引用意匠との類否を判断したことに誤りはない旨を判示したテーブル用脚事件〈東京高判平成16年９月15日 平16（行ケ）60〉などがある。

また、動的意匠に関して変化の前後の状態が分かる図面がないことを理由とし、本条（24条）を示して、「認識できる事項以外の事項を考慮して本願意匠を認定し得るとすることは、想定でない」旨を述べたものもある〈呼吸マスク事件：知財高判平成22年７月７日 平22（行ケ）10079〉。問題は、これらの基礎資料の相互間に矛盾や不一致がある場合に登録意匠の範囲をどのように認定すべきかである。この点は訂正審判を採用していない意匠法で特に問題となる[6]。釣りざお事件〈大阪地判昭和63年12月22日 昭59（ワ）6494［無体裁集20巻３号507頁］〉では「当業者の立場から合理的・客観的に判断し、かかる観点から判断した場合に、右矛盾ないし不一致が、願書や添付図面作成上の誤記や不手際ないし作図上の制約から生ずるものであることが理解され、具体的に構成された統一性ある意匠を想定しうる場合には、右のごとき観点から合理的に想定される意匠をもって当該登録意匠の範囲の内容をなすものと認めるのが相当である」と判示している。

これは、補正の許される範囲、すなわち意匠の「同一性」の範囲とほぼ合致している。そもそも意匠法は、類似概念とあいまって元来はデザイン・コンセプトを保護しようとするものであり、出願された内容（特に図面）は、その中心点を示すものではあるが、中心軸も同時に想定できるのであって、それが意匠の「同一」の範囲内であることは既に述べた。この範囲内であれば、第三者に不測の不利益を与えることもないであろう。

---

6 茶園224頁

したがって、訂正審判制度がない意匠法にあっては、このような解釈は是認されるべきものであろう[7]。同旨の裁判例[8]も少なくない。

ところで、意匠法ではなく、施行規則上の制度ではあるが、特徴記載書を願書に添付できることとされている（6条)。この書面については、「登録意匠の範囲を定める場合においては、特徴記載書の記載を考慮してはならない」旨が規定されている（施規6条3項)。

本条（24条）の基礎資料として掲げられていない資料であるため、当然のこととも思われるが、行政法学の観点から「考慮してはならない」という文言にかかわらず、少なくとも裁判官に対する法的拘束力はないものと考えられる。この点については前述した特徴記載書の説明を参照されたい。

② 2項について

本条（24条）の2項では、類似か否かの認定の際の判断基準（解釈や手法）に関し、「登録意匠とそれ以外の意匠が類似であるか否かの判断は、需要者の視覚を通じて起こさせる美感に基づいて行うものとする」旨が規定されている（24条2項)。本条は、平成18年改正で導入されたものであり、その趣旨について、改正解説書によればおおむね次のように説明されている。「意匠の類否判断は、意匠制度の根幹に係る意匠の登録要件や意匠権の効力範囲を司るものであることから、統一性をもって判断されることが望ましいと考えられる」。

この点、「最高裁判例において意匠の類似とは一般需要者から見た美感の類否であるとされているが、裁判例や実務の一部においては、意匠の類似についてデザイナー等の当業者の視点から評価を行うものもあり、最高裁判例とは異なる判断手法をとるものが混在していることにより意匠の類否判断が不明瞭なものとなっていると指摘されていた」。

---

7 茶園225頁。コンメ新版552頁（高橋淳=宮川利彰執筆）も同旨を述べる。

8 学習机事件（大阪地判昭和46年12月22日 昭45（ワ）507[無体裁集3巻2号414頁]、測量杆事件〈大阪地判昭和57年4月30日 昭56（ワ）3683〉、包装用缶事件判決〈大阪高判平成11年5月25日 平10（ネ）2916〉等について、コンメ新版552頁（高橋淳＝宮川利彰執筆）を参照されたい。

そこで、「意匠の類否判断について明確化するために、意匠の類似について、最高裁判例等において説示されている取引者、需要者からみた意匠の美感の類否であることを規定する[9]」こととしたものである。

需要説の立場からは当然のことを確認的に規定したものと捉えることが可能である。この点、競業説あるいは混同説も「類似」の判断主体について「需要者」を基準にするという点では本条と整合的なようにみえるが、起草者は、「意匠法における類否判断を物品の出所混同に結び付けるために一般需要者を使用したわけではない」とする最高裁判例の解説[10]等を考慮し、法文上、一般需要者ではなく需要者とした旨を述べている。このことからすれば、競業説あるいは混同説は少なくとも起草者が意図したものではなさそうである。

他方、創作説は類否を「デザイナー等の当業者の視点で評価」するものであるから、本条の立法によって明らかに排除しようとした対象であるといえる。したがって、少なくとも意匠の「類似」に関して創作説はとりえないと解され、そのように考える見解が多数説[11]である。

ここで、本条の「需要者」であるが、消費財などの場合には、一般需要者、すなわち最終消費者が中心となることは言うまでもないが、部品などの場合には、むしろ完成品を組み立てて販売するために必要な部品を購入する事業者も想定されるため、「取引者」も含む概念と解すべきである。

この点、逐条解説1315頁でも、同様に「取引者及び需要者を意味する」としており、その理由として「最高裁の判例上、意匠の類否判断の視点は一般需要者とされているが、当該最高裁判例以後、意匠の類否判断の視点を取引者、需要者としている裁判例が多く存在すること等を考慮」した旨を説明している。

最後に、本条が「登録意匠の範囲」についての規定であるため、出願された意匠の新規性（３条１項３号）における類似の判断の際には適用にならないのかが問題となり得る。

---

9 特許庁平成18年改正22頁

10 法曹会『最高裁判所判例解説民事篇（昭和49年度）』（1977年 法曹会）325頁

11 茶園99頁、コンメ新版554頁（高橋淳=宮川利彰執筆）

先の判例で、新規性が類似（３条１項３号）まで規定しているのは、効力が類似にまで及ぶ(23条)とされているためと判示された背景があることを受け、起草者は、「３条１項３号をはじめ、他の条項に規定されている意匠の類否についても一定の解釈が及ぶことになる」と述べている。同じ法律の同じ文言は原則として同義と考えるのが立法者の意図であるとみるべきであるから、３条１項３号の「類似」と23条の「類似」は同じ概念であると解すべきであろう[12]。

なお、本条があくまで「類似」の判断基準を示すのみで、「同一」の判断基準を示していない点については「意匠の同一」における解説を参照されたい。

（3）実施

「実施」の具体的内容は、保護対象別に実施に該当する内容が規定されている（２条２項)。ここで注目すべきは、23条には「意匠の実施」とあるが、「意匠」それ自体はデザイン・コンセプトという無体物であるため、その無体物を有体物等と「結合」させることで初めて「実施」となるという点[13]であろう。例えばデザイン・コンセプト（すなわち、意匠）を有体物たる「物品」と結合したものが「意匠に係る物品」となる。建築物も同様である。

なお、「画像」はやや特殊である。デザイン・コンセプトと画像のいずれもが無体物であり、それらを結合させたものが「意匠に係る画像」と解されるが、操作画像も表示画像も有体物と関連付けられているため、その限りにおいては緩やかには有体物と結合しているといえよう。以下、保護対象別に説明する。

①「意匠に係る物品」の実施（１号）

「製造、使用、譲渡、貸渡し、輸出若しくは輸入又は譲渡若しくは貸渡しの申出（譲渡又は貸渡しのための展示を含む。以下同じ。）をする行為」が挙げられている。

---

[12] 清永利亮「意匠の類否」(『裁判実務大系(9)工業所有権訴訟法』1985年 青林書院)401,406頁、牧野利秋『裁判実務大系(9)工業所有権訴訟』(1985年 青林書院)405頁も同旨。

[13] 斎藤296頁でも同旨を述べている。

「製造[14]」とは物品を作り出す行為をいう。これ以外の用語は基本的に特許法と同様に解されており、「使用」とは物品をその物品の用途及び機能に従った使い方で用いることをいい、「譲渡」は譲り渡すこと、又は所有権の移転を意味し、有償（販売）・無償（贈与）を問わない。「貸渡し」も有償・無償を問わないが、物を保管するにすぎない寄託は含まれない。

「輸出」とは内国貨物を外国に送り出す行為[15]をいう。また、「輸入」とは外国貨物を国内に搬入する行為をいい、「外国にある者が外国から日本国内に他人をして持ち込ませる行為[16]」が含まれる旨が括弧書に規定されている。ここで「他人をして持ち込ませる行為」とは、「配送業者等の第三者の行為を利用して外国から日本国内に持ち込む行為（例えば外国の事業者が、通販サイトで受注した商品を購入者に届けるため、郵送等により日本国内に持ち込む場合が該当する。）をいう」とされている。

「譲渡若しくは貸渡しの申出」は意匠に係る物品を販売するために展示する行為が該当し、括弧書の「譲渡又は貸渡しのための展示[17]」とは、現実の意匠に係る物品が存在しないカタログによる勧誘やパンフレットの配布等のような行為が含まれる。

---

14 特許法では「製造」ではなく「生産」と規定されている点で異なる。登録要件の「工業上利用」が「産業上利用」へ現行法で改正されたことに伴うものと考えられる。しかし、実質は「製造」とほぼ同義であると解されている（吉藤433頁）。

15 平成18年改正で新たに規定された。改正前までは、輸出すれば「譲渡」にも該当するはずであるとして規定を欠いていたが、「国内で行われる模倣品の製造や譲渡といった行為が捕捉できなければ、実際に水際において『輸出』される段階で模倣品が発見されても差止め等を行うことが困難」であるという指摘があったために導入されたと説明されている（特許庁平成18年改正107,110頁）。

16 令和3年改正で商標法への導入と同時に新たに規定された。「模倣品の個人使用目的の輸入が急増しており、模倣品の国内への流入増加に歯止めをかけることができていない」ことが指摘されており、特に「新型コロナウイルス感染症による生活様式の変化や今後の電子商取引の発展、国際貨物に係る配送料金の低下等が進めば尚更増加が予想」されたことが背景として説明されている（特許庁令和3年改正119頁）。

17 平成6年改正で新たに規定された。TRIPS協定に規定された義務を履行するためである。文理上、実際の物は存在せずに純粋に口頭でいった場合にも「実施」（すなわち侵害）に該当し得るように読めるが、特許庁平成6年改正解説11-12頁では、「カタログによる勧誘等が行われた事実に加え、当該物を別途所持していた事実等を立証し、当該物の譲渡若しくは貸渡しを申し出ていたことを特定する必要があるものと考えられる」としている。

②「意匠に係る建築物」の実施（２号）

「意匠に係る建築物の建築、使用、譲渡若しくは貸渡し又は譲渡若しくは貸渡しの申出をする行為」が挙げられている。

「製造」に代えて「建築」という概念が導入されている。この「建築」は「製造」と同等の行為、すなわち建築物を作り出す行為を指すが、設計そのものは含まれない[18]と解される。なお、不動産の輸出入は想定されない[19]として１号にあった「輸出」「輸入」の行為は規定されていない。

「使用」は、「物品」のところで述べたのと同様、建築物をその物品の用途及び機能に従った使い方で用いること[20]をいうと解される。

「譲渡若しくは貸渡しのための展示」としては「住宅展示場におけるモデルハウスの展示や分譲マンションのモデルルーム」などが想定され、この実施行為は１号の物品の場合よりも意義が大きい。なぜならば、対象となる建築物が完成される前より行われていることが大半だからであり、この段階で侵害行為を捕捉[21]できれば意匠を実効的に保護できるからである。建築物の単価は物品に比して総じて高額なため、このように早い段階で侵害の有無について結論が出るほうが、被疑侵害者の利益にも資すると考えられる。

ところで、「内装の意匠」（８条の２）について、通常は「建築物」の内部空間の意匠であるから、原則[22]として本号の規定により解釈されると考えられる。

---

[18] 増築、改築、修繕等の「建築」概念の該当性も含めて詳細はコンメ新版135頁（谷口登執筆）を参照されたい。

[19] 特許庁令和元年改正79頁

[20] 商業施設の場合には、施設全体の運営者のみを「使用」の主体とし、その一部を使用しているにすぎないテナントまでは侵害主体性を認めるべきでないという議論がある点について、茶園デザイン141頁（中川隆太郎執筆）を参照されたい。もっとも、建築物の外観は当該施設への来集の勧誘、あるいは利用意欲の増大として機能しているものであるから、同頁（注54）にあるように、「外観そのものを業として使用していない」という理由で侵害主体性を否定するのは難しいのではなかろうか。

[21] 特許庁平成6年改正11頁による「カタログによる勧誘」では足りないとする解釈とは異なることとなるが、少なくとも建築物にあっては現実の建築物の存在は要しないと解すべきであろう。コンメ新版139頁（谷口登執筆）も参照されたい。

[22] ただし、組立て家屋の内装、あるいは旅客機の内装などの場合には、「物品」として2条2項1号が適用になると考えられる〈コンメ新版134頁（谷口登執筆）参照〉。

もっとも、内装の意匠を業として「使用」していたとしても、配置関係は通常は比較的容易に変更できるため、特定の配設関係の「使用」を特定することは現実には困難[23]であろうと考えられる。

③「意匠に係る画像」の実施（3号）

まず、保護対象の「画像」は、前述したように無体物であり、「機器の操作又は機器が機能した結果を表示するために機器によって描き出される図形であって特定の用途及び機能を有するもの」をいう。デジタル画像の場合にはそれを表示するためのプログラムの存在が必須であり、そのプログラムを通じて実施行為が行われることから、その旨を明らかにするために、「画像」という概念には、そのプログラムを含む旨を括弧書において規定している。

「意匠に係る画像」には大別して2種類あって、1つ目は画像そのものであり、無体物である。2つ目はこの「画像」とそれを表示するプログラムという無体物[24]同士を「結合」させた「画像を表示する機能を有するプログラム等」（以下、これらを併せて「画像プログラム等」という。）である。

以上を前提として、法は、実施行為を「画像プログラム等」が対象となる行為（イ）、と「画像プログラム等」を記録した記録媒体（例えばCD-ROMやUSBメモリ）と画像プログラム等の内蔵機器[25]（例えば画像を含むアプリケーション等がインストールされたスマートフォン、画像プログラム等を内蔵する冷蔵庫やDVDプレーヤー等）という有体物（以下、「画像記録媒体等」という。）が対象となる行為（ロ）の2つに分けている。

23「空間デザインの保護」（『年報知的財産法2019-2020』2019年 日本評論社）56頁（高林発言）では「納品されてしまった人があちこち動かすわけですので、その場合、いったい誰が侵害しているのかなというのが、私にはよく分らない」旨を述べていて同旨である。

24 厳密に言えば、プログラムは法的には「物」とされているが、法的擬制の一種であって実態は情報であって無体物である。

25 デジタル画像以外の機械的に投影される表示画像の場合、画像表示機能を有する機器は「意匠に係る画像」を「内蔵する機器」と解し得るため、例えば「画像」に関する説明について前述した機械仕掛けの「家庭用プラネタリウム投影機」のようなものもここに含まれると解される。

おおむね、（イ）の「画像プログラム等」は「無体物」に関する実施であり、（ロ）の「画像記録媒体等」は「有体物」に関する実施を規定しているといえよう。行為態様としては、画像プログラム等については、画像の「作成、使用又は電気通信回線を通じた提供若しくはその申出（提供のための展示を含む。以下同じ。）をする行為」（イ）を挙げ、画像記録媒体等については、画像を「記録した記録媒体又は内蔵する機器の譲渡、貸渡し、輸出若しくは輸入又は譲渡若しくは貸渡しの申出をする行為」（ロ）をそれぞれ挙げている。

まず、（イ）に関し、画像プログラム等における「作成」というのは物品でいう「製造」と同等の概念である。プログラミング言語を用いて電子計算機において実行可能なプログラムを作成するプログラミングがその典型であるが、プログラムという性質上、既にある画像表示プログラムを「複製」する行為も含まれると解すべきであることは当然であろう。

画像プログラム等の提供には、CD-ROMなどの有体物を媒介する場合もあるが、それは（ロ）に規定されているため、（イ）ではネットワークを通じた画像プログラム等の提供行為が含まれるように「電気通信回線を通じた提供」を規定している。「譲渡」「貸渡し」「輸出」「輸入[26]」に関して規定がないのは、これらに相当する行為は全て「電気通信回線を通じた提供」という概念に包含されていると理解されたためであろう。なお、「意匠に係る画像を用いたアプリケーションがアップロードされたサーバーを管理する行為[27]」は、上記のいずれにも該当しないため、実施に該当しないこととなる。

次に、（ロ）の画像記録媒体等は有体物であるから同じ有体物である「物品」とおおむね同様の行為が実施として規定されている。なお、「使用」について規定がないのは、機器を「使用」する行為はそのまま（イ）の画像プログラム等の実施行為に該当するため規定する必要がなかったものと考えられる。

---

[26] ただし、コンメ新版144頁（峯唯夫執筆）で既に指摘があるように、「輸入」を「電気通信回線を通じた提供」で読むのには無理があると考えられる。

[27] 特許庁令和元年改正80頁。有体物の「所持」に相当すると考えられたのであろう。

2. 意匠権の効力の制限

意匠権は「財産権」の一種であり、その内容は当然、「憲法29条2項の制約下に置かれ、公共の福祉に適合するように法律により定められるべき[28]」ものでもある。したがって、法は第三者の権利あるいは利益との関係でその効力を制限すべき場合について効力を制限する旨の規定を置いている。また、私的自治の原則により、自らの意思で効力が制限される場合があるのは当然である。

以下、先に述べた積極的効力と消極的効力の制限に分けて説明する。

(1) 積極的効力の制限

積極的効力の制限について法が規定[29]しているのは、利用・抵触関係[30]にある場合(26条)、専用実施権(27条)を設定した場合(23条ただし書)である。利用関係による制限の詳細は後述するため、ここでは専用実施権について述べる。

専用実施権とは、設定行為で定めた範囲内で業として登録意匠又はこれに類似する意匠の実施を専有する権利である(27条2項)。専用実施権がある場合、意匠権者といえどもその範囲内ではその登録意匠とその類似意匠を実施することができなくなる(23条ただし書)。

意匠法に特有の点として、前述したように関連意匠の意匠権が存在する場合、専用実施権の設定は、基礎意匠及び全ての関連意匠の意匠権について、同一の者に対して同時に設定する場合に限り設定することができるとされている点が挙げられる(27条1項)。なお、設定後に意匠権者が専用実施権者から通常実施権の許諾を受けた場合には実施することができるようになる。その他の専用実施権に関する議論(設定後に侵害者に対して差止請求権をすることが可能か否か等)は基本的に特許法と同様[31]である。

---

[28] 光石110頁

[29] 私的自治の原則により、契約等により積極的効力が制限される場合があるのは当然であるが、意匠権の共有者間で契約をした場合については確認的な規定がある(準特73条2項)。

[30] ただし、本条は後述するように確認的規定である。

[31] 中山533-541頁及び田村344頁を参照されたい。

（2）消極的効力の制限

消極的効力の制限について法が規定[32]しているのは、抵触関係にある場合（26条）、許諾又は法定の通常実施権が存在する場合（28条 -32条等）、裁定の通常実施権が存在する場合（33条）、意匠権の効力の及ばない範囲に該当する場合（準特69条）、登録料追納で意匠権が回復した場合（44条の３）、再審で意匠権が回復した場合（55条）である。

抵触関係の詳細は後述する。ここでは、それ以外について説明する。

① 通常実施権（28条）

意匠権者が、消極的効力を及ばさない旨の契約をすることは私的自治の原則の下で可能であり、この場合、契約の相手方は意匠権を行使されないという債権を取得することになる[33]。

これは契約に基づいて発生する権利であるため、許諾による通常実施権（許諾実施権）と呼ばれ、後述する法律上の発生要件に該当する場合、当然に発生する実施権（法定通常実施権あるいは法定実施権）及び裁定手続によって強制的に発生する実施権（裁定通常実施権あるいは裁定実施権）と区別[34]する場合がある。

許諾による通常実施権は「自ら実施できる権能のみを有し、排他性がない[35]」（28条２項の文言が「専有」ではなく「有」）とされている。また、意匠権者自身の意思に基づく以上、意匠権の消極的効力は当然に制限される。

なお、許諾による通常実施権に関しては意匠法に特有の議論はなく、特許法の議論（例えば独占的通常実施権をどのように理解するか等）を参照[36]されたい。

---

32 契約等により消極的効力も制限される場合があるのは当然であるが、質権を設定した際に「別段の定をした場合」には消極的効力が制限される点については確認的に規定がある（35条1項）。

33 中山542頁及び田村339頁を参照されたい。

34 高田489頁

35 高田489頁

36 中山546-552頁及び田村339-343頁を参照されたい。

② 先使用による通常実施権（29条）

先使用による通常実施権（あるいは先使用用権）の制度は特許法（79条）にも規定があり、原則として特許法の議論と同様である。例えば本条の「事業の準備」の解釈について、特許の先使用権に関する裁判例としてウォーキングビーム事件〈最二小判昭和61年10月３日 昭61（オ）454［民集40巻６号1068頁］〉があり、特許出願に係る発明と同じ内容の発明につき「即時実施の意図を有しており、かつ、その即時実施の意図が客観的に認識される態様、程度において表明されていること」をいうとされているが、意匠法でもこの理は妥当するであろう。

したがって、「設計図面の作成」のみでは足りず[37]、「金型の製作」を行った[38]、あるいは「試作品を製作」した[39]など、コンセプトの域を超えた具現化[40]がなされている場合に「事業の準備」が認められることとなろう。

先使用権の有無が特に問題となり得るのは、投下資本の額が大きくなると思われる建築物の意匠である。「コンセプトの域を超えた具現化」といい得るものとして、建築・住宅模型の作製等が考えられる。また、包装用かご事件〈大阪地判平成12年９月12日 平10（ワ）11674［百選第２版61事件］〉では、実施又は準備をしている「意匠の範囲」の解釈について以下のように判示された。

---

[37] 意匠の裁判例として取り付け用通風器事件〈大阪地判昭和58年10月28日 昭54(ワ)8565〉では、「金型作成の事実」がなく、「製品図面が作成されていただけ」であるとして「事業の準備」を否定している。コンメ430頁(光石俊郎執筆)は、出願時点では製品図面が作成されてるだけであっても金型製作等の準備がその後に行われれば、先使用権が認められるべき旨を述べているが、先使用権はあくまで「出願の際」で決まるものであって、その後の事情で決まることになるのは妥当でなかろう。

[38] 盗難防止用商品収納ケース事件〈東京地判平成15年12月26日 平15(ワ)7936〉は、「金型を製作」していた等の事情から「事業の準備」が認められている。

[39] 汗取バンド事件〈東京地判平成3年3月11日 昭63(ワ)17513〉は「試作品の製作」は「事業の準備」に当たるとしている。

[40] この点、輸液バッグ事件〈大阪高判平成17年7月28日 平16(ネ)2599〉では「意匠が完成し、若しくは少なくとも完成に近い状態にあったことが立証されるか、又は本件登録意匠と類似の意匠、すなわち本件登録意匠の上記要部を備える意匠が完成し、又は少なくとも完成に近い状態にあったことが認められなければならない」と述べているが、「意匠」自体は、出願の時点で遅くとも完成していたはずであるから問題のある規範といえる(もっとも、本件事案としては金型ができていることが認定されているため、事業の準備を認定して先使用権を認めた結論自体には問題がない。)。

「登録意匠の意匠登録出願の際に先使用権者が現に日本国内において実施をしていた具体的意匠に限定されるものではなく、その具体的意匠に類似する意匠も含むものであり、したがって、先使用権の効力は、意匠登録出願の際に先使用権者が現に実施をしていた具体的意匠だけではなく、それに類似する意匠にも及ぶと解するのが相当である。なぜなら、意匠の創作的価値は、当該具体的意匠のみならずそれと類似する意匠にも及び、意匠権者は登録意匠のみならずそれと類似する意匠も実施をする権利を専有する（意匠法23条）という制度の下において、先使用権制度の趣旨が、主として意匠権者と先使用権者との公平を図ることにあることに照らせば、意匠登録出願の際に先使用権者が現に実施をしていた具体的意匠以外に変更することを一切認めないのは、先使用権者にとって酷であって、相当ではないからである」

本件は、前掲の特許法におけるウォーキングビーム事件の「発明と同一性を失わない範囲内において変更した実施形式にも及ぶ」とした内容を実質的に意匠に置き換えているものと評価できよう。それぞれの権利の効力の範囲（特68条、意23条）に合致させているからである。これ以外の要件の解釈等については特許法の議論を参照されたい[41]。

③ 先出願による通常実施権（29条の２）

先出願による通常実施権とは、先願の出願人が、後願の設定登録前に事業の準備を開始した場合に、一定要件の下で認められる法定の通常実施権をいう。

本条は「実際の訴訟において被告の抗弁として主張されることが多い[42]」ため、「先願使用の抗弁[43]」の規定と呼ばれることもある。本書では以下、「先願使用権」ともいう。本制度は平成10年改正において、拒絶査定が確定した出願に先願の地位を認めないことにしたことに併せて導入されたものである。先願使用権の導入について、逐条解説1326-1327頁では以下のように説明している。

---

41 中山573-580頁及び田村283-289頁を参照されたい。

42 注解434頁（光石俊郎執筆）

43 田村371頁

平成10年改正までは、「拒絶査定又は審決が確定した意匠登録出願（以下「拒絶確定出願」という。）は、先後願の判断においては先願として取り扱われ、これと同一又は類似する意匠に係る後願の意匠登録は排除されることから、先に意匠登録出願をした者がその拒絶確定出願に係る意匠を実施しても、これに類似する後願の意匠権により権利侵害とされる事態は起こり得なかった」。

しかし、平成10年改正において拒絶確定出願を先願として取り扱わないこととしたため（９条３項）、「拒絶確定出願に類似する後願に係る意匠登録出願であっても、他の登録要件を具備する意匠について意匠登録される場合があり得る」こととなった。この場合、仮に「先使用による通常実施権（29条）が認められないときには、後願意匠の登録により先願の拒絶確定出願の実施が後発的に制限され、その実施者は不測の損害を被るおそれが生ずることとなる」。

そこで、「新たに意匠権を取得することができるようになる後願に係る意匠権者と先願に係る拒絶確定出願の出願人との利害関係を調整するため」、先出願による通常実施権を導入したものである。

言い換えれば、一般論としては、先使用権と同様に先願の実施者と後願の権利者との公平を図ったものであるが、実施者を保護する要件として、法目的に沿って需要増大機能を有する新たな意匠の市場への提供に向けた実際の行動をとったことを要求したものといえよう[44]。

本条が適用される場面としては下図のような状況となる。

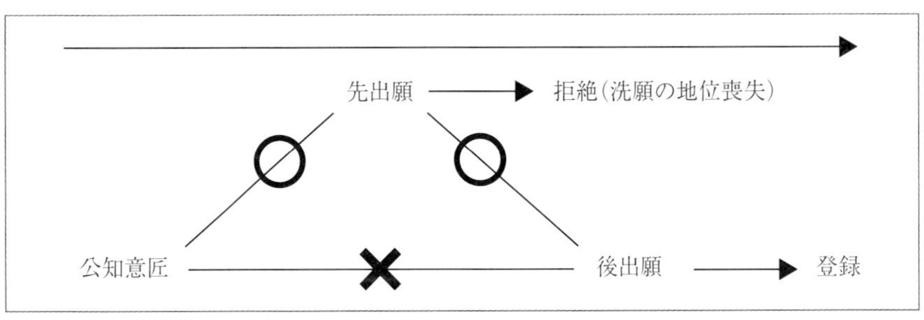

[44] 特許法における議論ではあるが、田村283頁と同旨である。

本条は意匠法に特有の規定ではあるが、条文の文言の解釈等は以下の５つの要件の議論を除いて基本的に先使用権（特79条、意29条）と同様である。したがって、以下の要件以外は特許法の議論を参照されたい。

本条に特有、あるいは議論があり得る要件は以下のとおりである。

まず、先使用権の要件では「出願の際」であったところ、先願使用権では「設定登録の際」に事業の準備をしている場合に適用される。

次に、先願使用権には「前条に該当するものを除く」という要件があり、これは先使用権と先願使用権の双方の要件に該当する場合には先使用権のみに限定する趣旨である。これについて逐条解説1327-1328頁では、「複数の通常実施権が認められることとした場合は、後願の意匠権者の権利を不当に制約することにもなりかねないことから、専ら先使用による通常実施権（29条）によるべき旨を定めた。したがって、前条及び本条の通常実施権の要件をともに具備している場合は、前条の通常実施権のみを主張することができる」と説明されている。結果として、「事業又は事業の準備が後願の出願時より前であれば先使用権を主張し、後願の出願時からその設定登録時までの間であれば、先出願による通常実施権を主張する[45]」こととなろう。

ここで、実施又は事業の準備をしている「意匠の範囲」については先使用権と同じ文言であるが、先使用権の場合と同様に類似の範囲まで先願使用権に含まれると解すべきかどうかが問題となる。

この点については、先使用権と先願使用権の趣旨が同様である[46]とすれば、先使用権で類似範囲が含まれるならば、先願使用権についても同様に解さなければ均衡を失するようにも思われるが、類似範囲まで先願使用権の効力が及ぶとすることは先願者を優遇し過ぎるため、結論として類似範囲は含まれないと考えられている[47]。

---

[45] 茶園264頁

[46] 注解434頁（光石俊郎執筆）

[47] 田村372頁、注解436頁（光石俊郎執筆）、特許庁「工業所有権審議会意匠小委員会報告書」（1997年11月20日）91頁、茶園266頁

次に「自らその意匠又はこれに類似する意匠について意匠登録出願」とあるため、「先願者自ら事業もしくは事業の準備をしている必要がある[48]」ように読める。すなわち、出願後に意匠登録を受ける権利を譲り受けた承継人が事業の準備等をしても本条の先願使用権を得ることはできないこととなりそうであるが、学説からは問題提起[49]されている。

この点については、文言上やや無理があるものの、「少なくとも出願人の地位を承継した者に関しては、所定の時期に事業の準備をなしさえすれば先願使用の抗弁が認められると解すべきであろう[50]」。

さらに、「意匠が３条１項各号の一に該当し、拒絶をすべき旨の査定又は審決が確定」という要件は、先使用権にない本条に特有の要件である。

まず、なぜ先願が新規性欠如による拒絶された場合を要件としたかについて、逐条解説1329頁によれば、このような場合「自らは意匠登録を受けることはできないながらも他人の許諾を得ることなく実施することが可能であり、その出願をした意匠の実施が後願に係る登録意匠によって後発的に意匠権侵害とはされないとの安心感を抱くものと認められることによる」とのことである。

なお、先願が新規性欠如によって拒絶される場合には、「他人の意匠権が存する意匠と同一又は類似する場合もあり得る」。しかし、このような場合には、「意匠権者の許諾を得ることなく実施等をしたときは、後願に係る意匠権の通常実施権の当否を論ずるまでもなくその意匠権の侵害を構成する」ため、実際には、未登録の公知意匠の場合にのみ本条の要件が問題となると説明している。

ここで本要件の解釈として問題となり得るのが、「条文の文言として、実際の拒絶理由が３条１項各号を理由とするものであることを要求しているようにみえる[51]」点である。

---

48 田村372頁

49 加藤改正135頁は「原始出願人に限定する趣旨は不明」である旨を指摘している。

50 田村373頁

51 田村373頁

この点について、逐条解説1328頁では、３条１項各号の一に該当するとは、「先願として意匠登録出願された意匠が、客観的にその出願前に意匠権の設定登録がされていない公然知られた又は刊行物に記載された若しくは電気通信回線を通じて公衆に利用可能となった意匠又はこれに類似する意匠であるという趣旨である」（傍点は著者）旨を説明している。

この「客観的に」とした意義は「拒絶理由の該当条文次第で通常実施権の成立が左右されることは当事者間の法的安定性を損ねる恐れがあること、また、特許庁において全ての拒絶理由について審査することが効率性の観点から制約がある[52]」ことを考慮し、実際の拒絶理由を問わない趣旨である[53]。すなわち、ある公知形状等に基づいて審査官から３条２項（創作非容易性）により先願が拒絶された場合であっても、裁判所において通常実施権の要件の判断を行った際に３条１項各号に該当する新規性欠如があったと認定されれば通常実施権が認められることを意味することとなる。

④ 裁定通常実施権（33条）

特許法には、不実施の場合、利用関係の場合、公益的理由の場合の３つの裁定制度が用意されている。しかし、意匠の私益性という特質により、意匠法では26条の「利用・抵触」関係がある場合にのみ裁定実施権が認められている。もっとも、商標権あるいは著作権と抵触する場合については規定がなく、裁定の請求を行うことはできない。

商標権について規定がないのは、「商標権者の業務に係る商品との間で出所の混同を生ずるおそれが残ることになる」からであろう。また、著作権についての規定がないのは、著作権と「抵触[54]」する場合というのは、すなわち著作権を侵害する行為によって意匠登録を得た場合にほかならず、それ「にもかかわ

[52] 特許庁「工業所有権審議会意匠小委員会報告書」(1997年11月20日)91頁

[53] 田村374頁でも「実際の審査過程における拒絶理由に縛られることなく、先願使用の抗弁の成否を吟味する裁判所の判断で所掲の各号に該当することを意味すると読むべき」と同旨を述べている。

[54] コンメ新版639頁(香原修也執筆)

らず、原著作者に対し複製許諾や翻案許諾を求めるのは不合理[55]」と考えたものと解される。本条についても意匠法特有の議論はなく、解釈論としては特許法の議論と同様[56]である。

⑤ その他の法定通常実施権

以上のほか、以下のような法定通常実施権が認められているが、いずれも意匠法に特有の議論があるものではないため、本書では列挙して概要を触れるにとどめる。詳細は特許法の議論を参照されたい。

職務意匠に関する通常実施権（15条３項で準用する特35条１項）は、従業者が職務意匠を創作した場合に、使用者のデザイン投資を誘引するために使用者に当然に認められる実施権である。

意匠権の移転の登録前の実施による通常実施権（29条の３）は、付与された意匠権に冒認又は共同出願違反の無効理由があることを知らないで、その意匠に係る物品等の実施の事業又は事業の準備をしている者を保護するための実施権である。

無効審判の請求登録前の実施による通常実施権（30条）は、「中用権」とも呼ばれ、付与された意匠権に無効理由があることを知らないで、その意匠に係る物品等の実施の事業又は事業の準備をしている者を保護するための実施権である。

意匠権等の存続期間満了後の通常実施権（31条、32条）は、意匠権同士が類似範囲において相互に抵触する場合、先願又は同日の意匠権の存続期間が満了したときは通常実施権を有する旨を規定する（１項）。また、先願又は同日の特許権・実用新案権の存続期間が満了した場合も同様としている（２項）。自己の権利が存続している間は実施できるが、満了すると実施できなくなるのは不合理であると考えられたためである。

---

55 コンメ新版635頁（香原修也執筆）

56 田村347-349頁

⑥ 意匠権の効力が及ばない範囲（36条で準用する特69条）

意匠法では特許法を準用しており、意匠法特有の議論はなく、特許法と同様である。あえて付言すれば、「試験又は研究のための実施」というのは、特許法69条について逐条解説277頁にもあるように「技術を次の段階に進歩せしめることを目的とするもの」についてであり、意匠権の「効力をこのような実施にまで及ぼしめることはかえって技術の進歩を阻害することになる」という理由に基づく。したがって、例えば「商品販売のための市場調査目的の試験的実施」などは含まれない。

また、明文の規定はないが、いわゆる消尽理論についても特許法の議論と同様[57]である。

⑦ その他の効力の制限

その他、意匠権の効力を制限する旨を規定しているものとしては、回復した意匠権の効力の制限（44条の３）と再審により回復した意匠権の効力の制限（55条）がある。前者は、登録料等の追納により一旦失効した意匠権が遡及的に回復した場合、消滅後に実施していた第三者にまで遡及的に効力を及ぼすことは妥当でないからである。後者は、意匠登録が無効になって意匠権の拘束から脱したと信じて意匠を実施した者が遡って侵害者となるのは、公平の原則に反して不当だからである。

いずれも特許法に同様の条文（112条の３、175条）があり、意匠法に特有の議論ではない。

---

[57] 中山438頁及び田村278頁を参照されたい。

第11章
意匠権の侵害

1．直接侵害

（1）意匠権侵害

意匠権の効力は23条に規定されており、権原なき第三者が業として登録意匠若しくはこれに類似する意匠を実施した場合に意匠権侵害が成立する。

〔論点〕被告意匠の特定

意匠権侵害を裁判所で主張するためには、まず、被疑侵害者である相手方の実施している意匠（以下「被告意匠」という。）を特定することが必要となる（民事訴訟規則53条１項）[1]。原告の登録意匠が完成品（自転車）の意匠で、被告意匠も完成品（自転車）である場合にはその特定に問題はなかろう。

では、登録意匠が部品（ハンドル）であって、相手方の実施している意匠が完成品（当該ハンドルを用いた自転車）のときにはどのように被告意匠を特定すべきであろうか。

被告意匠を完成品としての「自転車」として特定するならば、完成品（自転車）と部品（ハンドル）は非類似物品であるため、被告意匠は形式的には意匠権の権利範囲外（非類似の意匠）の実施となり、後は利用関係が成立するかどうかを判断すべきことになるのであろう。

---

[1] このような侵害行為の特定に関する議論を「特定論」と呼ぶこと等、特許権について述べたものであるが、司法研修所『特許権侵害訴訟の審理の迅速化に関する研究』（2003年 法曹会）46頁以降を参照されたい。

しかし、このように被告意匠を特定する必要性はそもそもあるであろうか。例えば被告が自転車本体とハンドルを取り外した状態でセット販売する形態をとっていた場合[2]にはハンドル単体を被告意匠として特定することに問題はなかろう。被告の行為としては実質的に同じ（単にハンドルを取り外していたか否かのみ）であるにもかかわらず、前者では侵害不成立（「利用」の議論は別論）、後者では侵害成立と結果が大きく異なるのは妥当であろうか。

結論から先に述べれば、被告意匠については「全体観察」して「一意匠」とみなければならないという必要性は実は存在しない。確かに原告意匠、つまり登録意匠の範囲を確定する際には、一意匠一出願の原則（７条）により「一意匠」として出願され、審査され、登録を受けたものであるから「一意匠」として観察する必要（一意匠一権利の原則）があり、そのうちの一部（あるいは部品）だけを切り出す形で権利主張することは許されない。

しかし、被告意匠の特定についてはこのような制約は存しない。仮に「被告意匠も全体観察を行って『一意匠』としてみなければならず、すなわち完成品の意匠であれば完成品の『一意匠』として特定しなければならない」とアプリオリに考えているとすれば、それは、審査のために行われる「意匠登録を受けようとする意匠」の特定方法に引きずられた誤認に基づくものといえよう。このような考えを本書では「全体観察のドグマ」と呼ぶことにする。

審査の場面においても、このように完成品を「一意匠」として捉える必要があるのは、出願が競合する先願主義の適用の場合と関連意匠の出願の可否の判断に用いられる程度である。実際上は、例えば完成品（自転車）が公知の場合には、それを「一意匠」とは見ずに、部品（ハンドル）の意匠も同時に存在しているとして後の部品の意匠出願は新規性を喪失することに異論はなく、完成品と部品は非類似物品だから３条１項３号の適用がない（つまり部品にはまだ新規性がある。）という主張は誰もしていないのである。

---

2 自転車のハンドルだけは横幅をとるため輸送の邪魔になり、自転車売場が狭いスペースの場合には展示にも都合が悪いため、ハンドルを外した状態で販売している事例が考えられる。

また、３条の２の場面においても、完成品が先願の場合には、それを「一意匠」と見るのではなく、その「一部」である部品の後願は拒絶されることになっている。すなわち、一意匠一出願（７条）との関係から、審査対象あるいは権利内容として見る意匠は「一意匠」として必ず捉える必要がある一方、そのような観察方法に制約のない「対比される意匠」（例えば先行意匠や被疑侵害意匠）については、意匠が重畳的に存在することを認めることに法的支障はない。実際上も前述したように新規性の判断、３条の２等において既に意匠が重畳的に存在することを認めた運用がなされているのである。

そもそも需要説からすれば、登録意匠となっている他人の部品（ハンドル）の意匠を用いてその需要増大機能を無断で活用しているのであれば当該部品の意匠権の効力を及ぼさない理由はない。したがって、仮に登録意匠が部品（ハンドル）で、被告の実施している意匠が完成品（当該ハンドルを用いた自転車）の場合、被告意匠の特定方法としては、実質的にはハンドルを外したセット販売と同視し得る「ハンドル」自体を直截的に特定すべき[3]であることになる。

本書のように考え、完成品を実施している被告に対し、その部品を被告意匠として特定することを明確に認めた鋸用背金事件〈大阪高判昭和57年９月16日昭57（ネ）43〉では、原審の判示[4]した「全体観察のドグマ」を採用することなく、完成品である被告の鋸の意匠のうち、部品である鋸用背金をイ号意匠として特定することを認め、登録意匠との類否を判断[5]している。

---

[3]「全体観察のドグマ」によって本書のような特定方法を否定する裁判例もある〈減速機付きモーター事件：東京高判平成15年6月30日 平15（ネ）1119〉。部品（登録意匠）が完成品の内部で固定されていることに関し、「物品の一構成部分」にすぎず、「切り離して本件登録意匠との類否判断の対象とすることはできない」旨を述べた。

[4] 原審〈神戸地判昭和56年12月25日 昭52（ワ）1288〉では、部品の意匠権者によってなされた完成品ではなく部品を対比すべきという主張に対し、「意匠全体を比較すれば、両者は非類似であるというべきである。…イ号意匠のみを本件意匠と対比して両者の類否を論じ（る）…原告の各請求は理由がない」旨を述べていた。

[5] 本裁判例では登録意匠に類似すると認定しつつ、最終的に「利用」を認定した上で「鋸用背金を有する鋸を販売してはならない」と判示している（傍点は著者）が、本書の立場からすれば、鋸の販売は同時に鋸用背金を販売していることを意味するので、「利用」を認定することなく、同じ主文を用いることが許されると考える。

もっとも、これは完成品の外部から部品が視認できることが前提[6]であって、完成品内部に用いられて外部から見えない場合は別論である（詳細は後述）。

ところで、登録意匠が部品ではなく、「部分」意匠の場合はどのように特定すべきかも問題となるが、この場合も部品の場合と同様、被告側の意匠には観察方法に制約はないのであるから「対比される意匠」は直裁に「本件意匠に相当する部分の意匠」[7]でよかろう。

なお、部品の意匠と部分の意匠とで効力の範囲はほとんど変わらないという見解もあるが、この点の詳細については「利用と抵触」の解説の中で取り扱う。

〔論点〕意匠権侵害における「視覚性[8]」及び「独立取引性」の要否

意匠の成立要件としては視覚性が必要である（２条１項）。問題は意匠権侵害の行為に視覚性が必要か否かである。この点に関し、部品の意匠の意匠権侵害訴訟[9]において、被疑侵害意匠が完成品であって、その内部に用いられている部品の意匠が「外部から全く看取する」ことができない態様における完成品の販売は、「意匠の実施」に当たらないと判断したものがある。

部品の場合、部品の製造及び流通の段階では当然に視覚性を有するはず[10]であるが、完成品の内部に組み込まれた場合には外部からは見えなくなることが多いと考えられる。

---

6 茶園234頁では、本文で述べた鋸用背金事件については触れることなく、裁判例によれば「侵害対象となる意匠は取引意匠物品の意匠だけであって、取引対象物品の部品の意匠はこれに当たらない」旨を述べているが、根拠とするラップフィルム摘み具事件は、そもそも「部品」を用いているとは言い難い一体成形された完成品であり、また、減速機事件と超音波スピンドル事件はいずれも「内部」の部品であって、後述する「視覚性」が問題となったものであり、少なくともこれら3つの裁判例から対象物品の部品が侵害対象となる意匠にはならないと結論付けることはできない。

7 大阪高判令和元年9月5日 平30(ネ)2523のように原判決の「『被告製品の意匠』を『被告製品の本件意匠に相当する部分の意匠…』に改める」と補正した裁判例がある。

8 欧州共同体意匠規則では「通常の使用方法で外部から見えない意匠」は保護されない（青木欧州202頁）。

9 端子金具事件〈最一小判平成6年10月27日 平6(オ)1033〉

10 完成品と部品のケースではないが、裁判例〈蛍光ランプ事件：東京高判平成11年5月27日 平10(行ケ)339〉では、「電球が流通過程に置かれ取引の対象となるとき」には、設置後は見えなくなる「口金ケース部」も取引者、需要者の注意を引く部分であると認定したものがある。

思うに、意匠法が意匠を保護するのは目に訴えて新たに需要を喚起する物品等の美的外観に経済的価値を認めるからであり、この点は部品の意匠であっても変わるところはない。この場合において保護されるべき需要は当然のことながら部品の美的外観に対する需要であり、部品が一般市場に流通するものである場合には一般需要者の目に訴える需要も含まれるが、そうでない場合にはいわゆる事業上、部品を必要とする事業者（通常は完成品の製造業者等)、すなわち取引者の目に訴える需要となろう。

このような視覚性は、元々は意匠の定義該当性の問題であり、登録要件の一つではあるが、意匠権の侵害の場面においても「視覚性」(視認性) は必要であると考えられる。なぜなら、このような視覚を通じた需要喚起機能を起こさない場合には、喚起した需要を「横取り」する関係にはないからである。したがって､視覚性のない態様での実施は意匠権を侵害しないと考えるべきである。

この点、一般需要者が想定されない「部品」の意匠権であっても、当該部品自体を「製造[11]」し、「譲渡」する等の業者の行為においては侵害の成立に視認性が問題となる場面はなかろう。

しかし、例えば、部品を「製造」することなく、単に購入[12]して内部に組み込んだ完成品を「譲渡」等する場合、あるいは部品が外部からの視認性のない態様で内部に最初から組み込まれている完成品を購入して転売（譲渡）等する場合については、部品の登録意匠の需要喚起機能を用いていないことから侵害は成立しないと解すべきである[13]。

---

[11] 実質的にも完成品業者が自ら内部に用いる部品を「製造」する場合には、意匠権者の物品販売の機会を奪っているといえる。この点についてはコンメ新版124頁(五味飛鳥執筆)と茶園235頁注3が同旨を述べている。なお、半製品(元々は簿記の用語。例えばラベルはまだ付いていないが充填済みの缶など、工場で作られた中間的製品のことであり、そのままでも販売可能なもの)であってもこの理は変わることはないであろう。ただし、半製品は含まれないと判示した裁判例もある〈車両用ナット事件：東京地判昭和52年2月16日 昭49(ワ)3436[無体裁集9巻1号43頁]〉。

[12] ここでいう「購入」が一機関(手足)としての下請契約に基づく全品納入である等の場合には実質的に「製造」に該当して侵害になると解すべきであろう。一機関の議論については特許法でも同様の議論がある(吉藤549頁参照)。

[13]「意匠に係る物品の流通過程において取引者、需要者が外部から視覚を通じて認識することができる物品の外観のみが、意匠法の保護の対象となるものであって、流通過程において外観に現れず視

このように解しても、先に述べたように少なくとも部品の供給行為（者）に対しては意匠権侵害を問えるのであるから部品の意匠権の保護としては十分[14]と考えられる。

もっとも、以上は完成品の外観から部品が見えない場合の話であって、仮に完成品の外部からも部品が見える場合[15]は別論である。この場合に完成品の譲渡等であっても部品の意匠権を侵害すると解し得ることとなるのは当然であり、それが正に自転車とそのハンドルの関係である。ところで、先の裁判例を含め、他の裁判例[16]においても物品は「独立した製品」でなければならない旨、すなわち「独立取引性」を「実施」の要件とするものが見られる。

例えば端子金具事件では、「ある物品について意匠を実施しているというためには、その物品が経済的に一個の物品として独立して取引の対象となることを要する」（傍点は著者）と述べている。しかし、仮に登録要件の問題としてではなく、登録後の意匠の「実施」の要件として独立取引性を要求するとすれば、登録意匠となっている部品を外部から視認できる形で完成品に組み込みつつ、当該部品の需要増大機能を無断で利用して販売している場合にもそもそも「実施」概念に当たらず、結果として侵害が成立しないこととなり、不当である。

したがって、「独立した製品」であることは登録要件（意匠の成立要件）の問題にとどめるべきであって、「実施」の要件とすべきではない。

覚を通じて認識することができない物品の隠れた形状は考慮することができない」と述べている裁判例がある〈減速機付きモーター事件：東京高判平成15年6月30日　平15(ネ)1119〉。この規範の射程範囲は、あくまで流通過程における侵害の可否を判断したものであり、当該部品を「製造」する場合にまでは及ばないと解すべきである。なお、本事例のイ号物件は、部品(減速機)を先に独立して製造し、完成品に組み込むという工程ではなく、完成品と同時に部品も完成する特殊なものであった点についてはコンメ新版123頁(五味飛鳥執筆)の注16を参照されたい。

14 このように解した場合、例えば海外で部品を製造して完成品に組み込んだ状態で輸入することで部品の意匠権侵害を回避できてしまう点を挙げて部品の意匠の意匠権の保護が不十分であるという旨の指摘〈コンメ新版128頁(五味飛鳥執筆)〉がある。もっとも、欧州ではこのような純粋に内部の部品の意匠には、そもそも保護が与えられていない(前掲注8参照)。

15 部品が完成品に用いられている場合、結合部等の一部が見えないこともあり得る。この場合には原則として部品の「要部」が見えているか否かで判断すべきであろう。実際に前掲「鋸用背金事件」では、「イ号意匠の要部を外観視できる」と判断されている。

16 前掲「減速機付きモーター事件」の裁判でも、独立性は成立要件であって保護要件ではない旨の主張を退けている。

（2）意匠権侵害に対する救済

意匠権者は侵害者に対して、差止請求権（37条）、損害賠償請求権（民709条）、不当利得返還請求権（民703条）等を行使することができる。

① 差止請求権（37条）

差止請求権は原則として特許権の場合と同様であり、意匠権者は、侵害者等に対して侵害の停止又は予防を請求することができる（37条1項）。また、侵害の行為を組成した物品等の廃棄、侵害行為に供した設備の除却その他の侵害行為の予防に必要な行為を請求することもできる（37条2項）。

損害賠償請求と異なり、故意・過失という主観的要件が不要である点も特許法と同様である。特許法100条の「侵害の行為を組成した物」（以下、「侵害組成物」という。）とは「侵害行為の必然的内容をなした物[17]」をいい、通常はいわゆる侵害品（模造品）そのものが該当するが、完成品についての意匠権侵害の場合には、半製品は含まれ得る[18]が、部品までは含まれないと解されている[19]。

もっとも、組物の意匠の意匠権侵害の場合にどのように考えるべきかは難しいが、完成品の部品が侵害組成物に含まれないと解されていることからすれば、組物の構成物品自体に権利がない以上、個々の構成物品も侵害組成物には該当しないと解さざるを得ないであろう。内装の意匠の場合には配置関係も要素となるため個々の構成物品は侵害組成物には該当しないと解される。

ところで、侵害組成物についての括弧書の中は、特許法の法文と文言上においては大きく異なる。具体的には、意匠法には、侵害組成物に該当するものとして、「無体物」である画像及びプログラム等に関連する4つが規定されている。以下、それぞれについて説明する。

---

17 逐条解説334頁

18 注解475頁（舟橋定之執筆）

19 コンメ新版685頁（金井重彦執筆）では、部品はそれ自体に意匠権があるのでなければ対象とならないとする。

まず、１つ目が「画像」についてであり、「その画像を表示する機能を有するプログラム等」が含まれている[20]。

２つ目は「画像を記録した記録媒体若しくは内蔵する機器」、すなわち「一般画像記録媒体等」である。これは２条２項３号で規定されている「意匠に係る画像を記録した記録媒体又は内蔵する機器」という文言と比較した場合、より広い概念である。「侵害行為を組成する画像は、同項の意匠の定義に該当する画像に限らず様々な画像が想定されるため[21]」とされている。

３つ目は「プログラム等（画像を表示する機能を有するプログラム等を除く。以下同じ。）」である。括弧書は１つ目との重複を排除するためである。そもそもプログラム等が意匠法に導入されたのは平成14年改正である。したがって、ここでいうプログラムは、画像意匠に関連するものではなく、むしろ物品意匠等に関連し、例えば「侵害製品を製造するために用いられる工作機の制御プログラム等[22]」が挙げられる。

４つ目は「プログラム等を記録した記録媒体若しくは記憶した機器」、すなわち「プログラム等記録媒体等」である。３つ目のプログラムを記録した媒体あるいは機器を規定したものである。１つ目及び２つ目の関係と３つ目及び４つ目の関係は同様といえる。

なお、差止請求権に関して意匠法に特有のものとして、既に述べたように秘密意匠に関する制限があり、秘密意匠について差止請求権を行使するためには、事前の所定の警告が要件とされる（37条３項）。公示されていないため、いきなり差止請求を行うことができるとしたのでは酷だからである。

② 損害賠償請求権（民709条）

損害賠償請求権に関しても原則としては特許権の場合と同様である。例えば特許法104条の２から105条まで（具体的態様の明示義務、特許権者等の権利行

20 2条2項3号柱書の画像の「実施」の定義と合わせたものであろう。

21 特許庁令和元年改正85頁

22 特許庁平成14年改正37頁

使の制限、主張の制限及び書類の提出等)、105条の2の12から105条の6まで(損害計算のための鑑定、相当な損害額の認定、秘密保持命令、秘密保持命令の取消し及び訴訟記録の閲覧等の請求の通知等)及び第106条(信用回復の措置)の規定は意匠法でも準用されており、意匠法に特有の議論はない。

また、損害の額の推定に関する規定は39条にあるが、文言上は特許法102条と同等であり、解釈論という意味においては特許法の議論と「ほぼ共通しており、意匠法に固有の論点が提起されることは少ない[23]」といわれている。

もっとも、本条に関しては以下に示すように意匠法として特に検討すべき事項がないわけではない。

まず、39条1項では法文上、「物品」の譲渡のみを規定しており、「建築物」と「画像」について規定していない。この点については、特許庁令和元年改正88-89頁には「全ての侵害行為を列挙することが困難なため、代表的なケースとして『物品』の『譲渡』の場合を規定したもの」であるとし、そのため、「建築物の譲渡や画像の電気通信回線を通じた提供等、物品の譲渡以外の場合についても、本規定の算定ルールが妥当する場合には、この考え方を参考にした損害賠償額の算定が可能とされるものと思料される」と説明されている。

次に、部品の意匠権によって当該部品を利用した完成品の侵害意匠に対する損害賠償請求をした場合、部品の意匠権は完成品全体に対して効力が及ぶものとはいえないため、例えば39条2項における侵害者の「利益」の額に関しては特許法と同様に「寄与率」という考え方が用いられることがある点はおおむね特許法の議論と同様である。

この点、特許法における近年の裁判例において「ほぼ固まった[24]」とされている考え方が、特許法102条2項(意匠法では39条2項に相当)の侵害者の受けた「利益の額」は、あくまで全体の利益と解して損害額を「推定」しつつ、その一部覆滅事由として、侵害者側に(非)寄与率について立証責任を負わせ

---

[23] 古城春実「意匠制度研究 意匠権侵害の損害賠償:寄与率と部分意匠を中心に」(「DESIGN PROTECT」2013年 No.26 Vol.4)55頁

[24] 百選第2版62事件127頁(飯田圭執筆)

るとするもの[25]である。しかし、特許法の場合と異なり、「意匠に係る物品」という枠組みのある意匠法において、部品の意匠の場合にはその意匠権の効力は、本来は部品にのみ及ぶ[26]ことが前提であるから、完成品の利益を全体の利益と推定するのは明らかに行き過ぎと考えられる。したがって、39条２項の「利益の額」はあくまで完成品のうち、部品の意匠が寄与した利益の額の意味であって、意匠権者側が立証すべきであろう（寄与利益説）。

需要説の観点から考えても、意匠法が意匠を保護するのは新たに需要を喚起する物品等の美的外観に経済的価値を認めるからであり、この点は部品の意匠であっても変わるところはない。新規な部品の意匠は、本来、部品の需要を喚起させるものである。したがって、このような解釈が是認されよう。

もっとも、「部分」意匠の意匠権の場合にも部品のときと同様に寄与率を考慮すべきかどうかについては以下に論ずるような争いがある。

〔論点〕部分意匠の意匠権侵害の損害賠償額の算定の寄与率

完成品の実施によって部品の意匠権を侵害した場合には、元来、部品の意匠権は部品にしか及ばないはずのものであるため、完成品の実施によって得た利益に対する部品の意匠の寄与率を考えるのは合理性があるものと認められる。

これに対して部分の意匠権は、元々は部分に対してのみではなく、「意匠に係る物品」の欄に記載された全体意匠に対して権利の効力が及ぶものである。したがって、全体意匠が完成品の場合には、部品の意匠権の場合と異なり、寄与率を考えるべきでないようにも思われることから問題となる[27]。

---

25 古城・前掲注23では「全体利益・(非)寄与度立証責任配分説」と呼んでいる。

26 なお、差止請求では、部品のみならず完成品までが対象となり得るが、その対象はあくまで「部品を用いた完成品」(鋸用背金事件の判決でも「鋸用背金を用いた鋸」が差止めの対象とされた。)であり、部品を用いない完成品は対象とはならないため、損害賠償請求権との関係で均衡を失することはないと考えている。

27 前掲注23の64頁では「部分意匠に係る部分を含む物品全体を侵害とするのが部分意匠制度である以上(中略)寄与率の考慮が必要だという従来の判決がとってきた説明は必ずしも当てはまらない」旨を指摘している。

ところが、部分意匠の意匠権侵害については、裁判例も含め、「多くの論者の論調も、部分意匠については『寄与率』が考慮されるべきことを当然視」するものが多いことが指摘[28]されている。

しかし、需要説の立場からは部分意匠制度の趣旨は、前述したように登録意匠の中でも「独創的で特徴ある部分」（例えばある模様等の「具体的構成態様」）こそが、最も需要者の目を引く「要部」として当該意匠の新たな需要喚起（顧客吸引[29]）の源となっている場合において、その「部分」を明確化するとともに当該全体意匠（例えば「完成品」）の「要部」と出願人が考える部分を直接的に保護が請求できるようにしたものである。

したがって、部分意匠の意匠権侵害訴訟において侵害の成立が認定されている場合、通常は当該全体意匠（完成品）における要部となっている可能性が高いはずである。

したがって、部品の意匠権侵害の場合とは異なり、部分の意匠権侵害の場合は、侵害者の受けた「利益の額」は、部分意匠の権利の効力範囲でもある完成品全体の利益と解して損害額を「推定」しつつ、その一部覆滅事由として、侵害者側に（非）寄与度について立証責任を負わせるべきである。

次に、損害賠償請求権に関し、原則として侵害者には過失の推定（40条本文）が働く点は特許法（103条）と同様である。ただし、意匠法に特有のものとして、既に述べたように秘密意匠の場合に過失の推定規定が働かない（40条ただし書）という点が挙げられる。先の差止請求権の制限のところで述べたことと同様に、意匠の内容が公開されていない関係で、侵害した者に過失があったと推定するのは酷であると考えられたものである。

---

28 前掲注23の63頁。例えば吉原省三「部分意匠の問題点」（『知的財産法と現代社会－牧野利秋判事退官記念』1999年 信山社出版）109頁以下等。

29 部分意匠の意匠権侵害の寄与率の判断に関し、裁判例において「顧客吸引力の観点」から全体意匠への部分の貢献割合によって決すべきとするものがある〈爪切り事件：大阪地判平成31年3月28日平29（ワ）5011［百選第2版事件］〉。

③ その他

意匠法に規定はないが、特許権と同様に、不当利得返還請求権（民703条）が認められている。また、信用回復措置請求権（41条で準用する特106条）が認められている点も同様[30]であって意匠法に特有の議論はない。

2．間接侵害

侵害行為には当たらないが、侵害を惹起する蓋然性が高い予備的・幇助的行為について侵害と擬制することを間接侵害という。「擬制侵害」「みなし侵害」という場合もある。

（1）趣旨

意匠法23条は、「意匠権者は、業として登録意匠及びこれに類似する意匠の実施をする権利を専有する」と規定していることから、第三者による登録意匠と同一又は類似する意匠の実施がなければ、侵害（直接侵害）は成立しないのが原則である。例えば「意匠権の侵害に用いられる専用部品の供給などの行為は、多くの場合、意匠権を直接に侵害するとはいえない[31]」。

しかし、このように直接侵害を惹起する蓋然性が極めて高い行為を放置することは意匠権の効力の実効性を失わせ、不適切である。

そこで意匠法は、侵害の予備的又は幇助的行為のうち、直接侵害を誘発する蓋然性が極めて高い一定の行為については侵害と擬制する旨の間接侵害の規定を置いた（38条）。需要説からすれば、意匠権者が喚起した需要を横取りされることがあれば、美感に引かれて購入した需要者は、機能面における使用目的（用途）については既に満足しており、あらためて美感の観点から権利者の物

---

30 中山435-437頁、田村324-325頁

31 逐条解説1342頁。ただし、このような場合には侵害者への教唆、幇助行為として共同不法行為（民法719条2項）は成立し得るが、民法の通説的見解からは差止請求を認めることができない（田村258頁）。なお、特許法に関する事件であるが、知財高判平成27年10月8日 平27（ネ）10059は、間接侵害の規定が差止請求権を認めているため、それを超えて幇助行為一般及び教唆行為について差止めを認めることは、趣旨に反する旨を判示した。

品等を別途購入してもらうことが期待できないことから未然に防止する必要性は高く、これにより登録意匠の保護の実効性が高まる。その意味において間接侵害の規定は重要であるといえよう。

（2）概要

間接侵害の規定は内容的に３つのタイプに大別される。１つ目は専用品型間接侵害（１号、４号、７号)、２つ目が多機能品型間接侵害（２号、５号、８号)、３つ目は模倣品拡散型間接侵害である（３号、６号、９号)。それぞれに３つの号が含まれるのは、「物品、建築物、画像」という各保護対象にそれぞれ対応したためである。以下、それぞれについて説明する。

① 専用品型間接侵害（１号、４号、７号）

このタイプの間接侵害は現行法の制定当初から存在し、侵害品の製造にのみ用いる部品等（のみ品又は専用品と呼ばれている。）の譲渡等の行為を規制するものである。客観的要件のみが規定されており、主観的要件がない点が特徴である。逐条解説1342頁には、例として、「カメラに意匠権が設定されている場合に、そのカメラを作るための部品のセットを製造する場合」が挙げられている。つまり､「部品のセット自体はカメラの意匠権を直接侵害するものではないが、そのカメラの部品のセットでカメラ以外の物を作ることが考え難い場合は、いずれはその組立てセットによって侵害行為がされるものであるから、その前の段階における行為を侵害行為とみなして禁止」するとする。

その理由として「製造されたセットを購入等した者がカメラを組み立てた後における、その使用等の行為を侵害行為として押さえていくことは理論的には可能なわけであるが、実際には多数の者によって各個に侵害行為がなされるので、その全てを押さえていくのは容易なことではない」と説明している。

このように最終的な実施者が個人となって「業として」の実施ではなくなり、直接侵害が成立しない場合にも間接侵害が成立するかという論点があり、独立説（直接侵害が成立しなくても成立）と従属説（直接侵害が成立しなければ不成立)、折衷説（個別の規定ごとに検討する）があり、詳細は特許法で議論されている[32]。なお、逐条解説の立場は本文の事例の場合に成立するとしているので、独立説あるいは折衷説の立場であると推測される。

予備的行為のうち、「輸出」の規定がない（多機能品型も同様）のは、輸出後の海外における製造行為は少なくとも日本の意匠権の侵害とはならず、侵害行為とならない予備的行為を侵害として捉えるのは不適切だからである[33]。

「のみ」をどのように解するかについては、本号に主観的要件がない分、厳格に解釈される傾向があり、間接侵害が認められにくいとされてきた。具体的な議論は特許法と同様である。通説的には「実用化されている他の用途が存在しない」ことを意味し、損害賠償請求の場合には侵害行為時点、差止請求の場合には口頭弁論終結時で判断するとされている[34]。

本号のイとロはそれぞれ「有体物」(物品やプログラム等を内蔵する機器等)と「無体物」(プログラム等）に関する予備的行為を規定している。他の号も基本的に同じ構造である。なお、ここでいうプログラムには、例えば「侵害製品を製造するために用いられる工作機の制御プログラム等[35]」が含まれる。

３Ｄプリンターで侵害製品を製造するための３Ｄデータ（CAD データ等を含む。）は「有体物類似の金型的性質」を有することから、ここにいうプログラムに含まれると解すべきである[36]。

---

32 中山461頁及び田村259頁等を参照されたい。

33 特許庁平成18年改正111頁。ただし、専用品型及び多機能型と異なり、模倣品拡散型に関しては、「譲渡等を目的とした所持」を予備的行為として侵害と擬制していることに併せ、その前段階である「輸出を目的として所持」についても規定されている。侵害品の「輸出」自体がそもそも意匠権を侵害するためである(2条2項)。

34 田村262頁を参照されたい。

35 特許庁平成14年改正37頁

36 令和元年改正前の論考であるが、3Dデータの特殊な性質について論じたものとして杉光一成「3Dプリンターと知的財産法」(「NBL」2013年 1012号)110頁を参照されたい。もっとも、令和元年改正において37条2項で「画像を表示する機能を有するプログラム等を除く。以下同じ」と規定されたことから、38条1号の「物品」に関する間接侵害の規定でもこのようなプログラムが対象から除外されたため、本文で述べたような解釈ができなくなったのではないかという問題提起が行われている〈青木大也「意匠法改正をめぐる諸問題(2)」(「知的財産法政策学研究」2021年 60号)181頁参照〉。しかし、こ

② 多機能品型間接侵害（2号、5号、8号）

このタイプの間接侵害[37]は、1号（4号、7号、以下同じ。）のような専用品（いわゆる「のみ品」）に限らず、侵害品の製造に用いる部品等であって、当該意匠の美感の創出に不可欠なもの（これを「不可欠要件」という。）を、「悪意」で譲渡等する場合、それが汎用品でない限りにおいて規制するものである。

1号と異なり、いわゆる悪意という「主観的要件」が存在する点及び汎用品の場合は適用除外となる点が特徴となる。このタイプでは1号の「『のみ』という客観的要件が厳格で間接侵害が認められ難いケース」への適用を期待されて導入されたものである。つまり、専用品（のみ品）でなくても間接侵害が成立し得るように客観的要件を緩和する一方、行為者の主観的要件を新たに加えることで「適切な権利保護が図られるように[38]」したものといえる。

「意匠権を侵害する製品の完成品を構成部品（非専用品）に分割して輸入することにより、意匠権の直接侵害を回避するなどの巧妙な模倣例が見受けられた」（逐条解説1343頁）ことが直接の背景となり、令和元年改正で導入された。

ここで不可欠要件を「視覚を通じた美感の創出に不可欠なもの」としたことについて、起草者からは「意匠の本質が『視覚を通じた美感』（2条1項）にあることを踏まえた規定ぶりとした」という説明がなされている。美的外観性は本書でも意匠の最も重要な特質として挙げているところである。

なお、逐条解説1344頁では、「意匠を構成する部品等に加え、物品の製造、建築物の建築及び画像の作成に用いられる道具、例えば金型等も含まれ得る」としている。需要説の立場からは、意匠の新たな需要増大機能が当該意匠の経済的価値であり、そのような「美感の創出に不可欠」か否かという不可欠要件

こで除かれたプログラムはあくまで「画像を表示する機能を有するプログラム」であって、CADデータや3Dプリンターのデータのように「有体物類似の金型的性質を有する」ものは、画像表示が本来的な目的ではなく、最終的に「物品」を製造するためのものであるため、除外対象となっていないと考えたい。

37 特許法には平成14年改正で導入されたものを意匠法では令和元年改正で導入した。平成14年改正時に導入が見送りになったのは、①意匠は類似する範囲まで効力（23条）が及ぶことと、②部分意匠制度によりある程度まで対応可能ではないかと考えられたからとされている。

38 特許庁平成14年改正24頁

の判断は、当該意匠の要部観察を行った場合に需要者の注意を引く部分（要部）に関わるか否かで決すべきものと解する。

したがって、例えば要部とならない背面や底面、又は内部に使用されている部品についてであれば不可欠要件に該当しない。

逐条解説では要部との関係について触れていないが、「意匠の外観に現れないものや、微小な部品であって意匠全体の美感の創出にほとんど影響を与えないもの等」は当たらない旨を述べている。例えば「持ち手とローラーからなる美容用ローラーの意匠の場合、その持ち手部分の部品やローラー部分の部品」等は不可欠要件に該当する場合があるとし、「意匠の外観に現れないため視覚を通じた美感を創出しない内部機構」等は、その美容用ローラーの製造自体に欠かせないものでも不可欠要件に該当しないとしている。なお、この場合ハンドルとボールの「組合せ」の基本的構成態様が要部となっていると考えられる。

「知りながら[39]」（悪意）という主観的要件を加えたのは、専用品（のみ品）でなくても間接侵害が成立し得る一方、「効力が不当な拡張とならないよう」にしたものである。

また、「日本国内において広く一般に流通しているものである場合を除く」というようにいわゆる特注品ではなく、「市場において一般に入手可能な状態にある規格品、普及品」といえる汎用品（例えば「ねじ、釘、電球」等）を除外したのは、そのような物まで間接侵害が成立するとすると「取引の安定性の確保という観点から好ましくない」ためである[40]。

特許法と同じ文言における解釈論は、特許法と同様と考えてよいであろう[41]。

---

39 直接侵害の場合は単なる「過失」であっても成立するため、このタイプの間接侵害で要件を加重して過失の場合には間接侵害が成立しないとしたのは、部品等の供給者に注意義務を負わせるのことは酷であり、取引の安全を著しく害すると考えられたからである（特許庁平成14年改正30-31頁）。なお、警告状の送付後の行為は、通常は「悪意」となる。

40 特許庁平成14年改正28頁

41 中山466-469頁、田村263-267頁を参照されたい。もっとも、意匠法として詳細に検討したものとしては横山久芳「意匠法における多機能品型間接侵害の立法趣旨と不可欠要件の解釈」（「学習院大学法学会雑誌」2020年 56巻 1号）61-78頁がある。

③ 模倣品拡散型間接侵害（3号、6号、9号）

このタイプの間接侵害は、侵害品（模倣品）を譲渡等のために「所持」「所有」する行為を規制するものである。2条2項の実施行為には「所持」「所有」がなく、直接侵害は成立しないため、所持者に対する差止請求は、「譲渡等の事実又はおそれを立証」する必要がある。

しかし、「権利者にとっては、模倣品の販売行為が最も被害を受ける侵害行為であり、これを事前に差し止める必要」があり、「侵害物品が広く市場に流通してしまってからでは、侵害物品の個々の販売行為を未然に防止することは困難」である。そこで、「侵害行為禁止の実効性を高めるとともに、模倣品の拡散を抑止する」ため、平成18年に導入された。

〔論点〕組物の意匠の意匠権の間接侵害の可能性

組物の意匠が登録を受けた場合、組物全体を「一意匠」とする意匠権が発生する。逆に言えば構成物品ごとには権利が発生しないため（一意匠一権利の原則）、仮に第三者が無断で構成物品の1つを実施しても、原則として権利の効力は及ばないこととなる点は既に述べた。では、直接侵害は困難であるとしても、間接侵害は成立し得るであろうか。

この点、例えば「パズルのように複数の構成物品を組み合わせることによって統一形態が形成される[42]」ような場合には、組物の意匠が「一意匠」であることに鑑みて、当該意匠を完成させることを「製造」であると認定し、「製造にのみ用いる物品」であるとして専用品型間接侵害（38条1号イ）が成立し得ると解すべきである。また、多機能品型間接侵害についても、例えばナイフ、フォーク、スプーンをセットではなく、全てバラ売りで販売しているような場合には、組物全体としての「美感の創出に不可欠」のものであるとして肯定し得る[43]と考えられる。

---

42 コンメ新版333頁（中川裕幸＝峯唯夫執筆）

43 なお、田村384頁では、このような場合には間接侵害ではなく、そもそも直接侵害が成立し得るとしている。

もっとも、これらは例外的な場合であり、一般論としていえば「組物」の意匠の意匠権について間接侵害の適用は難しい[44]ものと考えられている[45]。

〔論点〕内装の意匠の意匠権の間接侵害の可能性

内装の意匠が登録された場合も、組物の意匠と同様に全体を「一意匠」とする意匠権が発生し、第三者が無断で構成物品の１つを実施しても、原則として権利の効力は及ばないが、間接侵害は成立し得るであろうか。例えば内装の意匠で全ての構成物品の配置が決まっており、当該配置によってのみまとまりのある形態が出現するような場合には、専用品型間接侵害が成立する場合はあり得よう。もっとも､全ての構成物品をバラ売りで販売している場合のみならず、仮に全ての構成物品をセットで販売している場合であっても、配置関係を自由に変更できる限り、多機能品型間接侵害は成立し得ないと解される。

内装の意匠の場合には配置関係自体が「美感」に含まれる以上、構成物品のみでは「美感の創出に不可欠」とは言い難いからである。なお､このようなセット販売を禁止したければ組物の意匠における意匠権を取得することで対応が可能なはずであるから必ずしも不合理ではなかろう。

３．利用と抵触

（１）総論

26条にはいわゆる「利用」関係及び「抵触」関係が規定されている。「利用」に関しては、先願の他人の登録意匠、特許発明、登録実用新案を利用する場合、「業として登録意匠を実施することができない」旨を規定し、「抵触」に関しては、先願の他人の意匠権、特許権、実用新案権、商標権、先発生の著作権と抵触する場合も同様に実施することができない旨を規定する。

---

44 コンメ新版333頁（中川裕幸＝峯唯夫執筆）

45 かつては組物の各構成物品についてそれぞれ登録要件の具備が要求されていたが（平成10年改正前）、その際、「組物の構成物品はそれぞれ独立した個性をもつ」ことを根拠に、間接侵害の適用を認める見解があった（高田385頁）が、現行法ではあくまで全体の一意匠として登録要件を要求するので、構成物品の登録要件は要求されておらず、このように考えることはできなくなっている。

なお、詳細は後述するが、「利用」と「抵触」とでは趣旨及び法的性質で異なる部分があることから、以下ではまず「利用」に限定して議論する。

(2)「利用」規定の趣旨

逐条解説1318頁では、先願の登録意匠の「利用」の具体例として、「他人がハンドルの意匠について意匠権を有する場合において、そのハンドルを用いた自転車の意匠について意匠登録を受けたような場合[46]」を挙げている。そしてこの場合には、「ハンドルの意匠を実施しなければ、自転車の意匠を実施できないので、自転車の意匠権者は、自己の意匠を実施しようとするときはハンドルの意匠権者からそのハンドルの意匠権について実施の許諾を受けなければならない」と説明している。

本規定の趣旨を説明した文献の内容は次のとおりである。まず、「異法域間では、独自の要件でもってそれぞれ権利が発生」するため「権利自体が競合する場合も生じ(る)[47]」場合があるとし、また、意匠法という同法域であっても、他人の意匠を基礎にして新たに創作された意匠は先願と非類似の意匠の場合には権利としては適法に成立する。そこで、「先願優位の原則」によって「権利間を調整」したと説明する文献が多い[48]。同旨を述べる裁判例もある[49]。

この点、需要説からは自己の物品(自転車)等に先願意匠(ハンドル)独自の需要増大機能を活用しつつ、新たな需要を喚起できる別の意匠を創作して登録を得た場合であっても、先願の他人の需要喚起機能を無断で実施することは許されず[50]、実施が制限される旨を規定したものと捉えることができよう。

---

46 仮に先願が自転車で後願がハンドルであった場合、先願の公報掲載後の後願は公知意匠として3条1項3号及び3条の2によって拒絶されるはずであるため、双方が登録される状況は過誤登録以外には成立しない。したがって、この場合についての検討は不要であろう。

47 高田505頁

48 加藤346頁、コンメ新版568頁(峯唯夫執筆)等

49 第10章前掲注8「学習机事件」

50 茶園235頁も「取引対象物品の部品部分の形態が特徴的なもので、その需要増大機能が発揮されて、取引対象物品の需要を喚起する場合がある」と同旨を述べている。

(3)「利用」規定の法的性質

「利用」規定の法的性質について、従来は以下のような議論がある。理解の便宜のため、逐条解説の上記具体例を活用し、ハンドルという部品の先願登録意匠とそのハンドルを用いた自転車という後願登録意匠があることを前提とする。

① 創設規定説

専用権[51]の例外を定めた規定と考える見解[52]が創設規定説である。意匠権の本質に関する専用権説が主な根拠となる[53]。

本規定を創設規定、すなわち新しい法律関係を創設する規定と考える以上、「利用」という概念には特別な法的意義があり、その意味において正に「権利間を調整」する規定と位置付ける。特に実施されている意匠が登録意匠と「非類似の場合に問題となる」とし、23条の意匠権の通常の侵害とは別の侵害類型[54]を規定したものと解することとなろう。

この見解からは、ハンドルの先願登録意匠と「対比する意匠」(被告意匠)を自転車の意匠と捉え、すなわち部品と完成品の関係で「非類似物品」であることから通常の侵害(23条)が成立しない場合に、完成品がハンドルを「利用」するという通常とは異なる特殊な関係があるため、利用による侵害(26条)の成否を検討することになる。侵害事件の裁判例においても、被告意匠を「非類似」と認定しつつ、この「利用」を検討するもの[55]があり、それはこの創設規定説的な考え方に依拠するものと考えられる。

---

51 前述した「意匠権の効力」における議論を参照されたい。

52 特許権に関するものではあるが、吉田清彦「特許権の本質と利用発明」(「パテント」1982年 35巻7号)4頁等がある。

53 もっとも、説明の方法にすぎず、権利の本質の理解が利用・抵触規定の結論に当然に影響するとは思われないとする見解もある〈新・注解特許【上巻】」1140頁(川田篤執筆)〉。

54「利用侵害」と呼ばれている〈茶園成樹「判例評釈:減速機付きモーターを製造販売することが意匠に係る物品を減速機とする意匠権を侵害しないとされた事例」(「発明」2003年 100巻 12号)103-109頁〉。

55 豆乳仕上機事件:名古屋地判昭和59年3月26日 昭55(ワ)577[無体裁集16巻1号199頁]、かわら事件:福岡地裁小倉支判昭和62年9月18日 昭57(ワ)467[判タ664号222頁]、細幅レース地事件:神戸地判平成9年9月24日 平7(ワ)1847[日本知的財産協会判例集〔平成9年〕V2396頁]等。

② 確認規定説

本規定は解釈上の疑義が生じないように念のために定めたにすぎず、仮に本条がなかったとしても通常の侵害論により同様の結論が導かれると考える見解[56]が確認規定説である。

意匠権の本質に関する通説とされている排他権説[57]が主な根拠となる。この見解では本規定は言わば念のためのものであるため、「利用」という概念に特別な法的意義はない[58]こととなり、実施されている意匠はあくまで登録意匠と類似範囲の場合に侵害となり、そのため本条は特殊な侵害の類型でもないこととなる。すなわち、確認規定説からは、ハンドルの先願登録意匠と「対比する意匠」（被告意匠）はあくまで自転車に含まれている「ハンドル」の意匠と捉えることから通常の侵害（23条）が成立することとなる。

同じ「利用」概念に関して規定（特72条）のある特許法における通説はこの確認規定説[59]であると考えられる。

完成品として実施している意匠を「一意匠」と捉える必然性がないことから、複数の意匠が重畳的に包含され、同時に実施していると考えれば部品の意匠も実施されていると特定できることから、あえて本条を持ち出す理由はない[60]。

本見解から、本条の趣旨については次のように理解すべきこととなる。

すなわち、ある意匠について実施する正当権原を得た者、特に意匠登録を受けた意匠権者は、自己の登録意匠とそれに類似する意匠を実施する権利を「専

---

56 特許権に関するものであるが、竹田和彦「特許権の本質と利用関係」（「特許管理」1964年 14巻 8号）528頁等。

57 中山337頁。田村241頁、島並良ほか『特許法入門』（2014年 有斐閣）203頁、茶園246頁等。

58 本規定の趣旨については、確認規定説からは念のために規定することにより「調整」したと解することとなり、その意味において「調整規定」としての意味合いは弱まることとなろう。

59 中山325頁では確認規定という明言はないものの「侵害の成立には…直接的には利用発明であるか否か、という点を論ずる必要はない」とする。また、田村242頁も特許法の「利用」規定の説明中ではあるが「確認的に規定するに」すぎない旨を説いている。

60 コンメ新版570頁（峯唯夫執筆）が同旨を述べる。茶園成樹「物品の相違と意匠の類否」（『知的財産法最高裁判例評釈大系Ⅱ』2009年 青林書院）138頁は「完成品の部品部分の意匠の実施が部品の意匠の実施と同視し得る場合」には「類似関係による侵害と変わらない」と述べ、同旨のようである。

有」[61]すると定められている（23条）ことから、実体審査を経て登録を受けたことにより他人の権利を侵害する可能性がないことの保証、すなわち自らの実施についてお墨付きを得たという「誤解」をする可能性がある。

そこで、そうした誤解を防ぐ注意喚起のため、確認的に26条を規定したと考えるのである。法文上あえて「意匠権者[62]」を名宛人としたのはそのためであり、仮に創作規定説のように通常の侵害とは異なる新たな侵害類型を定めたと理解するのであれば、侵害者となり得る者を後願の「意匠権者」等に誤って限定した完全な立法の過誤だったことになり、解釈論としてとり得ないであろう。

「利用」という言葉を用いたのも、先願から見れば無断で実施する限りは単なる「侵害」者となるが、本条における実施者は、過誤登録ですらない意匠権等の正当な権原を有する者であるため、それにふさわしい表現として採用したものと解される。実際、従来の通説的な「利用」の説明は、「自分の権利を実施すると他人の権利を実施することになるが、他人の権利を実施しても自分の権利の全面実施にはならない関係[63]」（下線は著者）とするが、下線部は非類似であることが前提ではなく、正に通常の侵害そのものを意味しているといえよう。

通常の意匠権侵害との違いは、侵害の事実に加え、侵害者には「意匠権」等の正当な実施権原があり、その登録意匠と同一又は類似の範囲内で実施しているということのみである。本見解からは、このような場合、正に33条の裁定制度の「利用」の要件に該当することとなると考える。

侵害事件の裁判において、通常の侵害を肯定する場合にはこの「利用」の規定の解釈論を持ち出すまでもないことから裁判例としてこの確認規定説に依拠する旨を述べる者は見当たらないが、多くの裁判において暗黙の前提とされているものと考えられる。

---

61 意匠権の本質は積極的効力ではなく、消極的効力にある（排他権説）。したがって、意匠権を得たからといって独占的に意匠を実施できる保証が得られるわけではない。

62 他に専用実施権者と通常実施権者を規定しているが、いずれも実施する正当な権原を有する者を名宛人としている。

63 高田507頁

以上より確認規定説の理解が正しいと考える。創設規定説のように26条の「利用」という言葉には特別な法的意義があるとは考えない。もっとも、このことは「利用」の解釈として議論されてきた従来の事例は、通常の侵害として認定できる場合かどうかの問題ということにほかならないので、以下、その点について裁判例も含めて検討する。

（4）「利用」の解釈

26条の「利用」の語の解釈自体にはさほど大きな争い[64]はなく、いわゆる「そっくり説」と呼ばれるものが通説[65]といえる。この考えからは利用とは「他人の権利内容である発明、考案または創作などをそっくり自分の権利の内容にとり入れていること[66]」をいうとする。

利用の規定の趣旨のみならず、その解釈についても裁判所として初めて詳細かつ明確に示した判決として著名なものが前掲「学習机事件」である。本件では、先願の「机」の登録意匠と後願の「書架付学習机」の登録意匠との間の「利用」関係の有無が問題となった。

裁判所は、「利用」の意義について通説に依拠しつつ、それを敷衍（ふえん）し、「ある意匠がその構成要素中に他の登録意匠又はこれに類似する意匠の全部を、その特徴を破壊することなく、他の構成要素と区別しうる態様において包含し、この部分と他の構成要素との結合により全体としては他の登録意匠とは非類似の一個の意匠をなしているが、この意匠を実施すると必然的に他の登録意匠を実施する関係にある場合をいうものと解するのが相当である」と説いた。

これを要約すれば、先願の登録意匠が以下の２つの要件を満たす場合に「利用」が成立するとしているものと考えられる。

---

64 高田507頁では「主要部分を包含すれば足りる」とする説、「後願は先願を改良拡張」としてものと定義する説があったとしている。

65 百選56事件115頁（高部眞規子執筆）でも通説として紹介している。

66 高田507頁

① その特徴を破壊することなく、他の構成要素と区別し得る態様において

② その「全部」を（後願の登録意匠が）「包含」していると認められる

上記①は、一般的に先願の意匠が独立した「美感」[67]として認識できることを意味していると考えられている。意匠の成立要件として「視覚性」と「美感性」があることから、意匠の特質の美的外観性に由来し、意匠権の侵害を主張する際の当然の要件にすぎないと考えられる。

他方、上記②は、実は３条の２において行った議論と同様、「意匠の重畳性」を意味している。以下、３条の２との対比を中心にして検討する。

審査基準では、図１と図２が典型的な事例として挙げられている。上記②の「包含」というのは３条の２における「一部」という概念と実質的には同じ状況を意味していると考えられる。「のこぎり」の例でいえば、「のこぎり」は「のこぎり用柄」を「包含」している関係にあると同時に、「のこぎり用柄」は「のこぎり」の「一部」といえるからである。

このように、「利用」と３条の２の場面の違いは、先願と後願が入れ替わる点のみであり、利用では先願が「のこぎり用柄」であるのに対し、３条の２が適用される場面ではこれが逆転し、図２のように先願が「のこぎり」となる。

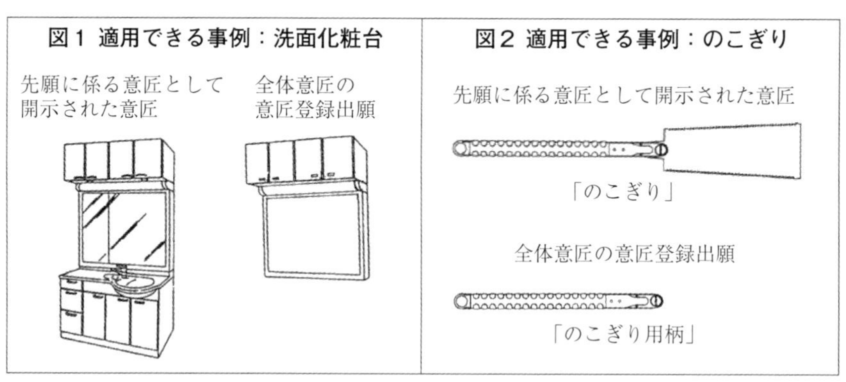

[67] 茶園成樹「意匠制度研究 利用関係による意匠権侵害について」(「DESIGN PROTECT」2014年No.27 Vol.3)14頁でも「独立の美感を起こさせる」ことを要するとしており、百選56事件115頁(高部眞規子執筆)も「美感を起こさせることが必要」としている。

図３ 適用できない事例：噴霧器

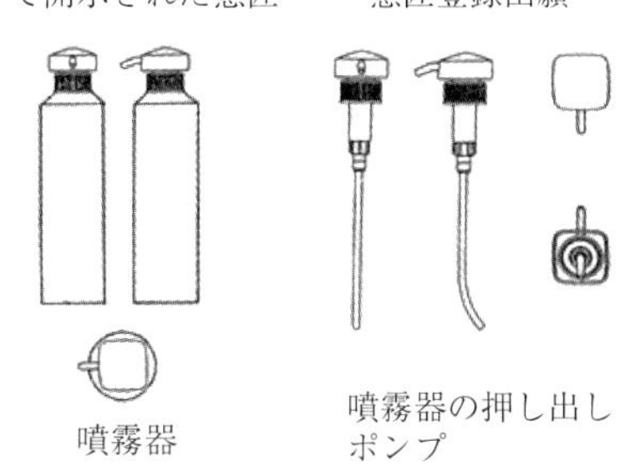

後願の全体意匠の全体の形状等が、先願に係る意匠として開示された意匠の中に対比可能な程度に十分表れていない。

同様に、審査基準では３条の２が適用されない事例として図３が紹介されているが、この先願と後願を入れ替えれば、先願のポンプを後願の噴霧器が「利用」しているといえるかという問題として考えることができる。

すなわち、「噴霧器の押し出しポンプ」の「全部」を「噴霧器」が「包含」していない、あるいは前記①の要件における、先願の「特徴を破壊することなく、他の構成要素と区別し得る態様」で包含していない[68]ともいえる。

審査基準では「対比可能な程度に十分表れていない」としているが、これは部品の意匠の「特徴が破壊」されていることを意味しているとも解し得よう。

このように３条の２という規定自体が「意匠の一部」という文言を用いて「意匠の重畳性」を認めている以上、「被告意匠の特定」で述べたように、直接的にその「包含」されている意匠自体を被告意匠として特定すればよいことになり、「利用」による新たな侵害類型を検討する必要はなくなるはずである。

このような考えの下では、前記裁判例の「利用」の解釈論で述べた内容は、言わば「部品」の意匠を完成品に用いて実施されている場合の「侵害」判断の基準について論じたものと理解すれよいこととなろう。その限りにおいて前記裁判例の述べた内容自体には合理性があると考える。

68 この点、裁判例において一部が外観に表れていない場合にも「利用」の成立を認めたものとして前掲「鋸用背金事件」がある。この裁判例では、「イ号意匠の要部を外観視することができる」と述べた。なお、本文の噴霧器の事例の場合、押し込む部分と液体を吸い上げる管の部分に分けて考え、押し込む部分を要部と見れば、特徴を破壊していないこととなり得えよう。

(5)「利用」の態様

26条は「利用」の態様として前述した登録意匠相互間以外に、特許発明と登録実用新案の利用が認められている。まず、登録意匠相互間に関し、前掲「学習机事件」が展開した「利用」の類型論について検討する。

本事件では、前述した「利用」の解釈について述べるだけでなく、登録意匠相互間において「利用関係が成立する態様」には2つあるとし、「その一は意匠に係る物品が異なる場合であり、A物品につき他人の登録意匠がある場合に、これと同一又は類似の意匠を現わしたA物品を部品とするB物品の意匠を実施するときである。その二は意匠に係る物品が同一である場合であり、他人の登録意匠に更に形状、模様、色彩等を結合して全体としては別個の意匠としたときである」と説いた。

この点について、学説では前者を「物品が異なる場合[69]」、あるいは「部品・完成品型」とし、後者を「物品が同一の場合[70]」、あるいは「形態要素付加型」と呼んでいる[71]。前者については既に「被告意匠の特定」の問題であり、部品の意匠権侵害の問題である点を述べた。一方、後者の「物品が同一の場合」、あるいは「形態要素付加型」について「利用」関係を認めるかどうかは、「形状のみの意匠」の解釈の問題と併せて議論されてきたため、以下で論ずる。

〔論点〕形状のみの意匠に模様等を付加した意匠に「利用」が認められるか

形状のみの意匠の「利用」について検討するためには、元々の「形状のみの意匠」とはどのような意匠と解すべきであるかという議論を踏まえる必要がある。この点は「形状のみの意匠」の論点において前述したとおりであるが、有力な説としては「無模様かつ一色説」と「無限定説」とが対立してきたといえる。これらの説は「利用」に対する考え方が異なるとされてきた。

「無模様かつ一色説」は模様等を付した意匠との利用関係を原則として否定

69 コンメ新版575頁(峯唯夫執筆)参照
70 コンメ新版575頁(峯唯夫執筆)参照
71 茶園237-239頁参照

する考え[72]であり、例外として「まず形状だけを先に作って、その上に模様付けをするような物品」、例えば「陶磁器の湯飲みに絵付けした場合」には利用関係が成立するとし、他方で「形状と模様が一緒に出来上がる物品」、例えば「プレス加工で細かい線模様が形状と一緒にできる場合」には利用関係が成立しない[73]、とする。これに対しては「物品の製造過程を問題としなければならない合理的理由を見いだすことができない」という批判[74]がある。

他方、無限定説からは、形状のみの意匠は、模様等について無限定であるとするもので、この説からは論理必然ではない[75]ものの、一般論として利用関係は認めやすくなるものと考えられる[76]。

もっとも、無限定説だからといって形状さえ同じであれば模様や色彩を付加した意匠の全てに権利が及ぶと考えなければいけないわけではない。

特に26条の「利用」について確認規定説に依拠する場合、侵害の成否はあくまで通常の類否判断による。

しかも、「形状のみの意匠」の場合には、「視覚性」の要件との関係で部品の意匠権の効力が完成品に及ぶのかといった「対比する意匠」についての完成品か、部品かという選択肢もない[77]。したがって、「形状のみの意匠」の場合、通常の「類似」の範囲に入るか否かを直接的に検討すれば足りる。

---

72 なお、登録意匠が「無模様」である点を「要部」であると認定し、模様等の付された意匠は要部を含んでいないとして「利用」を否定した裁判例がある〈かわら事件：最三小判平成4年9月22日 平3(オ)1936〉。

73 高田509頁

74 千葉地判昭和55年1月28日 昭52年(ヨ)253の判旨の一部である。

75 茶園成樹「意匠制度研究 利用関係による意匠権侵害について」(「DESIGN PROTECT」2014年No.27 Vol.3)15頁も同旨である。

76 茶園239頁では無限定説に立つか否かについての明言はないものの「学説は、形態要素付加型の利用関係を肯定するのが一般的」としている。

77 部品の意匠権の場合であっても、完成品ではなく部品を「対比する意匠」として特定できるのは、あくまで完成品の中の部品が視覚を通じて認識することができる場合に限られる。ところが、形状のみの意匠権の場合において、形状に模様等の付いた意匠について視覚を通じて認識できるものは、あくまで模様等の付いた意匠である。形状のみの意匠は少なくとも「肉眼」で観察されるものではない。したがって、模様等の付いた意匠について「形状のみの意匠」を模様があたかも見えないものとして特定することは許されないと考える。

その結果、先の「形状のみの意匠」の論点で述べたように、例えば形状のみの意匠に色彩が付加されただけの意匠であれば、それによって新たな要部が生ずるとは考え難いため、そもそも通常の類似範囲として「形状のみの意匠」の権利範囲となる一方、模様（と色彩）が付加された場合には、例えば模様が特徴的でそれが意匠の要部となるような場合には「形状のみの意匠」とは非類似となり、この場合に26条の「利用」を議論する必要はない[78]こととなる。

〔論点〕部分意匠に「利用」関係が成立するか

部分意匠の意匠権がある場合、その部分を包む全体意匠は「部分」を「そっくり」含むものであるとして「利用」関係が生ずるとする見解がある[79]。先願が部品意匠の場合と同様に、いわゆる「そっくり説」を部分意匠の場合にも適用するものであろう。

しかし、裁判例では部分意匠については通常の侵害のみを問題にし、「利用」を問題とすることはほとんどないようである。既に述べたように、確認規定説からすれば部分意匠の意匠権の場合であっても通常の侵害（類否判断）のみが問題となり、「利用」関係について検討する必要性はない[80]。被告意匠の特定についても全体意匠のうち、視覚を通じて認識できる[81]限り、「本件意匠に相当する部分の意匠」とすればよい。

また、裁定請求（33条）の要件の「利用」[82]も部品の意匠の意匠権の場合と同様である。

---

78 加藤351頁も利用関係を否定する点においては同旨である（もっとも、加藤・第2章前掲注102「形状のみの意匠」の評釈では利用関係を認める結論に自説を改説する旨を述べている。）。前掲注75も「実質的に23条が定める類似範囲を超える意匠権の効力を認めることになり、適切ではない」旨を述べる。

79 吉原119頁、藤本昇「意匠の使用態様と意匠の利用の成否論」（『判例意匠法－三枝英二先生・小谷悦司先生還暦記念』1999年 発明協会）413頁。

80 本書と同様に、部分意匠の「利用」関係を否定するものとして、小谷悦司「登録意匠の利用関係」（『意匠・デザインの法律相談』2004年 青林書院）427頁がある。

81 製品内部の「部分」に用いられている場合には、視覚性の要件を欠くことになる。

82 本条（33条）の「利用」について詳細に検討したものとして、青木大也「部分意匠と全体意匠：その関係について」（「知的財産に関する日中共同研究報告書」2018年）も参照されたい。

完成品の登録意匠を有するが、無断で実施すれば部分意匠の意匠権侵害となる場合は本条の「利用」に該当し、請求し得ると解することとなる。

〔論点〕部品の意匠と部分意匠の権利の効力の違い

部品の意匠権と部分の意匠権については権利の効力に大きな違いはないと指摘する文献が複数[83]見られる。しかし、正確には、以下のような違いがあると考えられる。ここでも理解の便宜のため、自転車のハンドルの部品意匠の場合と自転車のハンドルの部分意匠の場合とで具体的に検討する。なお、ハンドルは同一形態であることを前提とする。

① ハンドルを「装着」した完成品の自転車を販売している第三者に対して

この場合、部品の意匠権であれば、「対比する意匠」はハンドルとなり、同一形態であることから意匠権侵害が成立すると考えられる。

また、部分の意匠権であっても「対比する意匠」はハンドル部分となり、同一形態であることから意匠権侵害が成立すると考えられる。したがって、確かにこの点においては権利の効力に違いはないこととなろう。

② ハンドルが自転車本体に「一体成形[84]」された自転車を販売している第三者に対して

この場合、部品の意匠権を有していても、ハンドルという「部品」自体が完成品に用いられていないことから部品の意匠権の侵害は成立しないと解する。

この点について判示した裁判例に前掲「ラップフィルム摘み具事件」[85]があり、完成品としての包装用箱の「つまめるフラップ」という「部品」の意匠権者が、包装用箱に「つまめるフラップ」を「一体的に付け」た被疑侵害意匠に対する侵害訴訟において、「物品の一部を構成するにすぎない部分」について

83 例えば吉原118頁、梅澤修「意匠法の問題圏 第8回－保護対象V部分意匠②」(「DESIGN PROTECT」2014年 No.102 Vol.27-2)16頁がある。

84「一体成形」とは接着(ねじ等による)や結合という手段を用いず、通常であれば複数の部品からなるものを物理的に1つに成形することをいう。本事例の場合、当然のことながらハンドルだけを破壊せずに分離することはできず、ハンドルと自転車本体につなぎ目等もないことを前提とする。

85 本事件を、「部品の意匠権が当該部品を用いた完成品に及ぶのか」について判示した裁判例として紹介する文献(旧百選55事件112頁、茶園234頁注1)があるが、本事件で問題となった完成品はそもそも当該「部品」を用いていないものであるため、そのような解説は誤解を招くものであろう。

対比する対象とならない旨を述べている。一方、「部分」の意匠権の場合には、「対比する意匠」はハンドル部分となるため、意匠権侵害が成立すると考えられる。したがって、このケースでは権利の効力に違いが生ずることとなろう。

③ ハンドルを単体として販売している第三者に対して

この場合、部品の意匠権の効力が及ぶのは当然であるが、部分の意匠権は、あくまで完成品としての「自転車」の「部分」意匠であるから、仮に形状が同一形態であっても部分意匠が「部品」のハンドルには[86]及ばないと解される。

したがって、このケースでも権利の効力に違いが生ずることとなろう。なお、以上のことより、実務的には、ハンドルの意匠の創作をした場合は、自転車の部分意匠とハンドルの部品の意匠の双方を出願すべきことになると考えられる。両者は物品が非類似であるため、同日又は異日に出願しても登録を受け得ると考えられる（３条の２ただし書)。

〔論点〕未登録意匠への「利用」規定の類推の可否

前掲「学習机事件」では、傍論ではあるが、未登録意匠にも「利用」関係が生ずると判示したことで学説上においても議論がある。裁判所は以下のように述べたが、これは通常の侵害以外の侵害類型を認めるものであり、正に創設規定説に立脚することで初めて理解できる解釈である。

「意匠法第26条は登録意匠相互間の利用関係について規定するが、意匠の利用関係のみについていえば、他の登録意匠を利用する意匠は…必ずしも意匠登録を受けている…必要はなく、意匠の利用関係は登録意匠と未登録意匠との間にも成立するものであり、他人の登録意匠又はこれに類似する意匠を利用した未登録意匠の実施が、他人の当該意匠権の侵害を構成することは勿論である」

しかし、26条の意匠の「利用」関係の規定は、明確に登録意匠相互間を定めている[87]。

---

86 ハンドルという全体意匠の部分意匠ではなく、自転車という全体意匠の部分意匠であることが前提である。

これは意匠登録を受けて意匠権を得た者が他人の意匠権を侵害する可能性がないこと等のお墨付きを得たとの誤解を防ぐための注意喚起である（確認規定説）。その意味で、実施についてそもそも正当権原がない者は本条の対象とはしておらず、この法意を無視した解釈はとり得ない。未登録意匠の実施は、前述したように通常の侵害論で解決すべきであり、当然に可能である。したがって、確認規定たる「利用」規定の類推解釈[88]は否定されるべきである。

〔小論点〕組物の意匠又は内装の意匠にも「利用」関係は成立するか

ある物品（例えば「フォーク」）が先願として登録を受けている場合に、その構成物品を含む「組物」（例えば「ナイフ、フォーク及びスプーンセット」）が意匠登録を受けた場合には「利用」関係が成立しないとする見解[89]がある。

しかし、この見解が、後願の組物の意匠権の実施が先願の意匠権を侵害することはないという意味だとすれば、妥当とは思えない。先願の登録意匠と「対比する意匠」を実施されている組物の中の「フォーク」として特定することで通常の侵害が成立すると解する。

実質的にも後願の意匠権者が組物の意匠を実施する場合、先願の権利者が創出した需要増大機能を奪う形で実施することとなるため、先願意匠権の侵害になると解すべきである。なお、この点は内装の意匠であっても同様である。すなわち、先に内装の意匠を構成するある物品の意匠権が存在する場合であって、その構成物品を利用した内装の意匠権が成立した場合、内装の意匠権の権利者が実施すれば、当該先願の構成物品の意匠権の侵害になると解される。

---

87 類推の可否を述べたものではないが、本条について「『意匠権』対『意匠権』という権利相互の次元」における問題である点を指摘した裁判例としてモールド事件〈東京高判昭和54年1月24日 昭53（行ケ）69［無体裁集11巻1号1頁］〉があり、百選第2版122頁（佐藤恵太執筆）も同旨である。

88 「勿論（もちろん）解釈」という捉え方もあり得るが、いずれにせよ否定すべきである。

89 百選第2版60事件122頁（佐藤恵太執筆）は、「後願登録が組物の意匠の場合は、後願の登録意匠権が各構成物品に個別に権利行使できない」ことを根拠に「26条の射程からはずされるべき」と述べるが、先願が部品で後願が完成品の場合でも、完成品の意匠権に基づいて構成部品に個別に権利行使はできないため、論旨が不明である。

本条では、登録意匠同士以外に特許発明又は登録実用新案を「利用」する場合についても規定されている。具体的には「鉛筆を六角にした先願登録実用新案に対し六角な鉛筆に模様をつけた後願意匠が登録された[90]」場合などが想定されている。なお、登録商標や著作物の「利用」は規定されていない。登録商標は「商標の指定商品に商標的使用態様で使用されて初めて商標権の侵害となる」ため、「抵触関係は考えられるが利用関係だけでは侵害にならない[91]」として規定する必要がなかったという説明がなされている[92]。

他方、著作物の「利用」関係が規定されていない理由は明確ではない[93]が、確認規定説に依拠する限り、厳密にこの点を追究する必要はないであろう[94]。

〔小論点〕同日出願又は後願の他人の登録意匠と同一又は類似する意匠を実施できるか

26条は「出願の日前」の他人の登録意匠等を「利用」する場合に実施を制限する旨を規定している。では、他人と同日出願の場合や他人の出願が後願の登録意匠と同一又は類似の意匠についてはどのように解すべきであろうか。

この点、確認規定説からすれば、侵害が成立するかどうかだけの問題であり、積極的効力は消極的効力の反射的効果にすぎないと解するため、他人の権利を侵害する場合にまで実施を認める[95]ことはできない。

---

90 高田510頁

91 高田514頁

92 コンメ新版578-579頁（峯唯夫執筆）では、商標権は「識別標識」として機能していることを要し、機能している限り権利の「抵触」が生ずるので意匠と商標では「利用」が成立する余地がないとしている。

93 高田511頁では、「一般解釈にまかされている」とだけ述べる。

94 例えば注解416頁（森本敬司執筆）では、絵画の著作物を複製物として取り込んだカレンダーの意匠が登録された場合を著作物の「利用」のケースとした上で、これは「抵触」にも当たるとするので「利用」を規定しなかったとする。しかし、絵画の著作権者は自己の絵画の「複製」が制限されるわけではないので「抵触」とは考え難い。確認規定説からすれば、この場合は単純にカレンダーの意匠が実施されれば複製権侵害が成立すると解すればよいであろう。

95 逐条解説1313頁では「本条のように規定した結果、自己の登録意匠に類似する意匠については他人の登録意匠と類似する場合でも実施をすることができることになる」とするため、意匠権の本質を積極的効力に求めているようである（いわゆる専用権説）。

したがって、他人の出願が同日あるいは後願であったとしても侵害となる[96]。

(6)「抵触」規定の趣旨

逐条解説1318-1319頁では、特許権又は実用新案権と意匠権との「抵触」の具体例として、「ある物品の形状が技術的効果もあり同時に美的でもあるという場合に、技術的効果の面について特許権あるいは実用新案権が、美的な面について意匠権が、それぞれ設定されているとき」を挙げている。

これは「異法域間では、独自の要件でもってそれぞれ権利が発生」するために「権利自体が競合する場合も生じ(る)[97]」場合があることを述べたものといえよう。26条はこのような場合に、先願あるいは先創作の権利者のみに相手方の許諾を得ることなく自由に実施することを許容[98]したものと解する。

先願主義(9条)という基本原則の下、先願の意匠権者等の出願又は創作の点で劣後する後願の意匠権者等の一方にのみに「実施をすることができない」という制限を課し、その逆は規定していないことから、本条は反対解釈すべきだからである。

本来、排他権説からすれば、異法域間で正当に発生した権利同士が競合する場合、双方ともに他方から実施許諾を得ない限り実施ができない[99]、いわゆる「両すくみ」状態となるのが原則のはずであるが、本条の「抵触」関係では、先願あるいは先創作の権利をあくまで優先させるという法的効果を伴う「調整」を行っている。

---

96 茶園247頁が同旨を述べている。他方、高田517頁では「独立して実施できる」とする。

97 高田505頁

98 言い換えれば、後願の「消極的効力」を制限したものである。

99 意匠権の本質は消極的効力にあるという考え方(排他権説)については、第10章前掲注3を参照されたい。

すなわち、本条の趣旨は「利用」関係とは異なり[100]、先願[101]優位の原則によって権利間を調整した[102]ものと解すべきであり、その意味で本条の「抵触」関係の規定部分は「創設規定」と考えるべき[103]である。

(7)「抵触」の意義と態様

「抵触」とは「1つの権利と他の権利が両立しないこと、すなわち侵害し合う関係にある場合[104]」をいうとされている。文献によっては「2つの権利が相互に重複している場合であって、そのどちらの権利を実施しても他方の権利を全部実施することとなる関係」という定義を紹介するもの[105]もある。

26条1項は、登録意匠と「同一」部分における「抵触」の態様として先願の特許権、実用新案権、商標権、先創作の著作権との関係を規定し、2項では、登録意匠と「類似」する部分は、これらに加えて先願の意匠権との関係を規定している。

特許権あるいは実用新案権との抵触例としてよく取り上げられるのは「自動車のタイヤの凹凸について、スリップ止めの効果があり、これについて特許権あるいは実用新案権が設定されている場合[106]」である。

100「利用」の場合は先願者の権利内容(例えば「ハンドル」)を実施しても後願者の権利内容(例えば「自転車」)を実施することにはならないため、先願者は後願者の実施許諾を得ずに実施できる。その意味で「先願優位の原則」とは本来的に無関係である。先願だから実施できるのではなく、後願の権利侵害とならないために当然に実施できるのである。なお、仮に先後願が入れ替わり、先願が自転車で後願がハンドルの場合であれば3条の2により拒絶され、登録されたとすれば過誤登録にすぎないため登録意匠相互間での「利用」の状況は発生しない。すなわち、いずれにしても本条の法的効果によって「先願優位」になるように調整したわけではない。

101 著作権のことまで考慮し、「先願・先創作優位の原則」といってもよいであろう。

102 加藤346頁、コンメ429頁(峯唯夫執筆)

103「利用」関係は確認規定で、「抵触」については創設規定と考えるため、1つの条文の中に法的性質の異なるものが混在するのは不自然という批判はあろう。

104 高田506頁

105 高田506頁、コンメ新版568頁(峯唯夫執筆)、茶園245頁等。ただし、ここにいう「全部」の意義は必ずしも明確ではないように思われる。

106 光石159頁

図4 特許と意匠で権利設定されている事例

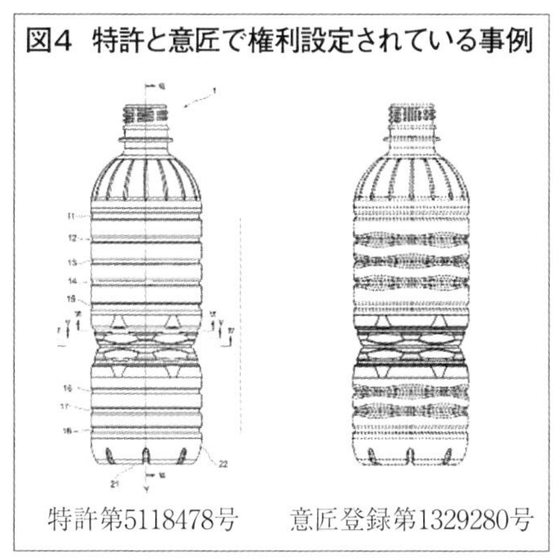

特許第5118478号　意匠登録第1329280号

なお、同一の対象に特許権と意匠権の双方に権利が設定されたと考えられる実際の登録例として図4が挙げられる。これらはいずれも同一の権利者であるため厳密には本条がいう「抵触」関係ではないが、仮に出願人が異なっていた場合は抵触関係が成立し得えよう。ここでは「開栓後においても強度及び持ち易さを確保」するという技術的効果を持つ特許が成立する一方、美的外観を有するとして部分意匠の意匠権を取得している。

同一の創作物に対し、同一人が保有する特許権（実用新案権）と意匠権の双方を主張して侵害訴訟で争われる事例は少なくない。双方の権利を侵害すると認定した裁判例[107]も複数存在する。

商標権との抵触の例として、「万年筆の商標として矢羽根印があり、同時に万年筆のクリップの意匠として矢羽根印の形状、模様をした意匠[108]」、著作権との抵触の例として、「先に発生した彫刻の著作権に抵触する置物の意匠権[109]」が挙げられている。

ただし、著作権は「依拠」がなければ侵害にはならないので、彫刻へのアクセスなく意匠の出願がなされている場合には「抵触」することはない[110]。

---

107 カメラ事件：東京地判平成12年8月31日 平8(ワ)16782、履物装着用ヒールローラー事件：東京地判平成25年4月19日 平24(ワ)8221等々、高石221-232頁に多くの事例が挙げられている。

108 高田513頁

109 高田515頁及び光石159頁も同様の例を挙げている。ただし、「抵触」というのは複数の権利が別人に帰属する場合を前提とするから、この場合、彫刻の著作物と形態が同一の物品をその著作者でない者がそのまま出願したという想定と考えられ、その場合には「創作」という行為がないためそもそも「意匠登録を受ける権利」を有しない可能性が高い。当然のことながら彫刻が既に公知であればそれに基づいて拒絶される可能性もある。この点については斎藤323頁を参照されたい。

110 茶園246頁及びコンメ新版580-581頁（峯唯夫執筆）が同旨を述べるとともに、著作権侵害の「依拠」要件との関係で条文には「意匠登録出願前に生じた他人の著作権」とあるが、そもそも出願後に生じた他人の著作物に依拠できないのは当然であるから不要な要件であることも指摘している。

また、２項に規定する登録意匠と「類似」する部分における他人の意匠権との「抵触」ついては先願主義（９条）の規定の限界が関連し、意匠権同士で部分的に重複した権利を完全に排除できるわけではない。つまり、先願と後願の類似範囲が重複する場合が適法に生じ得ることを想定したものである。

なお、１項で「登録意匠」と他人の意匠権との「抵触」が規定されていないのは、このような場合は明らかに後願の意匠は新規性又は先願主義に違反するためである。

もっとも、このような過誤登録の場合、「調整は無効審判で行うべきもの[111]」とする見解もあるが、過誤なく登録された場合には実施が制限されるにもかかわらず、むしろ過誤登録の場合に実施が制限されないと解するのは明らかに不合理であるため、「抵触」の規定（26条２項）の類推適用により、後願の意匠の実施が制限されると解する。したがって、他人の出願が同日、又は後願であっても侵害となる[112]。

４．防御手段

（１）総論

意匠権の侵害を主張された者の防御手段については、「意匠権の効力」で述べたように、例えば意匠権の消極的効力が制限される場合に該当するときにはその旨を主張・立証することが防御となる。

具体的には抵触関係にあるが先願・先創作である場合（26条）、許諾又は法定の通常実施権が存在する場合（28条～32条等）、裁定の通常実施権が存在する場合（33条）、意匠権の効力の及ばない範囲に該当する場合（準特69条）、登録料の追納により意匠権が回復した場合（44条の３）、再審で意匠権が回復した場合（55条）である。

111 高田511頁

112 茶園247頁が同旨を述べている。

（2）無効の抗弁

意匠権侵害訴訟において、被疑侵害者は、意匠権に無効理由が存在すると考える場合、訴外において無効審判を請求できるが、訴訟中に無効理由が存在する旨の抗弁を主張して防御することもできる（41条で準用する特104条の３）。

本条に関する議論については特許法と同様であるため、詳細については特許法の解説書を参照されたい。

〔論点〕公知意匠の抗弁

公知の意匠に類似する意匠は、本来は新規性がないとして拒絶されることから（３条１項３号）、意匠権侵害訴訟において、登録意匠の類似範囲の中に公知意匠が入らないように解釈すべきと考えるのが従来の通説的見解[113]であり、被疑侵害者がその旨の主張することを「公知意匠の抗弁」と呼んでいた。

しかし、特許権について無効の抗弁を認めたキルビー最高裁判決〈最三小判平成12年４月11日 平10（オ）364［民集54巻４号1368頁］〉の判例法理を受けて立法化したといわれている特許法104条の３が平成16年改正で導入されると同時に意匠法でも準用された（41条）。このため、当該抗弁を主張できる状況であれば、意匠権は無効理由を内在していることがほとんどであり、その場合にはあえて公知意匠の抗弁を主張することなく、本条の無効の抗弁を主張すれば足りる。したがって、その意味においては公知意匠の抗弁を議論する必要は実質的になくなったとみるのが多数説[114]ではある。

しかし、意匠権に無効理由がないものの、被疑侵害者の実施意匠がある公知意匠に「類似」する場合（本公知意匠と登録意匠は非類似）、どのように解すべきかについては別論である。結論から述べれば、この場合には公知意匠という新たな需要を喚起しない範囲での実施であって権利者を保護すべき場面ではないため「公知意匠の抗弁」を主張し得る[115]と解する。

---

113 平嶋竜太ほか『入門知的財産法〔第2版〕』(2020年 有斐閣)324頁

114 コンメ新版528頁(高橋淳=宮川利彰執筆)

115 茶園110頁も「効力が公知意匠に類似する意匠に及ぶべきではない」とする。

（３）機能に不可欠な形状の抗弁

物品等の機能上、不可欠な形状については本来、登録を受けることができない（５条３号)。問題になるとすれば、必然的形状を含みつつも同種の物品がまだ市場に出ておらず登録になった第１号の登録意匠である。公知意匠（群）が存在しないこともあって需要者の注意を引くことにならざるを得ないことがあろう。この場合には、「要部」を需要者の注意を引く部分と定義する限り、「需要者の注意を引く部分ではあるが要部ではない」という説明[116]には矛盾があるため、「類似」の問題として処理[117]するのは無理があろう。

このような場合には５条３号の規定の趣旨から当該形状部分を除外して登録意匠の範囲を確定すべきと解される（かつての公知部分除外説のように、機能的部分を除外して保護を与えないものである。)。すなわち、機能に不可欠な形状であることを「抗弁[118]」として主張できると解すべきである。

（４）その他

例えば権利の消尽理論については特許法と同様[119]である。また、禁反言の法理[120]や権利濫用[121]についても同様である。

116 例えば広告器事件〈東京地判平成11年2月25日 平10(ワ)11682[判時1683号144頁]〉では、機能又は作用について「要部(看者の注意を引く部分)であると認めることはできない」旨を述べている。

117 ただし、青木博通「グローバルにみた機能性と意匠権の保護範囲Ⅱ」(「DESIGN PROTECT」2017年 No.116 Vol.30-4)31頁では、「不可欠な形状を含む意匠が登録されても、意匠権侵害においては、当該部分が共通しても類似性は肯定されないことになる」としている。不可欠な形状が同時に「ありふれた形状」と認められる場合には特徴的な部分ではないことを理由として類似性を否定されるが、本文で述べたような第1号の登録意匠のような場合には妥当しないのではなかろうか。

118「類似」であることは認めつつ、保護範囲から除外されると説明することになる。もっとも、言わば説明の仕方の問題であって結論に差異が出るわけではない。

119 詳細は中山438頁以降を参照されたい。ただし、特許法にはない「類似」概念がある関係で別論があり得る。

120 意匠の事件において、「包袋禁反言」の法理を適用して要部を認定したものとして、荷崩れ防止ベルト事件〈大阪地判平成15年4月15日 平14(ワ)457〉があり、傍論ではあるが長靴事件〈大阪地判平成21年11月5日 平21(ワ)2726〉でも審査過程の主張と矛盾する主張が許されない旨を判示している。

121 もっとも、建築物の意匠権侵害事件の場合で、建築物の取壊しを請求する場合には、権利濫用の成否が問題となり得ることが指摘されている〈青木大也「空間デザインの保護：建築物の意匠と内装の意匠に関する若干の検討」(「日本工業所有権法学会年報」2019年 43号)98頁〉。

第12章 周辺法

1．総説

意匠法は、一般的に「デザイン[1]」を保護する法律といわれる[2]が、意匠法以外にも「デザイン」を直接又は間接的に保護し得るいわゆる周辺法が存在する。

意匠法を「デザイン」の基本法と捉える場合、周辺法については、その存在意義を没却しないように解釈する必要があるといえる[3]。この点については、次のような視座[4]が有用であると考える。

すなわち、まず、保護の対象が「デザイン」という無体物の場合、権利の有無自体が不明確であるという特殊性から、このような無体物に関する権利の「存否」及びその内容は可及的に公示されなければならないという観点である（可及的公示の原理[5]）。

その「公示」の仕方としては単に申請内容を無審査[6]で公開するのか、あるいは申請内容に基づいて「権利の存否」を審査してから公示するのかという大まかに2つの制度選択の余地がある。

---

[1] 我が国には「デザイン法」という名称の実定法は存在しない。「デザイン」という用語自体は、かつて「輸出品デザイン法」(昭和34年法律第106号)において定義規定が存在していたが、同法が1997年に廃止されて以来、実定法上の定義規定は存在しなくなっている。

[2] 高田27頁にも「意匠は普通『デザイン』と同義語だとされている」旨の記載がある。

[3] 個々の法律には異なる法目的あり、それぞれの法目的に応じて個別に考えるべきという考えがあるが、それは各法の部分最適を目指す場合には妥当しても、ある一つの法律解釈によってその周辺法の存在意義が実質的に失われるような解釈が生まれる可能性がある点で妥当ではないと考える。

[4] 杉光一成「規制立法としての知的財産法：デザイン保護における意匠法の役割に関する試論」(「NBL」2014年 1020号)37-44頁を参照されたい。

[5] この原理の詳細は杉光・前掲注4の38頁を参照されたい。

[6] 本書では方式審査を行う場合も実体審査がなければ「無審査」とする。

そのため、知的財産に関する制度設計については、この「公示」と「審査」という２つの制度の組合せによって、およそ３つに分類することが可能である。すなわち、公示かつ審査ありの制度（TYPE Ⅰ）、公示はするが無審査の制度（TYPE Ⅱ）、公示も審査もない制度（TYPE Ⅲ）である。

可及的公示の原理からすれば、私人の予測可能性を担保し、私人の活動に萎縮効果を生じさせないため、そのような規制が正当化されるための前提条件としてTYPE Ⅰが最も望ましい規制態様となる[7]。したがって、この立場からすれば、TYPE ⅡやTYPE Ⅲはあくまで例外であり、特別の理由あるいは特段の事情がある場合に限り、許容し得る規制態様ということになる。そして、TYPE Ⅱは無審査ではあるものの、権利が存在する可能性を「公示」している点において私人に予測可能性をある程度与えるものであるから、TYPE Ⅲよりも望ましい。

以上より、知的財産法の制度設計は、規制の正当化要件という視点に立てば、「TYPE Ⅰ＞TYPE Ⅱ＞TYPE Ⅲ」の順に望ましいということになる。

他方、これらの分類のうち、TYPE ⅠとTYPE Ⅱは社会的コストとして、行政側の運営コスト[8]と私人側の手続コスト[9]が必要となる。

この社会的コストという視点で見れば、基本的に「TYPE Ⅰ＞TYPE Ⅱ＞TYPE Ⅲ」の順でコストがかかる制度設計になる[10]。そのため、次の２つの派生原則が論理的に生ずる。

---

7 田村善之『機能的知的財産法の理論』(1996年 信山社)15頁では「審査して初めて登録される制度を採用する場合には、権利として保護すべきものと保護すべきでないものとを予め振り分けることができるというメリットもある」と述べられている。

8 行政側の運営コストとしては、公示するための制度的インフラ(かつては物理的な公報の閲覧が中心であったため閲覧室の維持・管理が必要であったが、最近ではインターネットの存在により、むしろ情報システムに変わっている。)と、それを管理する人員、さらにTYPE Ⅰのように事前審査を行う場合にはその専門組織及び専門人材(審査官等)のコストが必要となる。

9 私人側としては、権利を申請するコストと権利の存否について調査するコストが生じよう。しかし、少なくとも「事業者」であれば、むしろ公示されている権利について調査できることは公示されていない権利の存否を調査するよりもコスト的には安い場合が多いであろう。その意味では権利の取得を求める者が原則としてコスト負担する仕組みともいえるので、規制の受益者が負担するという意味においては合理性があるといえよう。

10 最終的には権利侵害の事件は全て裁判所における訴訟になることを考慮すれば、ここでは訴訟コストは原則として考えなくてもよいであろう。

1つ目は、「左側の制度ほど規制を正当化する条件を有するため、得られる保護が可能な限り強く安定的になるように設計及び解釈すべきであり、逆に右側の制度になればなるほど例外として保護すべき特別の理由あるいは特段の事情（例えば申請する手続をとることについて期待可能性がない場合、行為態様に照らして規制を許容しても問題がない場合等）がある場合に限って規制が認められるようにあるいは緩い規制（例えば差止請求を認めない等）となるように設計及び解釈すべきである」

2つ目は、「そして、少なくとも同一の対象の保護については、左側の制度と右側の制度で得られる保護について時間的・場所的な「補完」関係が生ずることは許容され得るが、「代替」や「逆転」が起きないようにしなければならない」[11] なぜなら、左側の制度（特にTYPE Ⅰ）は規制を正当化するために望ましいものとして行政にも私人にもコストをかける制度設計をしているのであるから、得られる保護[12]が右側の制度（TYPE ⅡやTYPE Ⅲ）のほうが強いか安定している、あるいは同等となればTYPE Ⅰという社会的コストをかけてまで存続させている制度の存在意義が失われる[13]からである。

11 平成5年に工業所有権(現：産業財産権)行使の適用除外規定が廃止された。背景には権利濫用の主張に対する抗弁の根拠として用いられる事例があったようであるが、廃止によって不正競争防止法による保護の地位を高めた効果があることは否めない。可及的公示の原理からすれば、正に改正すべきでなかったといえよう。

12 特許権や意匠権等の権利は、単なる行為規制とは異なり「財産権」として移転が可能となっており、資金調達にも利用可能であるという趣旨の説明がなされることがある(中山8-9頁、田村22頁等)。しかし、特許権等の価値評価が困難であるため、権利の売買は極めて例外的な場合にのみ行われているのが現状であり、知的財産権担保融資も事例は数えるほどしか存しない。そのため、現実には特許権や意匠権等は権利の維持に資金が必要な一方、財産権としての活用はできておらず、差止請求権や損害賠償請求権の行使にとどまっている。すなわち実態としての権利内容は「行為規制」とされる不正競争防止法とほとんど異ならない。これこそが先のTYPEの分類で左側ほど強く安定的な権利である必要があるとすべき根源的な理由である。法が想定した「財産権」や「資産」としての価値は想像以上に存しないのである仮に特許権等のライセンス契約は多数存在するという反論がある可能性もあるが、それらは差止請求権等の不行使特約と考えれば差止請求権と損害賠償請求権を認める行為規制でも同様の特約ができるため、純粋な「財産権」としての権利行使の一態様とは言い難いであろう。)。

13 田村善之『機能的知的財産法の理論』(1996年 信山社)6頁では「不正競争防止法による保護をむやみに厚くすることで、出願、登録を受けてまで知的財産権による保護を享受しようとするインセンティヴを衰退せしめ、せっかく設けた知的財産権の出願、登録の制度が十分に利用されず、その機能に支障を来す…ことのないようにしなければならない」と指摘しており、同趣旨である。

これを現行法に照らし合わせれば、TYPE Ⅰは、特許権、意匠権、商標権がこれに当たり、TYPE Ⅱは実用新案権、TYPE Ⅲには著作権、不正競争防止法上、民法（不法行為法）による保護がおおむね該当していることになり、たまたま「法律」で分類される結果となるが、制度設計としては、実は法律で分けなければならない必然性はない。例えば保護対象が発明でもTYPE Ⅲ、すなわち無審査及び公示なしで保護すべき特別の事情がある場合には例外的な保護を認めることがあっても構わない。先使用権（79条）はそのように理解することも可能であろう。また、保護対象が「意匠」でも、韓国の一部無審査制度のように、TYPE Ⅱとして一部の対象範囲を無審査にするという設計も可能なはずである。

以上を前提として周辺法について検討する。

2．特許法

特許法は、権利を公示するのみならず審査制度を持つため、上記の分類でいえばTYPE Ⅰの制度である。特許法は2条1項の定義にあるように「技術的思想の創作」である「発明」を保護する法律である。「思想[14]」は元来、抽象的なものであり、元々「幅」があるものである。権利範囲を決めるのは特許請求の範囲であるが､ここでは「言葉」を用いて権利範囲を特定することとなっていて、当然ながら言葉には「幅」がある（例えば「弾性体」はゴムという具体例の上位概念で幅が広い。もちろん「ゴム」という言葉自体にも幅がある。)。

これに対し、意匠法2条1項の「意匠」はあくまで物品等の美的外観、すなわち物品等の「形状」あるいは「形状と模様等の結合」であって、「視覚を通じて」把握する具体的なものであるため「幅」と呼べるものがほとんどない[15]。

このような特質から、意匠法には特許法に存在しない「類似」という概念を導入しているといえる。

14「思想」は平易な言葉でいえば「アイデア」に相当する。つまり、特許法は「技術的なアイデア」を保護する法律という捉え方をするのが最も簡便な理解の仕方である。

15 第1章で述べた美的外観性の議論を参照されたい。なお、「意匠に係る物品」は特許法と同様に文言で記載するため、一定の幅がある。この点についても前述した。

このように特許法と意匠法は異なるもののようにもみえるが、「創作物」を保護しようとしている「創作法」に分類される点で共通しており、しかも審査主義を採用している点でも制度設計の構造としては特許法に極めて近く、先に示した最も左側にあるTYPE Ⅰに属する。そして実際に特許法の条文を多数、準用している。その意味で、我が国の意匠法はいわゆる「パテント・アプローチ[16]」に分類[17]できよう。

したがって、意匠法における「意匠」という保護対象をどのように理解すべきかについては、特許法における「発明」とその法上の取扱い（例えば保護の方法や手続等）の差異こそが法の想定する「発明」と「意匠」の本質的な違いを表しているといえる。そのため、本書では全体を通じて特許法との比較を重視した記述をしてきた。

なお、「物品のデザイン」に関して意匠法でも特許法でも同時に保護され得る事例については「抵触」のところで述べた。

3．実用新案法

実用新案法は、権利の公示を行っているものの、無審査制度であるため、前記の分類からはTYPE Ⅱの制度となる。実用新案法は「小発明について簡易な保護を与えることで、小発明とその公開を奨励[18]」する制度である。

---

16 いわゆるデザインを国としてどのように保護するかについての基本的な考え方として、従来はパテント・アプローチとコピーライト・アプローチの2つがあるといわれてきた（加藤3頁、斎藤22頁）。パテント・アプローチは特許法の中、あるいは特許法と同様の考え方で保護する法制を指すことが多く、意匠法という独立した法律を持たず、特許法の中で意匠を保護する米国が典型である。これに対し、コピーライト・アプローチはその名のとおり、著作権と同様の考え方で保護する法制を指し、2004年以前のドイツの法制が典型といわれてきた。最近ではいずれからの歩み寄りもあるといわれているが、法制のイメージを把握する上では便利な言葉である。なお、欧州において、意匠がマーケティングツールであるというアプローチから意匠法の存在意義を捉えるデザイン・アプローチという考え方も出てきてている〈麻生典＝Christoph Rademacher『デザイン保護法制の現状と課題』（2016年 日本評論社）12-13頁〉。

17 満田重昭「デザイン保護法制の課題-意匠の位置関係」（「日本工業所有権法学会年報」1998年 21号）117頁でも、我が国の意匠法について「パテント・アプローチを採用する代表的な立法例」であるとしている。

18 田村354頁

同法の保護対象は「物品の形状、構造又は組合せに係る考案」であり、「物品」という文言が存在している点で意匠法と共通する。他方、「考案」は特許法と共通する「技術的思想の創作」を意味している。

実用新案法に「物品」の要件があるのは、「目で見やすい[19]」ものこそが「小発明」にほかならないとされたからであろう。旧法下においてはこの実用新案法と意匠法との異同[20]が特に議論されてきた。そのため、現行法の起草経緯では、実用新案の「考案」と「意匠」をどのように区別すべきかが問題となったが、意匠法では「技術」あるいは「機能」を保護しないという点を明確化する趣旨で、意匠法２条１項の定義に「美感を起こさせるもの」という文言が入れられたという経緯がある点は既に述べた。

したがって、「目で見やすいもの」という意味において法文上、「物品[21]」に関連するものに限定されている点では共通性があるものの、実用新案法は「技術的思想」の創作である一方、意匠法は「美感を起こさせるもの」であるという点に両法の根本的な差異を求めることができよう。

もっとも、前述したように、美感を起こさせるものであると同時に技術的な作用効果もある場合というのは存在し、特に「物品」を対象にしているからこそ両法の保護対象に同時に該当する場合は存在する。

法もそのことを想定し、両法間における出願変更の制度（13条２項、実10条２項）を設けるとともに、両法域で適法にそのような権利が別人に帰属するものとして成立した場合のことを想定した利用・抵触関係について規律している(26条、実17条)。

[19] 田村355頁では「登録要件の充足の有無に関し、公衆の予測可能性を幾らかでも高めるために、物品の形状等という目で見やすいものに登録の対象を限定した」と考えられるとしている。

[20] いずれも「型」に関する考案で同じではないかという議論である。杉光一成「現行法(昭和34年法)の起草経緯から見た意匠法(その2) − 視覚を通じて美感を起こさせるもの(2条1項)」(「パテント」2001年 54巻 12号)1頁参照。

[21] ただし、「物品」概念の解釈は両法で異なると考えるのが多数説であり、この点は既に述べた。

なお、実用新案法は、1993年に無審査登録制度（実14条２項）を採用してTYPE ⅠからTYPE Ⅱの制度に移行した結果、出願が大幅に減少[22]するとともに、制度設計としても審査主義を採用する意匠法との間に距離ができ、実用新案法と意匠法を並べて比較する意義は少なくなった。同じ審査主義を採用する創作法として特許法と意匠法の異同を考えるほうがより重要になったといえよう。

4．商標法

商標法では権利を公示するのみならず、審査制度を採用している点において意匠法と同じTYPE Ⅰの制度といえる。商標法の目的は、「商標を保護することにより、商標の使用をする者の業務上の信用の維持を図り、もつて産業の発達に寄与し､あわせて需要者の利益を保護[23]」（商１条）すること､すなわち「業務上の信用」を実質的な保護の対象とし、「一定の商標を使用した商品又は役務は一定の出所から提供されるという取引秩序を維持[24]」することである。

この点、仮に前述した競業説に立てば、意匠法の目的も取引秩序の維持として商標法と共通しており、そのため登録意匠に需要者が混同を生ずる範囲で保護を与えるとすれば結果として需要者の利益も保護されるため、商標法と意匠法はほぼ同じ法目的と理解することとなるのであろう[25]。

しかし、そもそも商標法は企業努力によって「標識」に化体した「業務上の信用」を保護するものであって「創作」を保護するものでない点で本質的に異なる。

---

22 本来、出願手続を行って出願料金も支払った上で権利を公示している以上、出願手続も公示も不要な著作権法や不正競争防止法による保護よりも強く安定した権利であるべきであろう。しかしながら、無審査登録の濫用をおそれた結果、濫用防止のために権利行使に様々な制約(実29条の2、29条の3第1項等)を課したため、制度設計として極めて疑問である。

23「需要者の利益」保護を目的に入れることでいわゆる消費者法の一翼を形成している点で産業財産権法の中でも特異である。

24 逐条解説1520頁(商1条の解説を参照されたい。)

25 例えば舟本信光「意匠の識別機能について－美感を起こさせるもの－」(『豊崎光衛先生追悼論文集－無体財産法と商事法の諸問題』1981年 有斐閣)453頁では「意匠法は商標法と同様に不正競業法の一環として考察できる」旨を述べている。

意匠は「創作」によって生まれた成果物であって、その本質的な経済的価値は「創作された意匠によって新たに増大された需要の増加分」（需要説）であるため、本書の立場からは意匠法と商標法は本質的に異なるものとなる。

もっとも、特許法と比較した場合、少なくとも以下の２点では、意匠法と商標法には近似する部分がある。

まず、商標の定義（商２条１項柱書）には「人の知覚によって認識することができるもののうち、文字、図形、記号、立体的形状若しくは色彩又はこれらの結合、音その他政令で定めるもの」とあり、意匠の定義と比較しても構成要素と文言上で重なる部分が多い点が挙げられる。また、両法ともに「類似」概念があり、いずれも「需要者」を主体[26]として判断されることも同様である。

実際、意匠であっても新たな需要を増大させた後、その外観自体に業務上の信用が化体し、「識別力」を獲得するケースが存在することは以前から指摘されてきた[27]。そのため、結果的に商品の形状等に対して意匠権と商標権が重なり得ることは十分に想定される。特に現在では、平成８年改正により立体的形状を明確に保護するようになっており、さらに建築物の外観や内装の商標等[28]までも保護するようになった昨今において、その傾向は顕著といえよう。

しかし、商標権は永久権となり得るため、意匠法の潜脱として用いられることがあってはならない。そのため、商品の形状等について識別力があるとして商標登録が認められる場合（３条１項３号、３条２項）というのは、あくまで例外[29]として限定すべきである。なお、本質的に「創作」と「標識」としての選択物という相違点は重要である。これは、意匠と商標の間において出願変更を認めていない点にも現れている。

---

26 意匠法の「類似」は24条2項、商標法は判例として最三小判昭和43年2月27日 昭39(行ツ)110[民集22巻2号399頁]等がある。

27 高田15頁では「商標の特別顕著性も意匠的創作から生まれる場合があることを否定することはできない」としている。

28 2020年4月の商標法施行規則改正によって可能になったとされている。

29 半永久的な商標権による保護の弊害について裁判例としてはYチェア事件〈知財高判平成23年6月29日 平22(行ケ)10253［判時2122号33頁］〉等が同旨を述べている。また田村善之=劉暁倩「立体商標の登録要件について(その2・完)」(「知財管理」2008年 58巻 11号)1393-1404頁も参照されたい。

5．不正競争防止法

不正競争防止法は、権利の公示も審査制度もないため、いわゆるTYPE Ⅲに分類される。TYPE Ⅰの特許法、意匠法、TYPE Ⅱの実用新案法と比較すると保護の際には特別な事情が存在し、かつ、これらの制度の「補完」は許容され得るが、TYPE Ⅰ及びTYPE Ⅱの制度の存在意義を失わしめることのないように、すなわち「代替」や「逆転」が起きないように解釈しなければならないことは先に述べたとおりである。

不正競争防止法の目的は、不正競争を防止することにより、事業者の営業上の利益の保護を図るとともに、これを通じて事業者間の公正な競争の確保を図ることにある。特許法、意匠法、商標法のような産業財産権法が客体に権利を付与するという方法（権利創設）によって知的財産の保護を図るものであるのに対し､不正競争防止法は「不正競争」行為を規制するという方法（行為規制）により知的財産の保護を図る点で異なるとされている。

しかし、商標法は当然として、意匠法や特許法ですら競争秩序を維持[30]するという側面を有している。その意味で、不正競争防止法[31]は、歴史的経緯[32]を考慮すれば無理があるものの、競争秩序を規律する一般法としての性格を有し、産業財産権法はその特別法であるという理解も不可能ではなろう。

その限りにおいて、原則論としては、意匠法の保護対象は意匠法の規定が優先し、不正競争防止法による保護は謙抑的であるべきであり、特別な事情が必要であると考える。

以下では、このような観点で不正競争防止法上の「デザイン」が関連し得る規定について検討する。

---

30 中山9頁でも「知的財産法には競争秩序維持的な機能」が含まれている点を述べている。

31 不正競争防止法自体は、民法との関係では不法行為法の特別法といえる。

32 現在の産業財産権法の淵源となっている専売特許条例は1885（明治18）年に成立した。その改正法である特許法は1899（明治32）年に成立し、全面改正があったのは1921（大正10）年であり、次の全面改正は1959（昭和34）年である。これに対して不正競争防止法は1934年にパリ条約のヘーグ改正条約への加盟のために最低限の義務を果たすために成立させたといわれており､通常は一般法が先にあって特別法ができるのが道理であるため、特許法等の歴史的経緯には整合しないのである。

（1）周知商品等表示との混同惹起行為（2条1項1号）

本号は、他人の商品等表示として需要者間に広く知られているものと同一又は類似の表示を使用して、その商品又は営業の出所について混同を生じさせる行為を規制することにより、周知な商品等表示に化体された営業上の信用を保護し、もって事業者間の公正な競争を確保しようとするものである。

本号で保護される商品等表示は、仮に商標として出願した場合には使用により識別力を取得したものとして登録し、保護を受け得るものである。したがって、特別法である商標法による保護を受け得る対象物として保護適格があり、特別法の「補完」として機能するため保護が正当化されるといえる。

「商品等表示」には、例示として「商品の容器若しくは包装」が法文に明記されており、これらは「意匠」としても保護され得るが、ここでは意匠という創作物としての保護ではなく、あくまで特定企業の商品に継続的に使用されたり、あるいは短期間であっても強力に宣伝広告されたりすること等の事情により、出所表示機能を有する場合が前提となる。したがって、結果的に「意匠」の定義にも該当するものが保護されるが、あくまで「意匠」ではなく、言わば「商標」としての保護といえよう。

その他の商品の形態についても、あくまで商標的な識別力を獲得し、かつ、それが長期間にわたり使用され、又は短期間であっても強力に宣伝されるなどして使用された結果、それが美的外観という「意匠」的な意味を超えて、自他識別機能又は出所表示機能を有するに至って需要者の間で広く認識された場合には商品等表示性が認められている。これも正に「商標」としての保護であり、例外的な場合として許容されよう。

なお、「意匠」にも該当し得る店舗の外観の保護をする裁判例としてコメダ珈琲事件〈東京地判平成28年12月19日 平27（ヨ）22042〉もあるが、これも「意匠」ではなく、あくまで「商標」としての保護適格がある場合に、「商標」の保護を受け得るものと理解すべきである。同事件でも、「需要者において当該外観を有する店舗における営業が特定の事業者の出所を表示するものとして広く認識されるに至った」と認定されている。

（2）著名表示冒用行為（2条1項2号）

本号は、他人の著名な商品等表示の冒用行為について、混同を要件とすることなく保護するものである。著名表示を冒用する行為が行われると、たとえ混同が生じない場合でも、冒用者は自らが本来行うべき営業上の努力を払うことなく著名表示が有している顧客吸引力に「ただ乗り（フリーライド）」できるからである。

一方、長年の営業上の努力により高い信用・名声・評判を有するに至った著名表示と、それを本来使用してきた者との結び付きが薄められること〈希釈化（ダイリューション）〉にもなるからである。

本号でいう「著名」は、全国的でなければならないと考えられている。他方、「商品等表示」の意味は1号と同様と考えられているため、「意匠」の定義に該当するものが保護される点は全く同じである。また、その保護が「意匠」という創作としてではなく、あくまで「商標」の一種として保護され得る点についても1号と同じである。もっとも、商品の形態について著名性が認められることは通常はないものと考えられている[33]。

（3）商品形態模倣行為（2条1項3号）

本号は、他人の商品の形態を模倣した商品の譲渡等の行為を規制する。立法趣旨については、経済産業省の資料[34]では、「商品ライフサイクルの短縮化、流通機構の発達、複写・複製技術の発展」の結果、「模倣が極めて容易に行い得る」ようになっており、「模倣者は商品化のためのコストやリスクを大幅に軽減」できる一方、「先行者の市場先行のメリットは著しく減少」することで、「模倣者と先行者との間に競争上著しい不公正が生じ、個性的な商品開発、市場開拓への意欲が阻害」されないようにすることにあるとされている。

---

33 ベレッタ銃事件〈東京地判平成12年6月29日 平10（ワ）23342〉では、「商品の形態が、特定の種類の商品の分野を超えて、著名な商品表示となることは、ほとんど想定できない」と判示されている。

34 経済産業省知的財産政策室「逐条解説 不正競争防止法」（令和元年7月1日施行版）79頁

もっとも、「個性的な商品開発」を行っているのであれば、本来は意匠出願を行って保護を求めるべきである。

しかし、そのような意匠出願の費用と手間をかけず、自らの利益を享受するために市場投入を先行させた者、あるいは本来あるべきではない投資を保護する意義はそもそもどこにあるのか疑問である。必要な知的財産権（意匠権）を確保しないまま事業を開始する意思決定を漫然と行うのは、本来は取締役の任務懈怠として善管注意義務違反になり得るからである。

問題は本号の規制が、意匠法の物品等の美的外観という保護対象とほぼ重なっていると考えられる点である。ここで「意匠」について保護するTYPE Ⅰの意匠法と「商品の形態」について保護するTYPE Ⅲの不正競争防止法２条１項３号の役割分担が問題となる。前述したように、意匠権が「財産権」としての移転や資金調達には実態としては全く活用されておらず、権利というのは名ばかりであって行為規制にむしろ近いことを考慮すれば、TYPE Ⅲのように公示されておらず、審査も経ていない対象がTYPE Ⅰの権利よりも強く安定的に保護されるべきではないという視座が極めて重要であると考える。

まず、本号の「商品の形態」と「模倣」の文言についてはそれぞれ定義規定がある。「商品の形態」とは需要者が通常の用法に従った使用に際して知覚によって認識することができる商品の外部及び内部の形状並びにその形状に結合した模様、色彩、光沢及び質感をいう（不２条４項）。これは実質的には大部分が「意匠」の定義と重なるものといえよう。

また、「模倣」とは「他人の商品の形態に依拠して、これと実質的に同一の形態の商品を作り出すことをいうとされている（２条５項）。「依拠」の要件がある点でかろうじて意匠法の要件よりも保護の条件がやや厳しく[35]はなっているが、「実質的に同一」の要件を緩やかに解すれば、TYPE Ⅰの意匠法の「代替」としても機能し得る規制内容となっている。

---

[35] 形態自体が同じような場合には、被告商品が原告商品に依拠したものと強く推認されるという裁判例〈東京地判平成13年12月27日　平12(ワ)20801〉もあり、このように解するとすれば意匠権侵害訴訟と比較して立証すべき内容に実質的に大きな差異はないように思われる。

したがって、本号はあくまで意匠法の「補完」となるような解釈が求められ、本号の「模倣」の意義については、いわゆるデッド・コピーのことを意味すると厳格に限定して解すべきである。なお、本号にはほかにも様々な論点（例えば部分の模倣の成否、実質的同一性の判断基準、異種商品への適用の可否等）が存在するが、それらについても同様の観点から、あくまで意匠法の「補完」となるように解釈すべきであるのは言うまでもない。

例えば審査係属中の意匠の言わば仮保護の権利に相当するものとし、それ以上の役割を持たせるべきではない。したがって、「商品の形態」が「意匠」の定義にも同時に該当するものである場合、意匠法に規定する登録要件（5条3号は既に規定があるため、その他の新規性、創作非容易性）を満たさない旨の抗弁（登録要件欠缺（けんけつ）の抗弁）により本号の保護は否定されるべきと考える。

6．著作権法

著作権法は、不正競争防止法と同様に、権利の公示も審査制度もないため、いわゆるTYPE Ⅲに分類される。したがって、TYPE Ⅰの特許法、意匠法、TYPE Ⅱの実用新案法と比較すると、同一の対象物を保護する際にはTYPE Ⅰ及びTYPE Ⅱの制度の存在意義を失わしめることのないように解釈しなければならない点も同様である。しかし、不正競争防止法が不正競業を防止する一般法であって、産業財産権法はその特別法とも見得るのに対し、著作権法と産業財産権法、特に意匠法との関係をどのように見るべきかは別論[36]である。

なぜなら、不正競争防止法と産業財産権法の法目的が競業秩序の維持という点で共通するのに対し、著作権法は「文化の発展」を目的としている点で異質であり、保護期間も意匠権の25年に対し、著作権は原則として著作者が著作物を創作した時点から著作者の死後70年までと大きく異なるからである。

---

36 牛木385頁では、創作説を前提に著作権法が一般法であって、意匠法をその特別法とみている。また、諸外国に関し、満田重昭「デザイン保護法制の課題-意匠の位置関係」(「日本工業所有権法学会年報」1998年 21号)108頁では、「意匠法を多かれ少なかれ著作権法の特別法としてみる国が多いような印象を受ける」としている。

著作権法と意匠法との関係については、「画像」と「建築物」が保護対象とされるまで[37]は主に「応用美術」の保護の問題が両法の論点として議論されてきた。以下では本書の考えを簡単に述べておく。

まず、鑑賞を主な目的とするものであって、ほかに実用的機能がないもの[38]（床の間に飾る人形等）は、その量産性を問わず、また、高度な創作性を要求することなく、少なくとも「美術」の範囲には該当すると解すべきである[39]。

問題は、実用的機能を有し、「意匠」の定義に該当するもの、すなわち「応用美術」が、著作権法の保護も受け得るか否かである。最初に検討すべきは、「美術」の範囲に属するか否かである。この点については、純粋美術と同視できるかどうか[40]ではなく、あくまで実用的機能との分離可能性のみによって判断し、美的創作に関わるとされる部分を物理的又は観念的に分離して除外した場合[41]に本来の実用的機能に影響を与えるか否かで判断し、影響を与える場合には著作物性が否定され、影響を与えない場合には[42]、当該分離した部分は「美術」の範囲に属すると判断すべきである[43]。

---

37 青木博通「著作権法からみた改正意匠法」（「NBL」2021年 1190号）63頁では、画像と建築物が保護対象に追加されたことにより、「無体物および不動産も保護対象とする著作権法に意匠法が一歩近づいたことになる」と指摘しており、今後はこのような観点からの関係性の考察が重要となろう。なお、青木博通「商標・意匠制度からみた著作権制度」（「発明」2019年 116巻 7号）45頁では、「画像」については機能的な部分、ありふれた部分、標準化の要請等があることから著作物性が認められる例が少ない旨も述べている。

38 いわゆる「純粋美術」を意味する。法令用語ではないが、10条1項4号の美術の著作物の例として挙げられている「絵画、版画、彫刻」からこのように解される。鑑賞以外に用途及び機能がないものは量産されるものでも純粋美術と解すべきであるから、「応用美術」の裁判例として紹介されることの多かった博多人形事件〈長崎地裁佐世保支決昭和48年2月7日 昭47（ヨ）53［無体裁集5巻1号18頁］〉は、本書の考え方からすればむしろ「純粋美術」そのものであって応用美術の事例ではない。

39 中山信弘「応用美術と競争」（「法学志林」2019年 116巻 2-3号合併号）43頁でも同旨が述べられており、「美術」に当たるか否かの判断であって加重要件ではないと考える。

40 従来の裁判例の主流であり、学説上も有力（中山信弘『著作権法（第2版）』（2014年 有斐閣）171-172頁、田村善之『著作権法概説（第2版）』（2001年 有斐閣）33頁、田村435頁等）であるが、裁判例ではTRIPP・TRAPP事件〈知財高判平成27年4月14日 平26（ネ）10063［判時2267号91頁］〉以降は見られないようである。

41 Tシャツに絵が描かれているものであれば、絵を分離してその絵の著作物性を見るのではなく、絵を分離して除いた残余物としてのTシャツの実用的機能に影響が出るかどうかを見ることになる。

次に、「美術」の範囲に属する部分については、高度な創作性を要求することなく、他の著作物の創作性と同じ基準[44]でその創作性を判断すべきである[45]。

しかしながら、この解釈に基づいたとしても、意匠と著作物が截然と区分け[46]されることにはならず、同じ対象物が重複して保護される場合があることにはなる。それは元々の法目的に大きな相違点があるためやむを得ないといえよう。もっとも、この見解からは、例えば従来、意匠法による保護として典型ともいえる機能と形態が不可分に結び付いた製品[47]に対して著作権は認められないこととなるため、著作権法を謙抑的に解釈することにはなるといえよう。

7．民法（不法行為法）

周辺法の最後に民法、特に不法行為法によって「デザイン」が保護される可能性について検討する。

不法行為法（民709条）は、前記した分類ではTYPE Ⅲに該当する。

---

42 従来の分離可能性説では分離した部分の著作物性を論じているが、分離した残余の側の実用的機能への影響を見て、分離しても実用的機能に影響がないものを「美術の範囲」とすべきである。このように解すれば「美」とは何かという解釈を行う必要がなく、裁判官でも客観的に判断し得るものとなる。なお、この解釈は井内めぐみ「実用品の著作物性の新たな判断基準の提示と衣類のデザインのあてはめ」(「金沢工業大学修士研究」2021年)において提示された基準を基礎としている。

43 米国のStar Athletica連邦最高裁事件判決〈Star Athletica, L.L.C. v. Varsity Brands, Inc. 137 S. Ct. 1002(2017)〉も、概括的には観念的に分離した部分が「絵画」等に当たるか否かを判断するため、本書の考え方とは異なる。

44 応用美術についてのみ高い創作性を求める見解として「段階理論」がある。ドイツにおける通説的な見解であったが、誕生日列車事件(2013年11月)で最高裁の判例変更により放棄されている。

45 分離可能性説の一種ではあるといえるが、従来のように分離した部分の美的創作性ではなく、分離した残余部分の実用的機能の有無に注目する点で従来の分離可能性説とは異なる。通常の分離可能性説のように積極的に美的特性を判断しないため、消極的分離可能性説とでもいえようか。

46 例えば、バーチャル空間におけるアバターのファッションなどが問題となり得る。本書の立場からすれば純粋な鑑賞目的以外の目的があれば実用的機能を持つと解するため、アバターに着せるという本来の目的がある限り、実用的機能があると考える。この点については関真也『XR・メタバースの知財法務』(2022年 中央経済社)178-180頁も参照されたい。

47 例えばTRIPP・TRAPP事件の椅子の場合には、分離すべき美的創作の部分を除去した場合には椅子としての実用的機能に影響を与えることは明らかであるから、そのような創作は「美術」の範囲に入らないこととなり、当然に著作物性は否定されることになる。

不正競争防止法は不法行為法の特則とされているが、それ以外の上記法律も全て不法行為法の特則といえる。したがって、特別法で保護が否定されている行為を不法行為法で救済することは特別法の意義を没却しかねない。

この点、意匠法に触れてはいないが、ある裁判例では「市場における競争は本来自由であるべきことに照らせば、著作権侵害行為や不正競争行為に該当しないような行為については、当該行為が市場において利益を追求するという観点を離れて、殊更に相手方に損害を与えることのみを目的としてなされたような特段の事情が存在しない限り、民法上の一般不法行為を構成することもない」と判示している。

これは先に知的財産の制度設計論で述べた、TYPE Ⅰや TYPE Ⅱの制度と比較して TYPE Ⅲの制度で得られる保護について「代替」や「逆転」が起きないようにしなければならない、という考え方に沿うものといえる。

なお、北朝鮮映画事件〈最一小判平成23年12月８日 平21（受）602・603[民集65巻９号3275頁]〉においても、著作物に該当しない創作物について、「同条各号所定の著作物に該当しない著作物の利用行為は，同法が規律の対象とする著作物の利用による利益とは異なる法的に保護された利益を侵害するなどの特段の事情がない限り、不法行為を構成するものではないと解するのが相当である」と判示され、この判例以降は不法行為の成立は困難になったとされている[48]。

---

48 茶園デザイン28頁

事項索引

【あ行】

【か行】

【さ行】

【た行】

【な行】

【は行】

【ま行】

【や行】

【ら行】

【論点（掲載順）】

【小論点（掲載順）】

【応用研究（掲載順）】

おわりに

弁理士試験の勉強をしていた当時、最も好きな科目が実は意匠法であった。他の産業財産権法の科目と比較し、意匠法は法律の存在意義、あるいは目的論から体系的に解釈し、一貫した論理で書く必要性が高かった、という点がいかにも「法学」の科目らしかったのが要因だった。そのため、意匠法の教科書を執筆しようと思い立ったのは今から20年以上も前に東京大学大学院で中山信弘先生のご指導を受けていた2000年のときのことだった。

しかし、恥ずかしながら、その後は仕事の忙しさを言い訳にして書籍の執筆から遠ざかってしまった。とはいえ、知的財産を実務及び法律の両側面から専門的に学べる本職の大学院での講義では意匠法を担当していたので意匠法から遠ざかっていたわけではない。実際、2012年には東京大学政策（現：未来）ビジョン研究センターにおいて、かつて当方の指導教官であった中山信弘先生をお迎えして「デザイン法研究会」を立ち上げることができた。ここで様々な知財法の研究者・実務家をお招きして多くの研究会を開催し、主に意匠法、著作権法、不正競争防止法の様々な側面から意匠そしてデザインについての研究をもう一歩先まで進めることができた。本研究会の成果は、研究会メンバーの投稿による形で実現したＮＢＬの「デザイン法特集」(2014年) で発表した。これらの知見が当然のことながら本書には反映されている。

本書は意匠法の学習者、企業の知財担当者、弁理士あるいは弁護士、研究者のいずれの方々にも参考になるように工夫したつもりである。本書が何らかのお役に立てれば幸いである。

令和５年３月

著者

著者紹介

杉光 一成（すぎみつ かずなり）

1990年　慶應義塾大学法学部法律学科 卒業

1991年　弁理士試験合格

1999年　東京大学大学院・法学政治学研究科・修士課程 修了

2009年　経済産業省・知財功労賞（特許庁長官表彰）受賞

2013年　東京大学政策（現：未来）ビジョン研究センター 「デザイン法研究会」幹事

2014年　日本知財学会・理事（現在に至る）

2016年　工業所有権審議会・弁理士試験委員（意匠法担当）

2021年　日本マーケティング学会・理事（現在に至る）

現　職　金沢工業大学大学院 イノベーションマネジメント 研究科
イノベーションマネジメント専攻　教授

【主な著作】

『知的財産 管理＆戦略ハンドブック』（2008年 発明協会）、『理系のための法学入門―知的財産法を理解するために』（2011年 法学書院）、『経営·事業企画者のための「IPランドスケープ」入門』（2021年 翔泳社）、『知的財産法を理解するための法学入門』（2023年 発明推進協会）ほか

意匠法講義

2023（令和５）年４月18日 初版発行

著者　杉光 一成

編集／発行　一般社団法人発明推進協会

〒105-0001東京都港区虎ノ門３-１-１ 虎の門三丁目ビルディング

Tel 03-3502-5433（編集）／Tel 03-3502-5491（販売）

印刷／製本／デザイン　株式会社丸井工文社　Printed in Japan

落丁・乱丁本はお取り替えいたします。

ISBN978-4-8271-1381-5 C3032